Aktuelle Forschung Medizintechnik

Editor-in-Chief:
Th. M. Buzug, Lübeck, Deutschland

Unter den Zukunftstechnologien mit hohem Innovationspotenzial ist die Medizintechnik in Wissenschaft und Wirtschaft hervorragend aufgestellt, erzielt überdurchschnittliche Wachstumsraten und gilt als krisensichere Branche. Wesentliche Trends der Medizintechnik sind die Computerisierung, Miniaturisierung und Molekularisierung. Die Computerisierung stellt beispielsweise die Grundlage für die medizinische Bildgebung, Bildverarbeitung und bildgeführte Chirurgie dar. Die Miniaturisierung spielt bei intelligenten Implantaten, der minimalinvasiven Chirurgie, aber auch bei der Entwicklung von neuen nanostrukturierten Materialien eine wichtige Rolle in der Medizin. Die Molekularisierung ist unter anderem in der regenerativen Medizin, aber auch im Rahmen der sogenannten molekularen Bildgebung ein entscheidender Aspekt. Disziplinen übergreifend sind daher Querschnittstechnologien wie die Nano- und Mikrosystemtechnik, optische Technologien und Softwaresysteme von großem Interesse.

Diese Schriftenreihe für herausragende Dissertationen und Habilitationsschriften aus dem Themengebiet Medizintechnik spannt den Bogen vom Klinikingenieurwesen und der Medizinischen Informatik bis hin zur Medizinischen Physik, Biomedizintechnik und Medizinischen Ingenieurwissenschaft.

Editor-in-Chief:
Prof. Dr. Thorsten M. Buzug
Institut für Medizintechnik,
Universität zu Lübeck

Editorial Board:
Prof. Dr. Olaf Dössel
Institut für Biomedizinische Technik,
Karlsruhe Institute for Technology

Prof. Dr. Heinz Handels
Institut für Medizinische Informatik,
Universität zu Lübeck

Prof. Dr.-Ing. Joachim Hornegger
Lehrstuhl für Bildverarbeitung,
Universität Erlangen-Nürnberg

Prof. Dr. Marc Kachelrieß
Institut für Medizinische Physik
Universität Erlangen-Nürnberg

Prof. Dr. Edmund Koch,
Klinisches Sensoring und Monitoring,
TU Dresden

Prof. Dr.-Ing. Tim C. Lüth
Micro Technology
and Medical Device Technology,
TU München

Prof. Dr. Dietrich Paulus
Institut für Computervisualistik,
Universität Koblenz-Landau

Prof. Dr. Bernhard Preim
Institut für Simulation und Graphik,
Universität Magdeburg

Prof. Dr.-Ing. Georg Schmitz
Lehrstuhl für Medizintechnik,
Universität Bochum

Alina Toma

Modellierung zellulärer Gliomwachstumsprozesse in ihrer Mikroumgebung

Alina Toma
Universität zu Lübeck
Deutschland

Dissertation Universität zu Lübeck

ISBN 978-3-658-04683-5　　　　　　ISBN 978-3-658-04684-2 (eBook)
DOI 10.1007/978-3-658-04684-2

Die Deutsche Nationalbibliothek verzeichnet diese Publikation in der Deutschen Nationalbibliografie; detaillierte bibliografische Daten sind im Internet über http://dnb.d-nb.de abrufbar.

Springer Vieweg
© Springer Fachmedien Wiesbaden 2014
Das Werk einschließlich aller seiner Teile ist urheberrechtlich geschützt. Jede Verwertung, die nicht ausdrücklich vom Urheberrechtsgesetz zugelassen ist, bedarf der vorherigen Zustimmung des Verlags. Das gilt insbesondere für Vervielfältigungen, Bearbeitungen, Übersetzungen, Mikroverfilmungen und die Einspeicherung und Verarbeitung in elektronischen Systemen.

Die Wiedergabe von Gebrauchsnamen, Handelsnamen, Warenbezeichnungen usw. in diesem Werk berechtigt auch ohne besondere Kennzeichnung nicht zu der Annahme, dass solche Namen im Sinne der Warenzeichen- und Markenschutz-Gesetzgebung als frei zu betrachten wären und daher von jedermann benutzt werden dürften.

Gedruckt auf säurefreiem und chlorfrei gebleichtem Papier

Springer Vieweg ist eine Marke von Springer DE. Springer DE ist Teil der Fachverlagsgruppe Springer Science+Business Media.
www.springer-vieweg.de

Geleitwort des Herausgebers

Das Werk Modellierung zellulärer Gliomwachstumsprozesse in ihrer Mikroumgebung von Dr. Alina Toma ist der 12. Band der Reihe exzellenter Dissertationen des Forschungsbereiches Medizintechnik im Springer Vieweg Verlag. Die Arbeit von Dr. Toma wurde durch einen hochrangigen wissenschaftlichen Beirat dieser Reihe ausgewählt. Springer Vieweg verfolgt mit dieser Reihe das Ziel, für den Bereich Medizintechnik eine Plattform für junge Wissenschaftlerinnen und Wissenschaftler zur Verfügung zu stellen, auf der ihre Ergebnisse schnell eine breite Öffentlichkeit erreichen. Autorinnen und Autoren von Dissertationen mit exzellentem Ergebnis können sich bei Interesse an einer Veröffentlichung ihrer Arbeit in dieser Reihe direkt an der Herausgeber wenden:

Prof. Dr. Thorsten M. Buzug
Reihenherausgeber Medizintechnik
Institut für Medizintechnik
Universität zu Lübeck
Ratzeburger Allee 160
23562 Lübeck
Web: www.imt.uni-luebeck.de
Email: buzug@imt.uni-luebeck.de

Vorwort

Das vorliegende Werk Modellierung zellulärer Gliomwachstumsprozesse in ihrer Mikroumgebung von Dr. Alina Toma fasst die Arbeiten einer Forschungsarbeit am Institut für Medizintechnik der Universität zu Lübeck zusammen. Es behandelt insbesondere die Methoden der Modellierung von Zellen des menschlichen Gehirns in pathologischen Zuständen. Das Buch ist eine grundlegende Arbeit zur phänomenologischen Vorhersage des Wachstumsverhaltens von primären Tumoren des Gehirns, speziell von Gliomen.

Die mathematische Modellierung der Progression primärer Hirntumoren ist ein viel untersuchter Gegenstand der aktuellen Forschung mit einer verhältnismäßig langen Vorgeschichte. In der vorliegenden Arbeit wird eine Simulationsumgebung für die bildbasierte Modellierung von Tumorwachstum auf Gewebeebene und die Verarbeitung der zugehörigen Bilddaten von Grund auf neu entwickelt. Glioblastoma multiforme (GBM) ist der aggressivste und im Erwachsenenalter am häufigsten auftretende primäre Gehirntumor. Mit Hilfe moderner multimodaler Standardtherapie, bestehend aus chirurgischer Entfernung, Strahlentherapie und Chemotherapie, kann häufig nur der Großteil des Tumors beseitigt werden. Aufgrund des infiltrierenden, diffusen Wachstums des Glioblastoms in das umliegende Gehirngewebe und einer effektiven Unterdrückung des Immunsystems, kann lediglich eine mittlere Überlebensdauer von etwas mehr als einem Jahr erreicht werden.

Das Werk von Dr. Toma befasst sich unter anderem mit der mathematischen Modellierung der Progression von Tumoren des zentralen Nervensystems in Wechselwirkung mit dem Immunsystem, präziser, mit der Beschreibung der raum-zeitlichen Interaktionen primärer, hirneigener Tumorzellen mit den Mikrogliazellen/Makrophagen. Ein mächtiges Werkzeug, um beispielsweise Hypothesen über den (patientenindividuellen) Verlauf der Tumorerkrankung zu testen und damit das Verständnis für die Krankheit, insbesondere für das noch nicht vollständig erforschte Verhalten der Immunzellen zu mehren, stellt hierbei die mathematische Modellierung dar. Dr. Toma wendet sich hierbei der Beschreibung von Prozessen auf der mikroskopischen Ebene zu. Dies ermöglicht nicht nur eine fein-granularere Beschreibung individueller Zellen, um den infiltrierenden Charakter aufzugreifen, sondern erlaubt es zudem, stochastische Prozesse der Tumorprogression abzubilden. In der Literatur wird bereits die Modellierung von Interaktionen zwischen Tumor und Immunsystem dargestellt. Hier werden die natürlichen Killerzellen des angeborenen Immunsystems und die cytotoxischen T-Lymphozyten des adaptiven Immunsystems betrachtet. Beide sind jedoch nur vereinzelt im Hirn vorhanden. Um Tumore des zentralen Nervensystems realitätsnah zu modellieren, muss man zusätzlich zur Tumorprogression die Interaktionen mit den Mikrogliazellen simulieren. Der wesentliche Beitrag des vorliegenden Werkes liegt in der Neuentwicklung eines Modells, das die Immunantwort auf Tumorwachstum im Hirn beschreibt.

Prof. Dr. Thorsten M. Buzug
Institut für Medizintechnik
Universität zu Lübeck

Danksagung

An dieser Stelle möchte ich mich bei allen Personen bedanken, die mich unterstützt und zum Gelingen meiner Dissertation beigetragen haben. Ein sehr herzlicher Dank gilt Herrn Prof. Dr. Thorsten M. Buzug für die Möglichkeit an seinem Institut an der Universität zu Lübeck promovieren zu dürfen sowie für die Bereitstellung des Themas und für die Freiheiten, die er mir während meiner Arbeit gelassen hat.

Ein besonderer Dank gilt den Kooperationspartnern für die spannende Diskussionen und die Bereitstellung von Abbildungen: Abb. 2.1 wurde von Prof. Dr. Dirk Petersen und Dr. Stefan Gottschalk vom Institut für Neuroradiologie, Universitätsklinikum Schleswig-Holstein zur Verfügung gestellt. Abb. 2.2 wurde von Frau Dr. Konstanze Holl-Ulrich vom Institut für Pathologie, Universitätsklinikum Schleswig-Holstein zu Verfügung gestellt. Abb. 6.7 wurde von Dr. Philipp-Niclas Pfenning und Prof. Wolfgang Wick von der Klinischen Kooperationseinheit Neuroonkologie, Deutsches Krebsforschungszentrum, Heidelberg und Abteilung für Neuroonkologie, Universitätsklinikum Heidelberg zu Verfügung gestellt. Ein besonderer Dank für die sehr gute und fruchtvolle Zusammenarbeit gilt PD Dr. Anne Régnier-Vigouroux und Liliana del Rocio Cisneros Castillo vom Deutschen Krebsforschungszentrum, Heidelberg.

Bei meinen Freunden möchte ich mich für die gute Zeit außerhalb der Arbeit bedanken. Bei Hubertus und Annegrete Kretschmer, Julia Brünjes, Nadine Sayinc, Ksenija Gräfe, Konstantin Ens, Simon Bitterberg und Andy Stumpp bedanke ich mich zusätzlich für das Korrekturlesen.

Des weiteren danke ich vielmals meiner Mutter Mariana Stroscher, meinen Schwestern Lara Stumpp und Ioana Toma für die grenzenlose und uneingeschränkte Unterstützung. Abschließend danke ich meinem Mann Sebastian Gollmer, der mir stets geholfen und mich immer bestärkt hat, sowie für seine unendliche Liebe.

Kurzfassung

Krebs ist eines der weitverbreitetsten Krankheitsbilder im Erwachsenenalter und rückte damit in den letzten Jahren immer mehr in das Zentrum von Forschungsgruppen unterschiedlichster wissenschaftlicher Disziplinen. Die vorliegende Arbeit befasst sich mit der mathematischen Modellierung der Progression von Hirntumoren. Die bösartigste Entität stellt das Glioblastom dar. In den meisten Fällen ist die Prognose für den Patienten mit einem solchen malignen Hirntumor sehr schlecht. Folglich ist ein besseres Verständnis für die der Tumorprogression unterliegenden Prozesse von zentralem Interesse, um beispielsweise die Entwicklung verbesserter Behandlungsstrategien zu ermöglichen. Ein mächtiges Werkzeug, um z.B. Hypothesen über den Verlauf der Tumorerkrankung zu testen und damit das Verständnis für die Krankheit zu mehren, stellt die mathematische Modellierung dar.

In der vorliegenden Arbeit wird ein kontinuierlich-diskreter Ansatz zur mathematischen Modellierung des zellulären Wachstums eines Tumors in Abhängigkeit von der Nährstoffkonzentration und der Dichte der extrazellulären Matrix vorgestellt. Die Nährstoffverteilung hängt von der Anzahl und Platzierung der nährstoffliefernden Blutgefäße ab, welche im Gegensatz zu bisherigen Arbeiten variabel wählbar ist und wird durch die Lösung einer partiellen Differentialgleichung mittels der finiten Elemente Methode berechnet. Die kontinuierliche Verteilung der Nährstoffe sowie die Dichte der Matrix haben einen direkten Einfluss auf die durch das Modell abgebildeten diskreten zellulären Prozesse und umgekehrt. Hierbei wird die Methode der zellulären Automaten eingesetzt, um Hypoxie, Mitose, Chemotaxis, Nekrose, haptotaktisch-chemotaktische Migration und Ruhezustand für jede Tumorzelle zu simulieren. Die Basis hierfür bildet ein neues, effizientes Nachbarschaftsmodell für realitätsnahe Muster auf regulären Gittern.

Zum ersten Mal werden die Immunzellen des zentralen Nervensystems in ein Glioblastom-Wachstumsmodell integriert. Deren Verhalten wird in Abhängigkeit von den Signalen, die vom Tumor ausgesandt werden, gesteuert. Die relevante, in-vitro bestätigte Erkenntnis, dass die Immunzellen die Proliferation und Invasion der Tumorzellen fördern, spiegelt sich in den Simulationsergebnissen wider.

Als weiterführende Arbeiten wird zum einen ein linear-quadratisches Modell für die Darstellung der Strahlentherapieeffekte eingeführt. Zum anderen wird ein molekulares Signalnetzwerk des Proteins EGFR in Form eines Systems gewöhnlicher Differentialgleichungen integriert, das für jede Zelle die Entscheidung über deren Verhalten vorgibt.

Das wesentliche Ziel dieser Arbeit ist es, wichtige Aspekte der Tumormikroumgebung in die Modellierung einzubringen, um eine realistische Darstellung der Wachstumsprozesse abzubilden. Die Ergebnisse der Simulationen zeigen den typischen, zu In-vitro-

Experimenten äquivalenten Aufbau des Tumors mit den Zonen Nekrose, Ruhezustandsbereich und aktiven Zellen. Einzelne Tumorzellen, die weit von der Tumorhauptmasse entfernt migrieren, geben die Invasivität und somit die Aggressivität des Tumors wieder. Weiterhin lassen sich in den Simulationsergebnissen die Hauptcharakteristika der in-vitro beobachteten Tumor-Immunsystem-Interaktionen qualitativ und quantitativ reproduzieren.

Inhaltsverzeichnis

1. **Einleitung** 1
   1.1. Motivation 1
   1.2. Gliederung und Beitrag 2

2. **Biologische Grundlagen** 5
   2.1. Tumoren des ZNS 5
   2.2. Glioblastom 6
       2.2.1. Entwicklungsstadien 7
       2.2.2. Tumor-Mikroumgebung 8
       2.2.3. Zellmechanismen 9
           2.2.3.1. Migration 9
           2.2.3.2. Proliferation 9
           2.2.3.3. Zelltod 11
           2.2.3.4. Adhäsion 11
   2.3. Das Immunsystem 11
       2.3.1. Das Immunsystem außerhalb des Hirns 12
       2.3.2. Das Immunsystem im Hirn 12
   2.4. Experimente 13

3. **Grundlagen der mathematischen Modellierung** 15

4. **Numerische Methoden** 19
   4.1. Gitterkonfiguration 19
   4.2. Finite Differenzen Methode: FTCS-Schema 19
   4.3. Finite Elemente Methode 22
       4.3.1. Schwache Formulierung 22
       4.3.2. Galerkin Diskretisierung 23
       4.3.3. Gebietszerlegung 24

5. **Nachbarschaftsmodelle** 27
   5.1. Einführung in die Nachbarschaftsmodelle 27
   5.2. Methoden 28
   5.3. Ergebnisse 29
   5.4. Schlussfolgerungen 30

6. Migrationsmodelle 33
6.1. Einleitung 33
6.2. Diffusion 36
6.3. Haptotaxis 37
6.4. Chemotaxis 39
6.5. Komplette Migration 41
6.6. Entdimensionalisierung und Parametrisierung 42
6.7. Numerische Berechnung 43
6.8. Parameterschätzung 46
6.9. Ergebnisse und Diskussion 48
    6.9.1. In-vitro-Invasionsexperimente 49
    6.9.2. Haptotaxis 49
    6.9.3. Chemotaxis 50
    6.9.4. Komplette Migration 51
        6.9.4.1. Einfluss der Bewegungsparameter 55
        6.9.4.2. Hypoxie/Normoxie 58
6.10. Schlussfolgerungen 59

7. Avaskuläres Tumorwachstum 61
7.1. Einleitung 61
7.2. Methoden 62
    7.2.1. Proliferation und Nekrose 63
    7.2.2. Ruhezustand 65
    7.2.3. Algorithmus 65
    7.2.4. Parameter 68
7.3. Integration der MDE 68
7.4. Ergebnisse und Diskussion 70
    7.4.1. Tumorwachstum 70
    7.4.2. Direkte Modellierung der MDE 79
7.5. Schlussfolgerungen 85

8. Interaktionen mit der Mikrogliazelle 89
8.1. Einleitung 89
8.2. Methoden 90
    8.2.1. Entdimensionalisierung und numerische Berechnung 92
    8.2.2. Algorithmus 94
8.3. Experimente 94
    8.3.1. Qualitativer Vergleich 95
    8.3.2. Invasion 99
        8.3.2.1. SMA-560 Sphäroidkultur und Invasionsuntersuchungen . 99
        8.3.2.2. In-vitro-Ergebnisse 101
        8.3.2.3. In-silico-Experimente und Ergebnisse 101
    8.3.3. Proliferation 104
        8.3.3.1. Veröffentlichte Daten 105

	8.3.3.2. In-silico-Experimente und Ergebnisse 105
8.4.	Diskussion 106
	8.4.1. Mikrogliazellen fördern die Gliominvasion 108
	8.4.2. Mikrogliazellen fördern die Gliomproliferation 108
8.5.	Schlussfolgerungen 109

9. Weitere Modellierungsansätze   111
9.1. Strahlentherapie 111
    9.1.1. Einführung in die Strahlentherapie 112
    9.1.2. Methoden 114
    9.1.3. Ergebnisse und Diskussion 116
    9.1.4. Schlussfolgerungen 122
9.2. Multiskalenmodellierung 124
    9.2.1. Einführung in die Multiskalenmodellierung 125
    9.2.2. Methoden 126
    9.2.3. Ergebnisse und Diskussion 128
    9.2.4. Schlussfolgerungen 132

10. Zusammenfassung und Ausblick   137

A. Abkürzungsverzeichnis   141

B. Literaturverzeichnis   143

1 Einleitung

1.1. Motivation

Mutationen führen zur Tumorentstehung. Solche Mutationen können Fehler in der Desoxyribonukleinsäure (DNS) einer Zelle aufweisen, die nicht mehr behoben werden können. Auf diese Weise beschädigte Zellen verlieren die Möglichkeit des programmierten Zelltodes und können weiter mutieren. Darüber hinaus wachsen sie unkontrolliert, können sich unabhängig voneinander teilen und gesundes Gewebe verdrängen bzw. zersetzen. Solche Zellen sind zu Tumorzellen mutiert. Ein kleiner Tumor ist für gewöhnlich auf medizinischen Bildern nicht sichtbar und wird somit erst bemerkt, nachdem der Primärtumor einen Durchmesser von 1 cm oder mehr erreicht hat. Zu diesem Zeitpunkt besteht der Tumor bereits aus mehreren Hundert Millionen Zellen. Bösartige Hirntumoren, insbesondere das Glioblastom, sind nicht heilbar. Wegen seiner ausgeprägten Invasivität und Aggressivität ist seine Prognose infaust. Konventionelle Therapiekonzepte wie operative Resektion, Radio- und Chemotherapie bewirken nur eine marginale Verlängerung der Überlebenszeit. Daher wird derzeit nach neuen Therapieansätzen, wie beispielsweise der zellbasierten Gentherapie, gesucht. Hierbei soll das Glioblastom zusätzlich zur konventionellen Therapie mithilfe gentechnisch veränderter zellulärer Vektoren lokal bekämpft werden.

Das Verständnis der Zellbiologie des Krebses eröffnet neue Behandlungswege. Mathematische Modelle können solch ein Verständnis liefern und somit in der Zukunft vielleicht sogar zur Heilung des Glioblastoms beitragen [203]. Solche Modellierungsansätze sollten eine realistische Darstellung der komplexen biologischen Prozesse bei sinnvoll vereinfachter Umgebung, die die ausschlaggebenden Prozesse sowie Einflussfaktoren berücksichtigt, gewährleisten. In dieser Forschungsarbeit wurde zu diesem Zweck ein hybrides Modell entwickelt, welches das avaskuläre Wachstum maligner Hirntumoren unter Berücksichtigung der Umgebungsfaktoren auf der mikroskopischen Ebene simuliert.

1.2. Gliederung und Beitrag

Die vorliegende Arbeit besteht aus insgesamt zehn Kapiteln. Diese Einleitung stellt das erste Kapitel dar, dem die Darstellung der biologischen Grundlagen (Kapitel 2) folgt. Diese wird in vier Abschnitte unterteilt. Die Tumoren des Zentralnervensystems werden kurz eingeführt und das Glioblastom im Speziellen beschrieben. Es werden dessen Entwicklungsstadien, seine Umgebung sowie die speziellen Zellmechanismen vorgestellt. Die weiteren Grundlagenabschnitte stellen das Immunsystem und eine Einführung in die Experimente dar. Anschließend werden im Kapitel 3 die grundlegenden Begriffe und Vorgehensweisen der mathematischen Modellierung vorgestellt. In Kapitel 4 werden die numerischen Methoden vorgestellt. Dort wird nach der Einführung des Gitters die angepassten numerischen Lösungswege für die in dieser Arbeit verwendeten partiellen Differentialgleichungen beschrieben. Hierzu wird das FTCS-Schema der Finiten Differenzen Methode und die Finite Elemente Methode mit Neumann- sowie Dirichlet-Randbedingungen vorgestellt.

Kapitel 5 führt die Problematik von durch die Wahl der Nachbarschaft induzierte, unrealistische Muster auf regulären Gittern basierenden Modellen ein. Weiterhin wird eine essentielle, neuartige Erweiterung für solche Ansätze vorgestellt, die eine Lösung von deren diskreten Charakter erlaubt. Eine gitterfreie Lösung wäre für die numerische Berechnungen der kontinuierlichen Komponenten eines hybriden Modells fatal. Der dazu entstandene Beitrag wurde auf der Konferenz „Computer Assisted Radiology and Surgery" publiziert [201].

Das Kapitel 6 beschäftigt sich mit den unterschiedlichen Migrationsarten maligner Tumorzellen. Hierbei wurde der Einfluss der Hypoxie eingebunden [205, 206]. Dieser Effekt wurde in In-vitro-Experimenten nachgestellt, die der Zusammenarbeit mit Dr. Philipp-Niclas Pfenning und Prof. Wolfgang Wick, Klinische Kooperationseinheit Neuroonkologie, Deutsches Krebsforschungszentrum Heidelberg und Abteilung für Neuroonkologie, Universitätsklinikum Heidelberg, entstammen. Darüber hinaus behandelt Kapitel 6 die haptotaktische und chemotaktische Zellbewegung in Abhängigkeit der Dichte der extrazellulären Matrix und Nährstoffkonzentration. Die Validierung der haptotaktischen Migration erfolgte ebenfalls mit Vergleich zu experimentellen Daten aus der Gruppe von Prof. Wick. Eine Zusammenführung von hypoxieabhängiger Diffusion, Haptotaxis und Chemotaxis wurde derzeit erstmalig für die Tumorzellmigration eingeführt und im Rahmen dieser Arbeit auf einer Konferenz in Krakau, Polen vorgestellt [202].

Das avaskuläre Tumorwachstum wird in Kapitel 7 dargestellt. Ein hybrides Modell [199, 200] beschreibt die kontinuierlichen Umgebungsfaktoren sowie die diskrete Verteilung der Tumorzellen [209]. Die Einführung von Proliferation, Nekrose und Ruhezustand vervollständigen neben der in Kapitel 6 eingeführten Migration, das Gliomwachs-

1.2. Gliederung und Beitrag

tumsmodell auf der zellulären Ebene. Eine Vereinfachung dieses Ansatzes bei gleichzeitiger Verbesserung der Ergebnisse zeigt eine indirekte Integration der matrixdegradierenden Enzyme. Die Gegenüberstellung und Evaluierung dieser Methode mit der verbreiteten direkten Einbindung dieser Enzyme wurde im Rahmen dieser Arbeit auf dem „Vision, Modeling and Visualization Workshop" vorgestellt [204] und in einem Zeitschriftenartikel [211] publiziert.

Kapitel 8 behandelt die Tumor-Immunsystem-Interaktionen. Im ersten Schritt wurde dieses neuartige mathematische Modell qualitativ ausgewertet und mit Experimenten verglichen. Die von den Immunzellen induzierte erhöhte Invasion und Proliferation von Gliomzellen wurden getrennt voneinander behandelt. Die Simulationsergebnisse wurden durch Parameterschätzung den In-vitro-Daten angepasst und validiert. Die biologischen Experimente mit Gliomsphäroiden allein oder in einer Kokultur mit Mikrogliazellen wurden von PD Dr. Anne Régnier-Vigouroux und Liliana del Rocío Cisneros Castillo vom INSERM U701, Deutsches Krebsforschungszentrum Heidelberg, durchgeführt und ausgewertet. In Zusammenarbeit mit dieser Gruppe entstand Kapitel 8, die Konferenzbeiträge [43, 207, 208] sowie der Zeitschriftenartikel [197].

Das vorletzte Kapitel behandelt weiterführende Modellierungsansätze, die mögliche Anschlussarbeiten einführen sollen. Als ein wichtiges Ziel der Prävention wurden in einem der zwei Hauptabschnitte des Kapitels 9 die Auswirkungen der Strahlentherapie eingeführt. Das etablierte linear-quadratische Modell für die Darstellung der Radiotherapiefolgen wurde für das avaskuläre Tumorwachstumsmodell verwendet. Die Ergebnisse der Strahlentherapiemodellierung wurden auf nationalen und internationalen Konferenzen vorgestellt [181, 182, 198, 210]. Der zweite Hauptabschnitt dieses Kapitels behandelt einen Multiskalenansatz. Vermehrt werden in Modellierungsumgebungen mehrere Ebenen zusammengeführt. In der vorliegenden Arbeit wurde das mikroskopische Modell mit einem Proteinnetzwerk der molekularen Ebene als Entscheidungshilfe für die Prozesse einer Tumorzelle ausgestattet. Die Proteininteraktionen innerhalb des Entscheidungssignalwegs der Rezeptorproteinkinase EGFR (Abkürzung für engl. Epidermal Growth Factor Receptor) wurden unter Mitwirkung von Tina Anne Schütz, ebenfalls aus dem Institut für Medizintechnik, Universität zu Lübeck, entwickelt [185].

Abschließend fasst Kapitel 10 die Schlussfolgerungen zusammen und zeigt mögliche weiterführende Arbeiten im Bereich der Modellierung von Tumorwachstumsprozessen auf.

Unter Mitwirkung der Autorin wurden, zusätzlich zur vorliegenden Arbeit, weitere Zeitschriftenartikel [21, 145, 147, 183] und Konferenzbeiträge [17–20, 22–26, 105, 106, 135–144, 146, 184, 186–188] verfasst, die diese Arbeit flankieren.

2 Biologische Grundlagen

In diesem Kapitel werden die wichtigsten biologischen Begriffe sowie Prozesse aufgeführt und kurz beschrieben. Es soll ein Grundverständnis über die Hintergründe von Hirntumoren vermittelt werden, insbesondere des Glioblastoms, dem Tumor, der in dieser Arbeit hauptsächlich betrachtet wird. Dem interessierten Leser sei zur vertiefenden Lektüre [4, 163, 189, 216] empfohlen. Zunächst werden die Tumoren des zentralen Nervensystems zusammengefasst (Abschnitt 2.1), anschließend werden Entwicklung, Umgebung und Mechanismen des Glioblastoms näher erläutert (Abschnitt 2.2). Als ein wichtiger Bestandteil der Tumorprogression wird das Immunsystem eingeführt (Abschnitt 2.3) und abschließend werden unterschiedliche biologische Experimente vorgestellt (Abschnitt 2.4).

2.1. Tumoren des ZNS

Das Zentralnervensystem (ZNS), bestehend aus dem Gehirn und dem Rückenmark, beinhaltet zwei große Zellpopulationen: Nervenzellen (Neuronen) und Gliazellen. Letztere werden in zwei Hauptuntergruppen unterteilt, Makroglia- und Mikrogliazellen. Die Makrogliazellen werden wiederum in mehrere Zellarten eingeteilt und haben unterschiedliche Funktionen. Die Mikrogliazellen, auch nach ihrem Entdecker Hortegazellen genannt, stellen die residenten (ansässigen) inflammatorischen Zellen (Makrophagen) des ZNS dar.

Obwohl nur zwei Prozent der diagnostizierten Krebserkrankungen Tumoren des Zentralnervensystems darstellen, repräsentieren sie die zweithäufigste Todesursache aller Tumore des Zentralen Nervensystems. Der Begriff primärer Hirntumor bezeichnet Geschwülste, die direkt vom Gehirn oder den umgebenden Hirnhäuten ausgehen. Primäre ZNS-Tumoren sind, nach der Leukämie, mit etwa 23 % die zweithäufigsten Krebser-

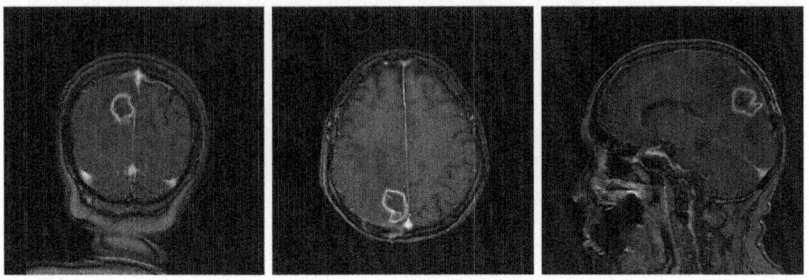

Abb. 2.1.: T1-gewichtete MR-Aufnahme einer Patientin mit Glioblastom am rechten occipitales Marklager (v.l.n.r.: Koronalebene, Transversalebene, Sagittalebene).

krankungen im Kindes- und Jugendalter mit circa 410 Neuerkrankungen pro Jahr. Es gibt viele Arten dieser Tumoren, wobei meist aber nur zwischen niedrigmalignen Gliomen (wie z.B. Astrozytome, Gangliome, Oligodendrogliome) und hochmalignen Gliomen (wie z.B. Glioblastom, anaplastisches Astrozytom, Medulloblastom) unterschieden wird, wobei die Bösartigkeit der Tumoren (Malignität) die Erkrankung kennzeichnet.

2.2. Glioblastom

Das Glioblastom (GBM, frühere Bezeichnung: Glioblastoma multiforme) ist der häufigste maligne hirneigene Tumor bei Erwachsenen. Eine Magnetresonanztomographie, die wie die Computertomographie-Aufnahme die Ausdehnung der Tumorhauptmasse darstellt, ist in Abb. 2.1 gezeigt.

Das Glioblastom gehört zur Gruppe der Gliome. Diese Gruppe wird je nach Ursprungsgewebe weiter unterteilt in eine astrozytäre, eine oligodendrozytäre und eine ependymale Reihe sowie Mischformen hieraus. Nach der derzeitig gültigen WHO-Klassifikation (WHO: World Health Organization) für intrakranielle Tumoren, werden die Gliome zusammen mit den anderen Tumoren neuronaler Herkunft unter dem Überbegriff „Tumoren des neuroepithelialen Gewebes" zusammengefasst. In der histologischen Gradierung werden niedrigmaligne Gliome (WHO Grad I und II) von der anaplastischen Form (WHO Grad III) und vom hochmalignen Glioblastom, das einem WHO Grad IV entspricht [120], abgegrenzt. Die wichtigsten Unterscheidungskriterien sind die Anordnung und Größe der Zellen und Zellkerne [53], sowie die flächenhafte Nekrose und die hohe Proliferationsrate. Außerdem wird eine sogenannte „bunte Schnittfläche" mit Zysten, Blutungen und Tumorzerfallshöhlen gefunden, die dem Tumor auch die Bezeichnung Glioblastoma multiforme eingebracht hat. Eine beispielhafte mikroskopische Aufnahme eines GBM ist in Abb. 2.2 dargestellt.

Unbehandelt hat das Glioblastom eine schlechte Prognose und führt innerhalb weniger Wochen zum Tod. Derzeitiger Standard bei der Behandlung eines Glioblastoms

2.2. Glioblastom

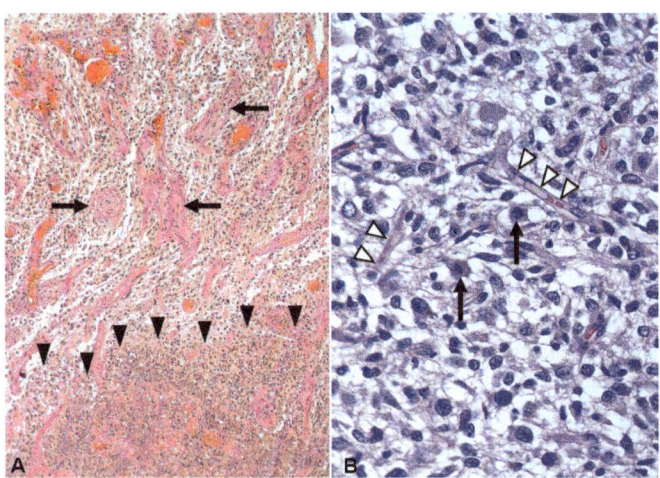

Abb. 2.2.: Glioblastoma (mikroskopische Aufnahme): **A** Ein zelldichtes Tumorgewebe mit charakteristischer Proliferation mikrovaskulärer Glomeruloide (Pfeile). Unten, nekrotisches Tumorgewebe (Pfeilköpfe) (Färbungsmethode: Elastica van Gieson, x100). **B** (Tumor Detail) Ein zellreicher und pleomorpher Tumor, zu beachten ist die Variation der Kerngröße. Mehrere Mitosen sind erkennbar (Pfeile), sowie ein dichtes, feingliedriges Kapillarnetz (Pfeilköpfe) (Färbungsmethode: Hämatoxylin-Eosin, x400).

ist die möglichst vollständige Resektion des kontrastmittelaufnehmenden Tumors mit nachfolgender Strahlentherapie und konkomitanter sowie adjuvanter Therapie mit Temozolomid, einem neuen Imidazotetrazin-Derivat. Unter dieser kombinierten Behandlung wird eine Steigerung der 2-Jahres-Überlebensrate auf 26 % im Vergleich zu 10 % bei alleiniger Strahlentherapie erreicht. Die mittlere Überlebenszeit beträgt 12 - 18 Monate [45, 90, 124, 154, 178].

2.2.1. Entwicklungsstadien

Ausgangspunkt in der Krebsentstehung ist eine irreversible Änderung (Mutation) im Erbgut (Genom), was als Tumorigenese bezeichnet wird. Es existieren zwei Wege, die zum GBM führen. Einerseits kann sich das GBM aus niedriggradigen Astrozytomen über Jahre entwickeln (sekundär), andererseits kann es die anfängliche Pathologie bei der Diagnose darstellen (primär). Letztere neigen dazu, Verstärkung des EGF-Rezeptors (Abkürzung für engl. Epidermal Growth Factor Receptor), Deletionen im INK4a-Gen mit dem Verlust von p14 und p16, und diploiden Zellen zu zeigen. Sekundäre GBM entstehen aus Vorläuferzellen vorwiegend durch p53 Mutationen und Überexpression von PDGF (Abkürzung für engl. Platelet-Derived Growth Factor) [33,131]. Diese genetischen Mutationen fördern das Wachstum der Zellen durch Entwicklung von Krebsgenen und erlauben somit eine unbegrenzte Zellteilung [28]. Weiterhin wird Apoptose verhindert, d.h. eine Inaktivierung von Tumorsuppressoren. Demzufolge breiten sich die Zellen aus und formen einen lokalen Krebs; dieses Stadium wird als avaskuläres Wachstum bezeichnet. Der Durchmesser des Tumors liegt in dieser Entwicklungsstufe zwischen 1-3 mm [83,149,160,161].

Tumoren benötigen eine ausreichende Versorgung mit Sauerstoff und weiteren Nährstoffen, um wachsen zu können. Dieser Bedarf kann bei schnell wachsenden Tumoren, wie Gliomen, nicht mehr durch Diffusion aus dem umgebenden Gewebe bzw. aus Blutgefäßen gedeckt werden. Folglich senden Tumoren Tumor-angiogenetische Wachstumsfaktoren (TAF) aus [213]. Als das wichtigste Signalmolekül gilt VEGF (Abkürzung für engl. Vascular Endothelial Growth Factor). Neue, kleine Blutgefäße, überwiegend durch Sprossung aus einem vorgebildeten Kapillarsystem, werden gebildet. Nach diesem Prozess, der als Angiogenese (z.B. [83,84,149]) bezeichnet wird, versetzt sich der Tumor in das vaskuläre Wachstum. Die Zellen sind nun mit ausreichend Nährstoffen versorgt und invadieren das gesunde, umliegende Gewebe. Durch Eindringen in die Kapillaren, können Tochtergeschwulste (Metastasen) entstehen.

Eine detaillierte Beschreibung der Umgebung sowie der einzelnen Prozesse werden in den nachfolgenden Abschnitten 2.2.2 bzw. 2.2.3 beschrieben.

2.2.2. Tumor-Mikroumgebung

In der Umgebung eines Hirntumors gibt es viele Bestandteile: andere Zellen, die extrazelluläre Matrix, Proteine, Chemikalien und Blutgefäße. Jedoch beeinflusst nicht jeder dieser Faktoren das Wachstum der Tumoren. Werden die nicht-tumorösen Zellen betrachtet, sind Astrozyten ein gutes Beispiel für Zellen, die wirkungslos gegenüber dem Tumorwachstum sind. Wird andererseits die Mikrogliazellen betrachtet, welche die residenten Makrophagen des zentralen Nervensystems darstellen, werden erhebliche Veränderungen der Tumoren sichtbar (vgl. Abschnitt 2.3).

Die extrazelluläre Matrix (EZM) wird von Zellen produziert und ist ein sehr wichtiger Bestandteil der Mikroumgebung der Tumorzellen. Sie besteht aus Proteinen und kleinen Faserstängen, Lamininen, Fibronektinen und Kollagen [132]. Um ein besseres Bild zu bekommen, kann die EZM zu „Alles-was-zwischen-den-Zellen-ist" zusammengefasst werden. Die Matrix ist für die Zell-Zell und Zell-Matrix Aktionen verantwortlich. Ein weiterer Bestandteil der EZM sind die Fibroblasten. Deren Produkte sorgen für eine erhöhte Festigkeit der extrazellulären Matrix, denn Schädigungen des Gewebes stimulieren die Zellteilung der Fibroblasten. Des Weiteren gibt es in der Mikroumgebung viele Wachstumsfaktoren, sogenannte Chemokine und Zytokine sowie Chemikalien wie z.B. Nährstoffe. Letztere bestehen wiederum aus Sauerstoff, Glucose, Eisen und stellen einen wichtigen Faktor für das Überleben der Zellen dar. Die Nährstoffe diffundieren aus Blutgefäßen und haben einen direkten Einfluss auf die Wanderung und Zellteilung von Tumorzellen (vgl. Abschnitt 2.2.3). Des Weiteren gibt es Nährstoffe auch in der Gehirn-Rückenmarks-Flüssigkeit (CSF, von engl.: cerebrospinal fluid), die einen essen-

2.2. Glioblastom

tiellen Nährstofflieferanten des Hirns darstellt [190].

2.2.3. Zellmechanismen

Durch spezifische Defekte in Zellmechanismen sowie zunehmende Strukturveränderungen werden Zellen zu Tumorzellen. Die wichtigsten Prozesse in diesem Zusammenhang, die einen großen Einfluss auf das Tumorwachstum haben, sind die Zellwanderung (Migration) und die Zellteilung (Proliferation). Erst durch deren gemeinsames Auftreten führen Funktionsverluste und weitere negative Eigenschaften der Tumorzellen zu einem bösartigen Tumorwachstum oder sogar zu Krebs. Die Prozesse werden in den nachfolgenden Abschnitten vorgestellt.

2.2.3.1. Migration

Grundsätzlich kann die Migration in die Einzelzellmigration (individuell) und in die kollektive Migration, bei der Zellen adhäsive Bindungen (Anziehungskräfte) entwickeln, um Zellhaufen (Cluster) zu formen, unterteilt werden. Bei der individuellen Zellmigration kann weiterhin zwischen amöboider und mesenchymaler unterschieden werden [86, 87]. Bei der amöboiden Bewegung wird die extrazelluläre Matrix als Gerüst benutzt [96]. Es wird Kontakt zu den Fasern hergestellt und die extrazelluläre Matrix wird nicht verändert. Die mesenchymale Zellmigration findet durch die Aussonderung Matrixdegradierender Enzyme (MDE) statt, wie z.B. Matrixmetalloproteinasen (MMP), die zum Abbau (Degradation) der EZM führt, um Raum für die Bewegung zu schaffen. Dieser Prozess wird auch als lokale Invasion bezeichnet [73].

Durch den Verlust von Adhäsionsmolekülen auf der Zelloberfläche (vgl. Abschnitt 2.2.3.4) bei malignen Tumorzellen [219], wird der Kontakt unter den Tumorzellen und der Zusammenhalt des Tumorgewebes gelockert [73], sodass die Gliomzellen überwiegend die individuelle Migration erfahren. Welche Bewegung genau vollzogen wird, hängt von der Umgebung ab. Wird von Zellen gesprochen, die sich in der weißen Substanz befinden, dann migrieren sie entlang von Myelin, was einer Ausbreitung im Gehirn entlang von Markscheiden der Nervenfasern entspricht [91, 92, 194]. Diese Ausbreitung ist eine amöboide Bewegung [50]. Bei Tumoren in der grauen Hirnsubstanz wird von einer isotropen Ausbreitung (in alle Richtungen gleiche Eigenschaften) ausgegangen, was wiederum mit der mesenchymalen Bewegung übereinstimmt. In diesem Fall fungiert die EZM als Barriere. Durch andere Adhäsionsmoleküle (unter anderem Integrine) heften sich Tumorzellen an die extrazelluläre Matrix an und wandern in normales Gewebe ein. Gliomzellen bewegen sich viel und infiltrieren sehr früh das gesunde Gewebe des ZNS. Es wurde gezeigt, dass Gliomzellen sogar in Folge von Sauerstoffmangel (Hypoxie) ein invasiveres Verhalten aufzeigen (vgl. Abschnitt 6.2).

2.2.3.2. Proliferation

Ein deregulierter Zellzyklus führt zu kontinuierlicher Zellteilung und Tumorwachstum. Dabei erfahren GBM-Zellen eine viel schnellere Proliferation als andere Tumorzellen

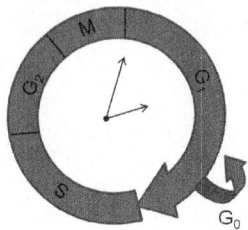

Abb. 2.3.: Schema des Zellzyklus einer Zelle.

[131]. Dadurch wächst der Tumor sehr schnell, was seine Bösartigkeit unterstreicht.

Vielfache Wachstumsfaktoren und Wachstumsfaktoren-Rezeptoren wie bFGF (Abkürzung für engl. basic fibroblast growth factor), EGF-R (Abkürzung für engl. epidermal growth factor receptor) und TGF-α (Abkürzung für engl. transforming growth factor-α) sowie PDGF-A und PDGF-B (Abkürzung für engl. platelet-derived growth factor A- und B-Kette) und deren Rezeptor PDGFRP sind in ZNS-Tumoren präsent. In [213] wurde durch Immunhistologien herausgefunden, dass der Grad des Tumors mit der Anzahl von Wachstumsfaktoren zusammenhängt, d.h. je maligner ein Tumor, desto mehr Wachstumsfaktoren und Rezeptoren sind vorhanden. Diese Faktoren stimulieren die Proliferation von Gliomzellen, dadurch werden die Zellen zu schnellerer Teilung angeregt. Der Zellzyklus verläuft in vier unterschiedlichen Phasen (vgl. Abb. 2.3). Die erste ist die G_1-Phase (Interphase, G steht für Lücke, aus engl. gap) gefolgt von der S-Phase (DNS-Synthesephase). Hier wird die DNS-Helix verdoppelt. In dem darauffolgenden Intervall, der G_2-Phase, wächst die Zelle und wird auf die Zellteilung vorbereitet. Anschließend gelangt die Zelle in die M-Phase, die Mitose, in der sich der Zellkern teilt. Die Zellteilung wird im Anschluss beendet und die hervorgegangenen Tochterzellen befinden sich nun wieder in der G1-Phase. Darüber hinaus kann sich eine Zelle in einem ruhenden Zustand befinden. Diese Phase ist die G_0-Phase und erfolgt reversibel aus der G_1-Phase (vgl. Abb. 2.3). Der dauerhafte Ausstieg einer Zelle aus dem Zellzyklus kann nur durch den Tod der Zelle verursacht werden. Insgesamt dauert der Zellzyklus einer gesunden Zelle, je nach Zelltyp, zwischen 24 und 30 Stunden, die einzelnen Zellphasen nehmen unterschiedliche Zeitspannen in Anspruch. Während die Dauer der zwei Gap-Phasen G_1 und G_2 sehr variabel ist, weisen die M- und S-Phase eine relativ konstante Länge auf. Die Mitose benötigt etwa eine Stunde und die S-Phase 6 bis 8 Stunden [107]. Die G_1-Phase beträgt ungefähr die Hälfte der gesamten Zellzyklusdauer.

Bei malignen Tumorzellen verkürzt sich die Länge für eine Zellteilung erheblich. Die Proliferation ist eine der wichtigsten Eigenschaften von Tumorzellen, die unterdrückt werden müssen.

2.2.3.3. Zelltod

Grundsätzlich werden zwei Hauptformen des Zelltods unterschieden: Nekrose und Apoptose. Bei der Nekrose schwillt die Zelle an, anschließend wird die Plasmamembran zerstört und es kommt zur Fragmentierung und Auflösung des Zellkerns und zu Entzündungen. Dies ist ein unumkehrbarer Prozess, d.h. die Zelle kann nach einem nekrotischen Zustand nicht mehr leben [114,133]. Die Ursachen, die zu einer Nekrose führen können, sind äußerer Natur wie z.b. eine Inflammation, chemische Faktoren wie Sauerstoffmangel oder toxische Substanzen. Bei der Apoptose handelt es sich hingegen um den programmierten Zelltod. Dieser ist genetisch kontrollierbar und hat einen vorhersehbaren und vorbestimmten Verlauf [27,114]. Dies kann von außen (Immunzellen) oder durch zellinterne Prozesse angeregt werden. Morphologisch kennzeichnet sich die Apoptose durch Schrumpfen der Zelle. Deren Überreste werden durch Phagozytose abgebaut.

Invasive Gliomzellen sind resistent gegen Apoptose [73,91], um die Zellüberlebensfähigkeit zu begünstigen bzw. zu fördern. Zudem ist in [51] durch In-vitro-Experimente bewiesen worden, dass Apoptose in GBM supprimiert ist. Ein wichtiger Faktor sind die Matrixmetalloproteinasen (MMP), die die Apoptose unterdrücken [153,189]. Demzufolge tritt gerade bei hochgradigen Tumoren, wie beim Glioblastom, vermehrt Nekrose auf [27].

2.2.3.4. Adhäsion

Zelladhäsionsmoleküle (ZAM) sind eine Klasse von Proteinen, die die Kontakte zwischen Zellen in einem Gewebe vermitteln. Sie ermöglichen den Zusammenhalt von Geweben und die Kommunikation zwischen den Zellen. Letzteres wird auch als Zell-Zell-Adhäsion bezeichnet und wird in Cadherine und neuronale Zelladhäsionsmoleküle (NZAM) eingeteilt. Die Zell-Matrix-Adhäsion bezieht sich auf Verbindungen, die durch Integrine (in der Zellmembran verankerte Proteine) hergestellt werden und zwischen Zellen und der extrazellulären Matrix wirken. Cadherine sind ZAMs die Zell-Zell-Adhäsionen vermitteln [212]. Sie sind für das fingerförmige Wachstum von mehreren Tumorentitäten verantwortlich und wurden bereits in der Literatur diskutiert (z.B. [47,167]). Diese Zell-Zell-Interaktionen finden in GBM sehr vermindert statt, nur wenige sind überhaupt feststellbar. Die neuronalen Zelladhäsionsmoleküle in aggressiven Gliomen sind unterexprimiert [219].

2.3. Das Immunsystem

Das Immunsystem unterscheidet spezifisch körpereigene Zellen von fremden Strukturen und löst eine adäquate Immunantwort aus. Es entwickelt ein immunologisches Gedächtnis, um besser und schneller reagieren zu können. Einige Funktionen des Immunsystems sind angeboren, andere werden erworben. Beide Systeme sind in ihrer Arbeitsweise eng miteinander verzahnt und übernehmen unterschiedliche Aufgaben. Die angeborene Immunität ist kontinuierlich in Bereitschaft und in den ersten Tagen nach einer Infektion wird der Erreger abgewehrt. Nach Erreichen eines Schwellenwertes wird die erworbene Immunantwort, auch adaptive Immunantwort genannt, induziert.

2.3.1. Das Immunsystem außerhalb des Hirns

Die angeborene Immunität besteht aus mehreren Zellen, wie den lokalen Abwehrzellen, Makrophagen (auch mit M_φ abgekürzt) und den dendritischen Zellen. Ebenso gehören die natürlichen Killerzellen (NK), T-Zellen ($\gamma - \delta$), Zytokine (lösliche Botenstoffe), Neutrophilen (Fresszellen) und Eosinophilen zum angeborenen Immunsystem. B-Lymphozyten, CD 4(+) und CD 8(+) T-Lymphozyten gehören zu dem adaptiven Immunsystem [15].

2.3.2. Das Immunsystem im Hirn

Da nur Mikrogliazellen (MG) im Gehirn voll kompetent immunologisch wirken, stellen sie die Makrophagen des Gehirns dar. Sie machen ca. $10-20\%$ aller Zellen des zentralen Nervensystems aus [152,162]. MG sind noch nicht vollständig erforscht und die zugrunde liegenden Prozesse noch nicht komplett verstanden [111]. Die MG tauchen zunächst ausschließlich resident (rMG, ruhend) auf [174]. Erst durch das Auftreten einer Läsion, einer Infektion bzw. eines Tumors werden die MG aktiviert und als amöboid (aMG) bezeichnet. Dies ist nicht zu verwechseln mit der amöboiden Bewegung aus Abschnitt 2.2.3.1. Die Aktivierung geschieht durch Stimulation von Zytokinen (z.B. TGF-β, MCP-1, G-CSF), die vom Tumor, insbesondere Gliomzellen, ausgesendet werden [88, 95] und als Chemoattraktanten für die MG wirken.

Im ruhenden Zustand proliferiert eine MG sehr langsam [88] und bewegt sich viel aufgrund ihres plastischen Charakters, legt aber keine weiten Wege zurück. Im amöboiden Zustand dagegen proliferieren sie öfter [88] und die MG migrieren in Richtung der höheren Tumor-Signalkonzentration. Außerdem exprimieren sie Faktoren, die die Matrix-Metalloproteasen (MMPs) aktivieren. Damit kann die extrazelluläre Matrix noch schneller abgebaut werden, was die Tumorzellen invasiver macht [95,152,220], d.h. sie helfen dem Tumor sogar schneller und weiter zu migrieren. Darüber hinaus sind Mikrogliazellen, die in Gliomen eindringen, inkompetent eine T-Zell Stimulation und die adaptive Immunität zu induzieren [111,166]. Außerdem können aktivierte MG zwei unterschiedliche Phänotypen aufweisen: Einen gegen den Tumor und einen der sich positiv auf das Tumorwachstum auswirkt (z.B. [88,189]). Der erstgenannte ist ein inflammatorischer Phänotyp, der auch mit M1 bezeichnet wird. Hier werden die MG klassisch aktiviert und senden Faktoren aus wie z.B. IL-1, TNF (Tumornekrosefaktor). Der M2 Phänotyp ist antiinflammatorisch und wird alternativ aktiviert gefördert durch IL-4 und IL-13 und sondert Faktoren ab wie IL-10 und TGF. M2 is dominant in bösartigen Tumoren [30]. Darüber hinaus besagt [162], dass die Mikroumgebung die Makrophagen erziehen ein M2-ähnliches Erscheinungsbild anzunehmen. Ein Wechsel zwischen den zwei Phänotypen von MG ist während des Tumorwachstums sehr präsent [30]. In [166] wurde gezeigt, dass Makrophagen in-vitro und in-vivo (s. Abschnitt 2.4 für die Bedeutung der Begriffe) ihre funktionale Charakteristik schnell ändern können.

2.4. Experimente

Bei biologischen Untersuchungsexperimenten wird nach der Umgebungsart unterschieden. Laufen die Prozesse im lebendigen Organismus ab, so werden sie *in-vivo* genannt. Werden Zellen, Gewebe oder anderes lebendes biologisches Material aus einem lebenden Organismus entnommen und in einer präparierten meist kontrollierten, vereinfachten Umgebung eingeführt, so wird von *ex-vivo* gesprochen. Ist diese Umgebung eine Umgebung, wo das Material natürlich auftritt, sind die Experimente *in-situ*. *Ex-situ* ist das Gegenteil. Zudem gibt es noch einen weiteren Versuchsaufbau, der bei Biologen sehr beliebt ist. Dieser nennt sich *in-vitro* und bezeichnet die Experimente, die außerhalb von lebenden Organismen stattfinden. Hierzu zählen auch die Zellkulturen.

Alexis Carrel, ein französischer Chirurg und Nobelpreisträger in Medizin (1912), hat im Jahre 1913 bewiesen, dass Zellen länger in Zellkultur wachsen können, sofern sie gefüttert und aseptisch gehalten werden [40, 41]. Damit war der erste große Schritt in Richtung Zeitexperimente in Zellkulturen gemacht. Seitdem ist es Standard, Prozesse unter kontrollierten Bedingungen in Laboren zu untersuchen. Es gibt unterschiedliche Arten von Zellkulturen. Zum einen gibt es Zelllinien: Diese transformieren spontan (Tumor) oder durch Transfektion mit einem Virus, außerdem ist eine große Menge nötig, die im Fall von Tumorzellen auch zu multizellulärer Tumorspäroide führen kann. Dies sind kugelförmige Tumorzellaggregate, die eine 3D Umgebung darstellen. Zum anderen existieren primäre Zellkulturen, die aus frischem Gewebe präpariert werden. Für ein In-vitro-Experiment wird auch ein Zellkulturmedium benötigt, dieses enthält essentielle Substanzen für das Wachstum und die Proliferation. Je nach Art der Untersuchungen, werden Zusätze wie z.B. Lipopolysaccharidlösung (LPS) zum Zweck der Stimulation hinzugefügt. Zuletzt gibt es noch Experimente *in-silico*. Dies sind Simulationen natürlicher Vorgänge im Computer. Die Realisierung solcher Simulationen geschieht meist mittels mathematischer Modellierungsansätze (vgl. Abschnitt 3).

3
Grundlagen der mathematischen Modellierung

Die mathematische Modellierung bezeichnet generell eine Methode oder ein Konzept, das in Naturwissenschaften und Technik angewendet wird, um einen realen Aspekt so darzustellen, dass er in Hinblick auf eine Zielfrage verstanden werden kann (Abb. 3.1). Die Simulation liefert ein Abbild der Realisierung des Modells. Die mathematische Modellierung stellt ein mächtiges Werkzeug dar, um beispielsweise Hypothesen über den (patientenindividuellen) Verlauf der Tumorerkrankung zu testen und damit das Verständnis für die Krankheit zu vermehren [12].

Die Gestaltung des Modellierung-Prozesses kann zum einen als „Top-Down" (engl.: von oben nach unten) oder als „Bottom-Up" (engl.: von unten nach oben) erfolgen. Dies ist unabhängig davon wie die Art der Simulation aussieht, d.h. ob es deterministisch, diskret oder gitterbasiert ist. Diese Begriffe stehen für den Entwurf des Arbeitsablaufs. Der „Top-Down"-Methode stehen experimentelle Daten zu Verfügung oder sie werden zuerst erzeugt, anschließend wird anhand der Daten ein mathematisches Modell entwickelt. Der Gegensatz dazu ist das „Bottom-Up" Verfahren, wo meist mit Werten aus der Literatur begonnen wird, um daraus ein Modell zu entwickeln, das später mit experimentellen Daten verglichen wird [192].

Generell erfolgt die Einordnung der unterschiedlichen Ansätze für die Modellierung von Tumorwachstum anhand der Größenskala, auf der die Entwicklung des Tumors beschrieben wird. Damit erfolgt die Modellierung entweder auf einer makroskopischen (z.B. [21, 75, 109, 136]), einer mikroskopischen (z.B. [38, 47, 100]) oder einer molekularen Ebene (z.B. [80]); seltener werden Multiskalenmodelle benutzt (z.B. [130, 221]). Die makroskopischen Modelle basieren im Allgemeinen auf einem kontinuierlichen, deterministischen Reaktions-Diffusions-Formalismus [52, 123] und führen zu einer globalen Beschreibung des Tumors, welcher typischerweise in Magnetresonanz- [127] oder

3. Grundlagen der mathematischen Modellierung

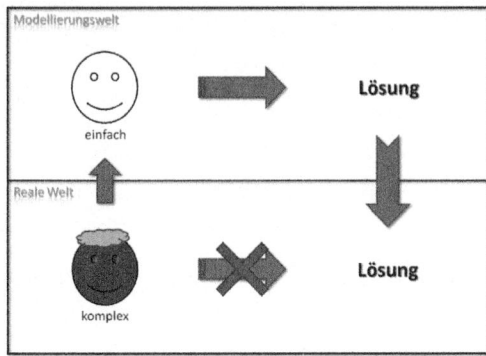

Abb. 3.1.: Schematische Darstellung der mathematischen Modellierung: Hauptziel ist die Vereinfachung der komplexen zugrunde liegenden Prozesse bei gleichzeitiger Gewährleistung realistischer Ergebnisse.

Computertomographie-Aufnahmen [37] sichtbar ist. Damit erlaubt ein derartiges Modell zwar einen visuellen Vergleich zu medizinischen, nicht-invasiven In-vivo-Bilddaten, vernachlässigt aber die komplexen Vorgänge auf der mikroskopischen und molekularen Ebene. Die molekularen Prozesse, die den Status einer einzigen Zelle beeinflussen, sind normalerweise durch Interaktionsnetzwerke beschrieben. Diese sind meist sehr komplex [102, 164] mit hoher Rechenzeit verbunden und erlauben deswegen die Visualisierung von nur wenigen Zellen. Die mikroskopische Ebene, auch zelluläre Ebene genannt, ermöglicht nicht nur eine feingranularere Beschreibung der raum-zeitlichen Entwicklung von Tumoren, sondern erlaubt es zudem, stochastische Prozesse der Tumorprogression abzubilden. Entsprechend wird die raum-zeitliche Dynamik nicht mehr anhand einer Zellpopulation, sondern über das Verhalten individueller Zellen, basierend auf biophysikalischen Regeln, beschrieben.

Die molekulare Skala benutzt meist kontinuierliche gewöhnliche Differentialgleichungen (ODEs, engl.: ordinary differential equations), wohingegen die makroskopische Ebene mithilfe von partiellen Differentialgleichungen (PDEs, engl.: partial differential equations) berechnet wird. Im Gegensatz zu makroskopischen Ansätzen, die auf kontinuierlichen Formalismen basieren, werden die mikroskopischen Prozesse auf Basis von diskreten Modellen oder mithilfe von hybriden Ansätzen simuliert. Eine Übersicht der kontinuierlichen und diskreten Modelle kann in [180, 215] nachgelesen werden.

Die diskreten Modelle werden meist durch die Methode der zellulären Automaten (ZA) [64, 81, 116, 134] oder durch agentenbasierte Modelle (ABM) [71, 148] beschrieben. Die ZA sind zeitabhängige, diskrete Modelle und repräsentieren eine Kollektion von Zellen auf einem Gitter. Der Status der Zellen basiert auf einer endlichen Menge von mikroskopisch, stochastischen Regeln, die auf jede einzelne Zelle angewandt werden und

3. Grundlagen der mathematischen Modellierung

von ihren Nachbarzellen abhängen. Das erste Modell wurde im Jahre 1970 von John Conway entwickelt und „Game of Life" genannt. Seitdem wurden ZA in vielen Bereichen eingesetzt und finden sich heute vermehrt in der Modellierung von Tumorwachstum. Diese gitterbasierten Modelle können unterschiedliche Geometrien annehmen: quadratische, hexagonale oder kubische. Es gibt aber auch mehrere Formen einer Geometrie, z.B. die quadratische, die in Form von multi-Abteilungen ZA (z.B. [64,101]) dargestellt werden kann. Es können mehrere Zellen in einer Gitterzelle Platz einnehmen oder mehrere Gitterzellen eine einzige biologische Zelle repräsentieren (engl.: Cellular Potts Model). Je einfacher die Geometrie, desto größer ist die Anzahl an Zellen, die simuliert werden kann. Bei den agentenbasierten Modellen werden für gewöhnlich keine Gitter benutzt. Sehr geläufig ist eine Voronoi-Parkettierung (Zerlegung) [115,179]. Für die Darstellung einzelner Zellen mit Deformation und Wachstum des Körpers, werden ebenfalls gitterfreie Modelle benutzt [169]. Einen kurzen Überblick gibt [171].

Die Kombination von kontinuierlichen und diskreten Methoden wird als hybrides Modell bezeichnet. Diese Modelle haben den Vorteil, individuelle Zellen unter Berücksichtigung von stochastischen Elementen zu betrachten. Die Umgebung wird generell durch PDEs oder ODEs dargestellt und schnell berechnet. Eine Diskussion über hybride Modellierung in dem Feld des Tumorwachstums gibt [170].

4
Numerische Methoden

In diesem Kapitel werden elementare numerische Grundlagen vorgestellt. Zunächst wird das Gebiet und die Gitterkonfiguration eingeführt. Anschließend werden das FTCS-Schema (Abkürzung für engl.: Forward-Time Central-Space), die Finiten-Differenzen-Methode (Abschnitt 4.2) und die Finite Elemente Methode (Abschnitt 4.3) als numerisches Lösungsverfahren für partielle Differentialgleichungen beschrieben. Bei letzterem liegt der Fokus auf der Einbindung unterschiedlicher Randbedingungen in das Standardverfahren.

4.1. Gitterkonfiguration

Es wird ein zweidimensionales Gebiet von Hirngewebe, $\mathbb{R}^2 \supset \Omega = [0,1] \times [0,1]$ mit Abschluss $\bar{\Omega}$ und polygonalem Rand $\Gamma_D \cup \Gamma_N = \Gamma \subset \mathbb{R}$ betrachtet.

Das Gebiet Ω wird mit einem 400×400 Gitter mit einer Schrittlänge von $h = 0,0025$ versehen. Da angenommen wird, dass $[0,1]$ einer Länge von $4\,\text{mm}$ entspricht, ergibt sich eine physikalische Schrittweite von $10\,\mu\text{m}$. Auf diese Weise entspricht jedes Quadrat des Gitters ungefähr der Fläche einer Tumorzelle, d.h. $10^{-6}\,\text{cm}^2$ [11]. Jede Gitterzelle kann von einer einzelnen tumorartigen, nekrotischen Zelle oder von einer gesunden Immunzelle eingenommen werden ansonsten ist die Zelle als freie Stelle zu betrachten.

Wenn nicht anders angegeben, wird im Folgenden diese Konfiguration verwendet.

4.2. Finite Differenzen Methode: FTCS-Schema

Um die Bewegung einzelner Zellen in Abhängigkeit von äußeren Einflussfaktoren zu modellieren und simulieren, wird ein Verfahren benötigt, das nicht kontinuierliche oder deterministische Lösungen liefert. Die Beschreibung einer solchen Bewegung kann mittels

Diskretisierung partieller Differentialgleichungen vorgenommen werden. Dafür wird das sogenannte FTCS-Schema (Forward-Time Central-Space), d.h. zentrierte Differenzen im Raum und die vorwärts Euler-Methode in der Zeit, verwendet.

Dieses Verfahren ist rechengünstig, weil es auf einer expliziten Methode beruht. Auf diese Weise muss kein System von algebraischen Gleichungen gelöst werden, sondern nur eine einzelne Gleichung.

Zudem erlaubt dieses Schema die Integration von Einflüssen aus den Nachbarschaften (s. Abschnitt 5). Dort werden die Diskretisierungsschemata beschrieben. Als Erstes wird der 5-Punkte-Stern dargestellt, wobei der Zustand der direkten vier Nachbarelemente betrachtet wird. Entsprechendes gilt für den 9-Punkte-Stern, hier erfolgt eine Abtastung der *Moore*-Nachbarschaftselemente, d.h. der direkten Nachbarn und zusätzlich der vier diagonalen Elemente.

Sei eine eindimensionale partielle Differentialgleichung gegeben:

$$\frac{\partial \psi}{\partial t} = F(\psi, x, t, \frac{\partial^2 \psi}{\partial x^2}) \tag{4.1}$$

mit Raum Ω, Rand- und Anfangsbedingungen.

Um die Raumdiskretisierung von F zu zeigen, wird als Beispiel die Hutgleichung benutzt [125]:

Gegeben sei die Konstante $\xi > 0$, finde $\psi : \Omega \to \mathbb{R}$, sodass

$$\frac{\partial \psi}{\partial t} = \xi \frac{\partial^2 \psi}{\partial x^2} \quad \text{in } \Omega. \tag{4.2}$$

Das FTCS-Schema (Abb. 4.1) berechnet sich für $t = mk$ und $x = ih$ ($m, k, i, h > 0$) zum Zeitpunkt t_m und an den Punkt x_i durch:

$$\frac{\psi_i^{m+1} - \psi_i^m}{k} = \frac{\xi(\psi_{i+1}^m - 2\psi_i^m + \psi_{i-1}^m)}{h^2} \tag{4.3}$$

$$\psi_i^{m+1} - \psi_i^m = \underbrace{\frac{\xi \cdot k}{h^2}}_{=:r}(\psi_{i+1}^m - 2\psi_i^m + \psi_{i-1}^m) \tag{4.4}$$

$$\psi_i^{m+1} = \underbrace{r}_{=:P_1}\psi_{i+1}^m + \underbrace{(1-2r)}_{=:P_0}\psi_i^m + \underbrace{r}_{=:P_2}\psi_{i-1}^m \tag{4.5}$$

$$\psi_i^{m+1} = P_0 \psi_i^m + P_1 \psi_{i+1}^m + P_2 \psi_{i-1}^m \tag{4.6}$$

mit $P_0 + P_1 + P_2 = 1$. Die P_j ($j = 0, 1, 2$) entsprechen Wahrscheinlichkeiten proportional zu einer Bewegung nach rechts P_1, links P_2 bzw. keiner Bewegung, P_0.

Satz 1. *Stabilität*
Die FTCS-Methode 4.6 ist numerisch stabil genau dann wenn $r \leq 1/2$.

Der Beweis kann z.B. aus [125] entnommen werden.

4.2. Finite Differenzen Methode: FTCS-Schema

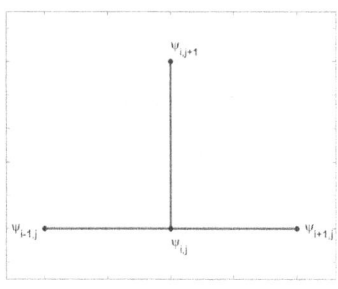
(a) 1D Zeitdiskretisierung

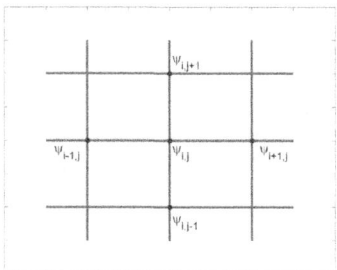
(b) 2D Raumdiskretisierung

Abb. 4.1.: Stern für die Vorwärtsdifferenzen in der Zeit (1D) und zentrierte Differenzen im Raum (2D).

Wird nun statt der Hutgleichung die zweidimensionale Diffusionsgleichung betrachtet:

$$\frac{\partial \psi}{\partial t} = \nabla \cdot D_\psi \nabla \psi \quad \text{in } \Omega \times (0, T] \tag{4.7}$$

sieht die Lösung unter Verwendung des 5-Punkte-Sterns und für $t = mk$, $x_1 = ih$ und $x_2 = jh$, $(x_1, x_2) \in \Omega$ folgendermaßen aus:

$$\psi_{i,j}^{m+1} = P_0 \cdot \psi_{i,j}^m + P_1 \cdot \psi_{i+1,j}^m + P_2 \cdot \psi_{i-1,j}^m + P_3 \cdot \psi_{i,j+1}^m + P_4 \cdot \psi_{i,j-1}^m \tag{4.8}$$

mit $P_0 = 1 - 4r_D$, $P_1 = P_2 = P_3 = P_4 = r_D$ und $r_D = kD_\psi/h^2$. Um die Stabilität der Lösung zu gewährleisten, muss $r_D \leq 1/2$ gelten.

Unter Verwendung des 9-Punkt-Sterns, ergibt sich folgende Lösung:

$$\begin{aligned}\psi_{i,j}^{m+1} =& P_0 \cdot \psi_{i,j}^m + P_1 \cdot \psi_{i+1,j}^m + P_2 \cdot \psi_{i-1,j}^m + P_3 \cdot \psi_{i,j+1}^m + P_4 \cdot \psi_{i,j-1}^m + P_5 \cdot \psi_{i-1,j+1}^m + \\ &+ P_6 \cdot \psi_{i+1,j-1}^m + P_7 \cdot \psi_{i+1,j+1}^m + P_8 \cdot \psi_{i-1,j-1}^m \end{aligned} \tag{4.9}$$

mit
$$\begin{aligned} P_0 =& 1 - 20r_D = 1 - (10kD_\psi)/3h^2, \\ P_1 =& P_2 = P_3 = P_4 = 4r_D = (2kD_\psi)/3h^2, \\ P_5 =& P_6 = P_7 = P_8 = r_D = (kD_\psi)/6h^2. \end{aligned}$$

Hier muss, wie bei der 5-Sterne Diskretisierung, $r_D = (kD_\psi)/6h^2 \leq 1/2$ gelten, damit die Stabilität gewährleistet ist.

4.3. Finite Elemente Methode

Es sei $\Omega \subset \mathbb{R}^2$ ein beschränktes Gebiet mit Lipschitz-Rand $\Gamma = \Gamma_N \cup \Gamma_D$, d.h. stückweise durch eine Lipschitz-stetige Parametrisierung darstellbar, wobei Γ_N den Neumannrand und Γ_D den Dirichletrand bezeichnet. Im Folgenden bezeichnet $H^s(\Omega)$, $s \geq 0$, den üblichen Sobolevraum mit Spur-Raum $H^{s-\frac{1}{2}}(\Gamma)$. Für $s < 0$ ist $H^s(\Gamma)$ der stetige Dualraum von $H^{-s}(\Gamma)$. Ferner sei der Sobolev Raum $H^1(\Omega)'$ der stetige Dualraum von $H^1(\Omega)$.

Es wird nun das folgende Problem mit Dirichlet- und Neumann-Randbedingungen betrachtet:
Gegeben $f : \Omega \times (0, T] \to \mathbb{R}$, $\psi_D : \Gamma_D \times (0, T] \to \mathbb{R}$, $\psi_N : \Gamma_N \times (0, T] \to \mathbb{R}$ und $\gamma > 0$, finde $\psi : \Omega \times (0, T] \to \mathbb{R}$, sodass

$$-\nabla \cdot (D_\psi \nabla \psi) + \gamma \psi = f \quad \text{in } \Omega \tag{4.10a}$$

$$\psi = \psi_D \quad \text{auf } \Gamma_D \tag{4.10b}$$

$$\partial_n \psi = \psi_N \quad \text{auf } \Gamma_N \tag{4.10c}$$

Nach Lax-Milgram [196] existiert genau eine schwache Lösung ψ des Problems.

4.3.1. Schwache Formulierung

Für die schwache Formulierung in Ω wird die Gl. (4.10a) mit Testfunktionen $w \in H^1(\Omega)$ multipliziert und über Ω integriert:

$$-\int_\Omega \text{div}(D_\psi \nabla \psi) w \, d\mathbf{x} + \int_\Omega \gamma \psi w \, d\mathbf{x} = \int_\Omega f w \, d\mathbf{x}.$$

Nach Green folgt für den ersten Summanden

$$-\int_\Omega \text{div}(D_\psi \nabla \psi) w \, d\mathbf{x} = \int_\Omega D_\psi \nabla \psi \nabla w \, d\mathbf{x} - \int_\Gamma D_\psi \frac{\partial \psi}{\partial n} w \, ds$$

und insgesamt

$$\int_\Omega D_\psi \nabla \psi \nabla w \, d\mathbf{x} + \int_\Omega \gamma \psi w \, d\mathbf{x} = \int_\Omega f w \, d\mathbf{x} + \int_\Gamma D_\psi \frac{\partial \psi}{\partial n} w \, ds.$$

Da aber $\partial \Omega = \Gamma = \overline{\Gamma_D} \cup \overline{\Gamma_N}$ wird $v := \psi - \psi_D$ eingeführt, sodass $v = 0$ auf Γ_D, d.h.

$$v \in H^1_D(\Omega) := \{w \in H^1(\Omega); w = 0 \text{ auf } \Gamma_D\},$$

4.3. Finite Elemente Methode

wobei H^1 der Sobolev-Raum ist. Nun ergibt sich die schwache Formulierung: Finde $v \in H_D^1(\Omega)$, sodass

$$\int_\Omega D_\psi \nabla v \nabla w \, d\mathbf{x} + \int_\Omega \gamma v \cdot w \, d\mathbf{x} = $$
$$= \int_\Omega fw \, d\mathbf{x} + \int_{\Gamma_N} \psi_N w \, ds - \int_\Omega D_\psi \nabla \psi_D \nabla w \, d\mathbf{x} - \int_\Omega \gamma \psi_D w \, d\mathbf{x},$$

$\forall w \in H_D^1(\Omega)$. Für $\psi_N = 0$ ergibt sich

$$\int_\Omega D_\psi \nabla v \cdot \nabla w \, d\mathbf{x} + \int_\Omega \gamma v \cdot w \, d\mathbf{x} = \int_\Omega fw \, d\mathbf{x} - \int_\Omega D_\psi \nabla \psi_D \nabla w \, d\mathbf{x} - \int_\Omega \gamma \psi_D w \, d\mathbf{x}. \quad (4.11)$$

4.3.2. Galerkin Diskretisierung

In diesem Abschnitt wird ein Verfahren zur Verfügung gestellt, das eine Diskretisierung von (4.11) und damit die Berechnung einer Näherungslösung von (4.10) erlaubt. Es sei $I \subset (0,1)$ Indexmenge mit $0 \in \bar{I}$, dann sei $\{\Delta_\Omega^h; h \in I\}$ eine Familie regulärer Triangulierungen von Ω. Für die Diskretisierung der Raumgröße werden die folgenden endlich-dimensionalen Unterräume von $H^1(\Omega)$ benötigt:

$$S_h := \{w_h : \Omega \to \mathbb{R}; w_h \text{ stückweise linear auf } \Delta_\Omega^h, w_h \in C^0(\Omega)\},$$
$$S_h^D := S_h \cap H_D^1.$$

Sei $\Psi_D \in S_h$ eine Funktion, die ψ_D auf Γ_D approximiert. Dann folgt das diskrete Problem: Finde $V \in S_h^D$, sodass

$$\int_\Omega D_\psi \nabla V \cdot \nabla W \, d\mathbf{x} + \int_\Omega \gamma V \cdot W \, d\mathbf{x} = \int_\Omega fW \, d\mathbf{x} - \int_\Omega D_\psi \nabla \Psi_D \nabla W \, d\mathbf{x} - \int_\Omega \gamma \Psi_D W \, d\mathbf{x},$$

$\forall W \in S_h^D$. Seien $(\eta_1, ..., \eta_N)$ Basisfunktionen des finiten Raumes S_h und $(\eta_{i_1}, ..., \eta_{i_N})$ Basisfunktionen des Raumes S_h^D, wobei $I = \{i_1, ..., i_M\} \subseteq \{1, ..., N\}$, $M \leq N - 2$. Dann folgt für $j \in I$

$$\int_\Omega D_\psi \nabla V \cdot \nabla \eta_j \, d\mathbf{x} + \int_\Omega \gamma V \cdot \eta_j \, d\mathbf{x} = \int_\Omega f\eta_j \, d\mathbf{x} - \int_\Omega D_\psi \nabla \Psi_D \nabla \eta_j \, d\mathbf{x} - \int_\Omega \gamma \Psi_D \eta_j \, d\mathbf{x}.$$
$$(4.12)$$

Definiert wird nun

$$V = \sum_{k \in I} x_k \eta_k, \qquad \Psi_D = \sum_{k=1}^N \Psi_k \eta_k$$

um Gleichung (4.12) als lineares Gleichungssystem

$$A\mathbf{x} = \mathbf{b} \quad (4.13)$$

auffassen zu können, wobei

$$A = (A_{jk})_{j,k \in I} \in \mathbb{R}^{M \times M}, \quad \mathbf{x} = (x_k)_{k \in I} \in \mathbb{R}^M, \quad \mathbf{b} = (b_j)_{j \in I} \in \mathbb{R}^M$$

mit

$$\begin{aligned}
A_{jk} &= D_\psi \int_\Omega \nabla \eta_j \nabla \eta_k \, d\mathbf{x} + \gamma \int_\Omega \eta_j \eta_k \, d\mathbf{x}, \\
\mathbf{b}_j &= \int_\Omega f \eta_j \, d\mathbf{x} - \sum_{k=1}^N \Psi_k D_\psi \int_\Omega \nabla \eta_j \nabla \eta_k \, d\mathbf{x} - \sum_{k=1}^N \Psi_k \gamma \int_\Omega \eta_j \eta_k \, d\mathbf{x} \\
&= \int_\Omega f \eta_j \, d\mathbf{x} - \sum_{k=1}^N \Psi_k \left[D_\psi \int_\Omega \nabla \eta_j \nabla \eta_k d\mathbf{x} + \gamma \int_\Omega \eta_j \eta_k \, d\mathbf{x} \right],
\end{aligned}$$
(4.14)

(4.15)

wobei

$$K_{jk} = \int_\Omega \nabla \eta_j \nabla \eta_k d\mathbf{x}, \quad \text{bzw.} \quad M_{jk} = \int_\Omega \eta_j \eta_k d\mathbf{x}.$$

die globalen Steifigkeits- bzw. Massenmatrix ist.

Lemma 2.
Das diskrete System (4.13) hat eine eindeutige Lösung.

Beweis.
Die Massenmatrix M ist positiv definit, die Matrix K ist positiv semidefinit. Also hat das System (4.13) genau eine Lösung $\mathbf{x} \in \mathbb{R}^M$, das die Galerkinlösung Ψ bestimmt:

$$\Psi = \Psi_D + V = \sum_{j=1}^N \Psi_j \eta_j + \sum_{k \in I} x_k \eta_k.$$

□

4.3.3. Gebietszerlegung

Sei $\{\Delta_\Omega^h; h \in (0,1)\}$ eine Familie regulärer Triangulierungen von Ω und sei $\Delta \in \Delta_\Omega^n$ ein Dreieck. Dann können die Integrale in (4.14) und (4.15) auch als Summen über alle Dreiecke geschrieben werden, d.h. (für $f = 0$)

$$\begin{aligned}
A_{jk} &= D_\psi \sum_{\Delta \in \Delta_\Omega^h} \left(\int_\Delta \nabla \eta_j \cdot \nabla \eta_k d\mathbf{x} \right) + \gamma \sum_{\Delta \in \Delta_\Omega^h} \left(\int_\Delta \eta_j \cdot \eta_k d\mathbf{x} \right), \\
b_j &= -\sum_{k=1}^N \Psi_k \left[D_\psi \sum_{\Delta \in \Delta_\Omega^h} \left(\int_\Delta \nabla \eta_j \cdot \nabla \eta_k d\mathbf{x} \right) + \gamma \sum_{\Delta \in \Delta_\Omega^h} \left(\int_\Delta \eta_j \cdot \eta_k d\mathbf{x} \right) \right].
\end{aligned}$$

4.3. Finite Elemente Methode

Seien nun $P_i = (x_i, y_i)$, $i = 1, 2, 3$ die Eckpunkte eines Dreiecks Δ, dann wird ein Referenzdreieck $\hat{\Delta} = \{(\xi, \vartheta) \in \mathbb{R}^2\}$ affin nach Δ durch

$$\mathbf{x} = x_1 + (x_2 - x_1)\xi + (x_3 - x_1)\vartheta,$$
$$\mathbf{y} = y_1 + (y_2 - y_1)\xi + (y_3 - y_1)\vartheta$$

transformiert. Nun werden die zu den Eckpunkten gehörigen linearen Basisfunktionen η_i in S_h definiert:

$$\eta_1(\xi, \vartheta) = 1 - \xi - \vartheta, \quad \eta_2(\xi, \vartheta) = \vartheta \quad \eta_3(\xi, \vartheta) = \xi.$$

Für die lokale Steifigkeitsmatrix folgt dann

$$\iint_\Delta \nabla v \cdot \nabla w \, d\mathbf{x} \, d\mathbf{y} = \iint_{\hat{\Delta}} (a\hat{v}_\xi \hat{w}_\xi + b(\hat{v}_\xi \hat{w}_\vartheta + \hat{v}_\vartheta \hat{w}_\xi) + c\hat{v}_\vartheta \hat{w}_\vartheta) \, d\xi \, d\vartheta,$$

wobei
$$a = J^{-1}((x_3 - x_1)^2 + (y_3 - y_1)^2),$$
$$b = -J^{-1}((y_2 - y_1)(y_3 - y_1) + (x_2 - x_1)(x_3 - x_1)),$$
$$c = J^{-1}((x_2 - x_1)^2 + (y_2 - y_1)^2),$$
$$J = (x_2 - x_1)(y_3 - y_1) - (x_3 - x_1)(y_2 - y_1) > 0.$$

Durch die Steifigkeits- und Massenmatrix des Referenzdreiecks, kann die lokale und somit auch die globale Steifigkeits- bzw. Massenmatrix des Dreiecks Δ berechnet werden. Zum einen ergibt sich die Steifigkeitsmatrix zu

$$K = \begin{pmatrix} \mathcal{K} & -E & & \\ -E & \ddots & \ddots & \\ & \ddots & \ddots & -E \\ & & -E & \mathcal{K} \end{pmatrix} \text{ mit } \mathcal{K} = \begin{pmatrix} 4 & -1 & & \\ -1 & \ddots & \ddots & \\ & \ddots & \ddots & -1 \\ & & -1 & 4 \end{pmatrix},$$

wobei E die Einheitsmatrix ist. Respektive ergibt sich die Massenmatrix zu

$$M = \frac{h^2}{12} \begin{pmatrix} \mathcal{M} & \mathcal{E}_\psi & & \\ \mathcal{E}_\iota & \ddots & \ddots & \\ & \ddots & \ddots & \mathcal{E}_\psi \\ & & \mathcal{E}_\iota & \mathcal{M} \end{pmatrix} \text{ mit } \mathcal{M} = \begin{pmatrix} 6 & 1 & & \\ 1 & \ddots & \ddots & \\ & \ddots & \ddots & 1 \\ & & 1 & 6 \end{pmatrix},$$

$$\mathcal{E}_\psi = \begin{pmatrix} 1 & & & \\ 1 & \ddots & & \\ & \ddots & \ddots & \\ & & 1 & 1 \end{pmatrix} \text{ und } \mathcal{E}_\iota = \begin{pmatrix} 1 & 1 & & \\ & \ddots & \ddots & \\ & & \ddots & 1 \\ & & & 1 \end{pmatrix}.$$

Die Dimension N der Matrizen ist gleich der Anzahl der Unbekannten und $h = \frac{1}{\sqrt{N}+1}$ ist die Gitterbreite.

Für die Implementierung ist ein einheitlich nummeriertes System erforderlich. In Abb. 4.2 ist das Gebiet Ω mit $h = 1/4$ diskretisiert und eine exemplarische Nummerierung gegeben. Des Weiteren ist eine globale Basisfunktion (Hutfunktion) eingezeichnet.

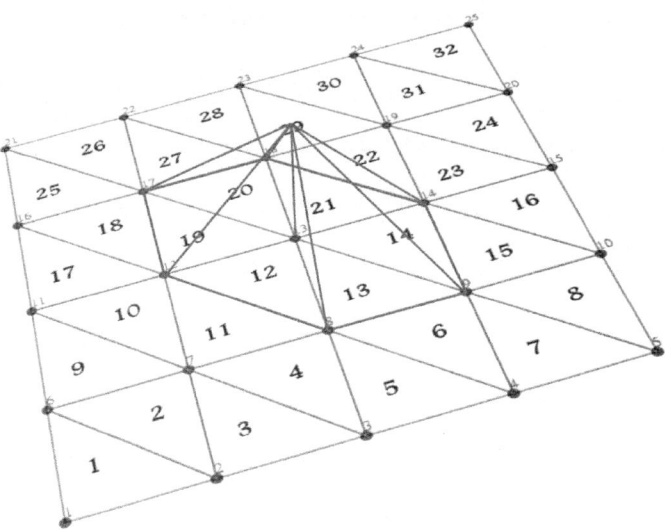

Abb. 4.2.: Triangulierung des Gebietes Ω mit einer Schrittweite von $h = 1/4$. Die einzelnen Dreiecke sind mit großen Zahlen nummeriert, ihre Eckpunkte mit kleinen Ziffern. Zudem ist eine Basisfunktion in der Mitte des Gebietes eingezeichnet.

5 Nachbarschaftsmodelle

5.1. Einführung in die Nachbarschaftsmodelle

Mathematische Methoden für die Simulation des Tumorwachstums auf der zellulären Ebene benutzen typischerweise diskrete Verfahren wie zelluläre Automaten oder agentenbasierte Modelle. Für die Diskretisierung dieser Methoden werden unterschiedliche Verfahren benutzt. Die häufigste Art ist das Gebiet mit einem Gitter zu versehen, sodass jede Zelle des Gitters von einer einzelnen biologischen Zelle eingenommen werden kann (vgl. Abschnitt 4.1). Die Simulationsergebnisse werden durch die Wahl des Gitters oder der Nachbarschaftsregion stark beeinflusst. Bei ungeeigneter Wahl können sogar falsche Muster in der Zelldistribution entstehen und/oder unrealistische Größen der modellierten Tumoren auftreten. Dieses fundamentale Problem tritt besonders bei den Modellen auf, die auf regulären Gittern basieren und wurde bereits in der Literatur diskutiert [69, 115, 179]. Um das Problem zu umgehen, wurden irreguläre Gitter auf Basis von Voronoi/Delaunay-Modellen benutzt [115] oder gitterfreie agentenbasierte Modelle [179]. Da diese jedoch eine sehr lange Rechenzeit aufweisen [38] und die Verwendung unterschiedlicher Gitter für die kontinuierliche und diskrete Modellierung notwendig wird, wurde im Rahmen dieser Arbeit eine Methode entwickelt, die keine unrealistischen Muster hervorbringt und sich durch eine kurze Rechenzeit auszeichnet.

Die zwei wichtigsten Regionen in der Nachbarschaft einer Zelle sind die *Moore*- und die *von Neumann*-Nachbarschaft wie für den Radius 1 und 2 in der Abb. 5.1 dargestellt. Sie werden wie folgt definiert:

Definition 3. *Die Menge* $Moor_r(x,y) = \{(u,v) : r-1 < \max(|u-x|,|v-y|) \leq r\}$ *aller Punkte* (u,v) *innerhalb eines bestimmten Radius* $r \geq 1$ *um den Punkt* (x,y) *bemessen mit dem Tchebychev Abstand, heißt die Moore Nachbarschaft.*

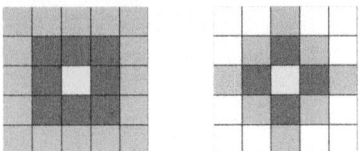

Abb. 5.1.: Die *Moore-* (links) und die *von Neumann*-Nachbarschaft (rechts); Dunkelgrau kennzeichnet den Radius 1 ($r = 1$) und Hellgrau den Radius 2 ($r = 2$).

Definition 4. *Die Menge $Neum_r(x,y) = \{(u,v) : r - 1 < ((u-x)^2 + (v-y)^2)^{1/2} \leq r\}$ aller Punkte (u,v) innerhalb eines bestimmten Radius $r \geq 1$ um den Punkt (x,y) bemessen mit dem Euklidischen Abstand, heißt die von Neumann-Nachbarschaft.*

Alternative Nachbarschaften werden nur selten genutzt [14]. Um den Zustand einzelner Zellen zu aktualisieren, wird die lokale Nachbarschaft der Zelle betrachtet. Die grundlegende Idee ist, zwischen den unterschiedlichen Nachbarschaftsdefinitionen zu wechseln. Es wird eine 50/50-Wahrscheinlichkeit eingeführt, die für jeden Zeitschritt und jede Zelle entscheidet, ob die *Moore*-Nachbarschaft oder die *von Neumann*-Nachbarschaft verwendet wird. Die vorgestellte Methode ist nicht nur für die Modellierung von Tumorwachstum konzipiert, sie kann auch auf jedes andere gitterbasierte Modell generisch angewandt werden.

5.2. Methoden

Es wird ein vereinfachtes hybrides Modell benutzt, um den Einfluss der Nachbarschaft zu verdeutlichen und zu fokussieren. Das Wachstumsmodell besteht aus einer diskreten Methode für die Zellprozesse und einer kontinuierlichen Verteilung der Nährstoffe. Es wird ein Gebiet Ω betrachtet und mit einem Gitter versehen, die dazugehörige Konfiguration ist Abschnitt 4.1 zu entnehmen.

Für die folgenden Zustände von Tumorzellen: Proliferation, Migration, Tod, Ruhezustand, werden stochastische Regeln benutzt, die von der Nährstoffkonzentration abhängig sind [54, 134]. Für Proliferation und Nekrose werden die Funktionen im Abschnitt 7.2.1 näher erläutert. Für die Migration wird die Verteilungsfunktion aus [134] benutzt. Alle drei basieren auf Exponentialfunktionen und werden für jede Tumorzelle im Gitterpunkt $x_{i,j}$ und Zeitpunkt t_m berechnet:

$$P_{div}(i,j,t_m) =: P_{div}^m(i,j) = 1 - \exp\left[-\left(\frac{u^m(i,j)}{Z^m \cdot \theta_{div}}\right)^2\right],$$

$$P_{nek}(i,j,t_m) =: P_{nek}^m(i,j) = \exp\left[-\left(\frac{u^m(i,j)}{Z^m \cdot \theta_{nek}}\right)^2\right],$$

$$P_{mig}(i,j,t_m) =: P_{mig}^m(i,j) = 1 - \exp\left[-Z^m \left(\frac{u^m(i,j)}{\theta_{mig}}\right)^2\right],$$

wobei u die Nährstoffkonzentration ist, $\theta_{div}, \theta_{nek}, \theta_{mig}$ sind die Formparameter für die Divisions/Nekrose/Migrations-Wahrscheinlichkeitskurve. Z^m definiert die Anzahl der Tumorzellen für den Zeitpunkt t_m. Die Nährstoffverteilungsgleichung

$$\frac{\partial u}{\partial t} = \nabla \cdot (D_u(\mathbf{x})\nabla u(\mathbf{x},t)) - \alpha_u u \quad \text{in } \Omega \times (0,T]$$

mit Randbedingung $u(\mathbf{x},t) = 1$ auf $\partial \Omega \times (0,T]$ und Anfangsbedingung $u(\mathbf{x},0) = u_0(\mathbf{x})$ wird in Abschnitt 6.4 ausführlich vorgestellt. Es wird angenommen, dass Blutgefäße an den Rändern des Gebietes den Tumor mit Nährstoffen versorgen. Die maximale Konzentration dieser Nährstoffe an den Rändern wird durch die Randbedingung repräsentiert. Für die Lösung der Gleichung wird ebenfalls die Methode der Finiten Elemente verwendet.

In Abhängigkeit der Werte für die Nährstoffverteilung werden die stochastischen Werte $P_{div}, P_{nek}, P_{mig}$ für jede Tumorzelle bestimmt. Für eine Wahrscheinlichkeit $P_{mig}, P_{div} > P_{nek}$ wird in der Nachbarschaft der Zelle $Neum_r$ bzw. $Moor_r$, $r = 1, 2$ nach freien oder gesunden Zellen gesucht. Sollten freie Zellen vorhanden sein, so wird die Zelle zu der Stelle mit der höchsten Nährstoffkonzentration migrieren, bzw. die Tochterzelle platziert. Sind in der Nachbarschaft jedoch nur Tumorzellen vorhanden, so wird die Zelle als still markiert.

Eine detaillierte Beschreibung der Prozesse, einen Algorithmus sowie die Parameterwerte werden in Kapitel 6 und 7 aufgeführt. Die Entscheidung über die Nachbarschaftswahl für die Aktualisierung jeder Zelle in jedem Zeitpunkt wird mithilfe einer zufälligen Variable getroffen. Dabei wird eine 50/50-Wahrscheinlichkeit für eine der Nachbarschaften *Moore* und *von Neumann* genutzt. Diese Wahl wird für jede Zelle getroffen und für alle Prozesse (Zellteilung, Tod, Migration) innerhalb eines Zeitraumes beibehalten.

5.3. Ergebnisse

Die Tumormasse, simuliert ausschließlich mit der *Moore*- bzw. mit der *von Neumann*-Nachbarschaft, ist in Abb. 5.2 links bzw. in der Mitte dargestellt. Rechts zeigt Abb. 5.2 den Tumor, errechnet mit der neuen Methode unter Verwendung beider Nachbarschaften. Die betrachtete Domäne ist ein Bereich von $4\,\text{mm} \times 4\,\text{mm}$. Für alle drei Ergebnisse wird die typische Tumorstruktur, bestehend aus einem nekrotischen Kern, umhüllt von einem Ring von stillen Zellen und einem äußeren Ring von aktiven Tumorzellen, ersichtlich. Bei den Tumoren, modelliert mit nur einer Nachbarschaft, spiegelt sich die Wahl der Nachbarschaft in der Form wider. In dem Simulationsergebnis der neu eingeführten Methode ist ein sphärischer Tumor erkennbar. Um diese Aussage zu quantifizieren, wurde der Radius r des Tumors aus Abb. 5.2 rechts für jeden Winkel θ berechnet. Diese Funktion $r(\theta)$ ist in der Abb. 5.3(e) aufgetragen. Hier repräsentiert die durchgezogene Linie $r(\theta)$ für $\theta = [1°, 360°]$ mit der Schrittweite $\Delta\theta = 1°$. Die gestrichelte Linie repräsentiert

Abb. 5.2.: Dynamiken des Tumorwachstums unter Verwendung der *Moore*, *von Neumann*-Nachbarschaft und beider mit einer 50/50-Wahrscheinlichkeit (v.l.n.r.). Simulationsergebnisse für $t = 450$ Tage. Gelb markiert nekrotische Zellen, hellrot stille Tumorzellen und dunkelrot proliferierende und migrierende Tumorzellen.

$\bar{r}(\theta)$, wobei über 10° gemittelt wurde, um die Statistik zu verbessern.

Die Darstellungen Abb. 5.3(e) zeigen, dass der Tumor fast kreisförmig ist. Wegen der kleinen Variation des Radius wird die Fourier-Transformation benutzt, um das Amplitudenspektrum der Funktion $\bar{r}(\theta), \Delta\theta = 10°$ zu berechnen (Abb. 5.3(f)). Das Amplitudenspektrum ist semilogarithmisch dargestellt. Hier kann eine geringfügige größere Amplitude bei der Frequenz 2 und 4 beobachtet werden. Diese kleine Variation kann durch die Nährstoffkonzentration hervorgebracht sein, da diese nicht sphärisch ist (vgl. Abb. 6.5, Mitte). Um sicher zu sein, dass diese Maxima deutlich kleiner sind als die bei Verwendung einer spezifischen Nachbarschaft, wurden dieselben Graphen für die Ergebnisse der *Moore* und der *von Neumann*-Nachbarschaft (Abb. 5.2 links und rechts) generiert (Abb. 5.3(a)-(d)).

Für die Simulationsergebnisse generiert mit der *Moore*-Nachbarschaft sowie mit der *von Neumann*-Nachbarschaft lässt sich im Amplitudenspektrum (Abb. 5.3(b), bzw. (d)) bei der Frequenz 4 ein deutliches Maximum feststellen, welches nahezu eine Größenordnung größer ist als in Abb. 5.3(f), d.h. unter Verwendung der neuen Methode. Insgesamt kann gefolgert werden, dass die entwickelte Methode Ergebnisse mit nahezu kreisförmigem Muster für den Tumor liefert. Die Größe des Tumors kann ebenfalls aus den Plots 5.3 (a), (c), (e) abgeleitet werden. Hier wird deutlich, dass der Radius des mit der neuen Methode simulierten Tumors zwischen dem Radius der anderen beiden Tumoren liegt. Demzufolge wird hierbei nicht aufgrund der Nachbarschaftswahl ein größerer oder kleinerer Tumor modelliert.

5.4. Schlussfolgerungen

Zelluläre Prozesse von Tumoren sind Teil eines komplexen Systems. Die Unregelmäßigkeit von Zellpositionen und deren unberechenbare Bewegung werden besser durch

5.4. Schlussfolgerungen

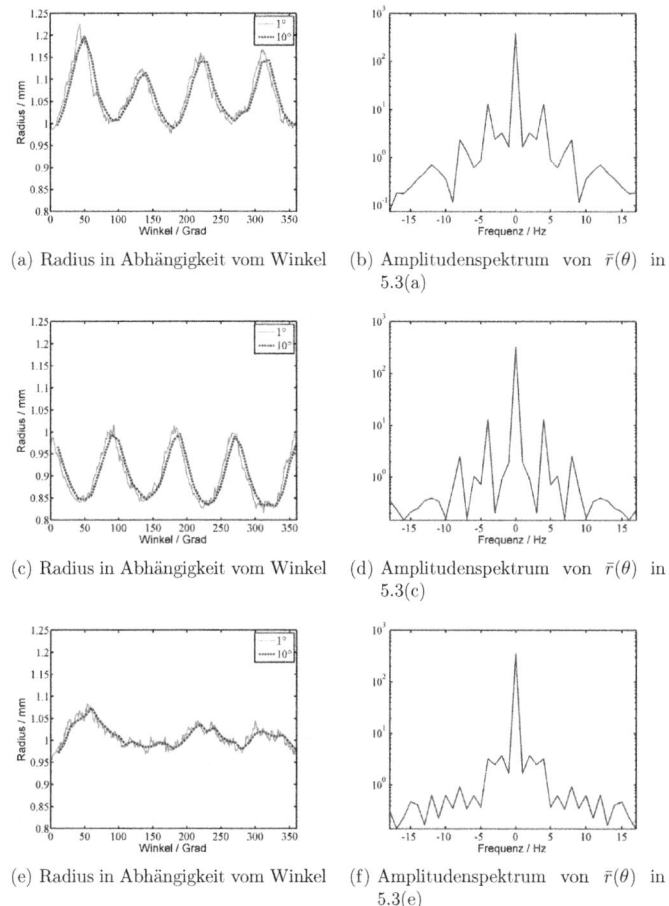

(a) Radius in Abhängigkeit vom Winkel

(b) Amplitudenspektrum von $\bar{r}(\theta)$ in 5.3(a)

(c) Radius in Abhängigkeit vom Winkel

(d) Amplitudenspektrum von $\bar{r}(\theta)$ in 5.3(c)

(e) Radius in Abhängigkeit vom Winkel

(f) Amplitudenspektrum von $\bar{r}(\theta)$ in 5.3(e)

Abb. 5.3.: (a), (c), (e): Der Radius der Tumoren aus Abb. 5.2 links/Mitte/rechts für jeden Winkel (durchgezogene Linie) und der über 10 Grad gemittelte Radius. (b), (d), (f): Semilogarithmische Darstellung des Amplitudenspektrums der Funktion $\bar{r}(\theta)$ in (a), (c), (e).

eine gitterfreie Methode beschrieben. Aufgrund sehr hoher Rechenkosten sind Prozesse meist auf der Basis von vereinfachten mathematischen Ansätzen wie Modellen, die auf regulären Gittern basieren, beschrieben. Diese führen jedoch zu unrealistischen Mustern.

Die neu eingeführte Methode erzeugt Ergebnisse ähnlich wie bei den gitterfreien Methoden und, was viel wichtiger ist, realitätsnahe Ergebnisse. Zusammengefasst kombiniert das Modell die Vorteile der Standardmodelle, d.h. es verhindert unrealistische Muster wie es die gitterfreien Ansätze tun (z.B. [66]) und weist denselben vergleichsweise geringen bekannten Rechenaufwand auf wie die Methoden, die auf regulären Gittern basieren (z.B. [134]). Zudem wird eine realistische Größe des Tumors simuliert und dasselbe Gitter für die kontinuierlichen und diskreten Berechnungen verwendet.

6
Migrationsmodelle

6.1. Einleitung

1827 beobachtete Robert Brown, ein schottischer Botaniker, die nach ihm benannte Molekularbewegung als er Pollenkörner unter dem Lichtmikroskop untersuchte. Die Stoffteilchen im Pflanzensaft bewegten sich unkontrolliert und zick-zack-förmig in alle Richtungen. 1905 [76] konnte Albert Einstein die Ursache für die Brownsche Bewegung theoretisch erklären. Durch Untersuchungen, durchgeführt von Jean-Baptiste Perrin, konnten die Berechnungen und Vorhersagen Albert Einsteins bestätigt werden.

Durch die thermische Bewegung der viel kleineren und daher unsichtbaren Teilchen wie Gasmoleküle oder Flüssigkeitsteilchen wird ein Stofftransport bewirkt. Durch die häufigen Stöße entsteht die Brownsche Bewegung, die der Diffusion mikroskopisch sichtbarer Teilchen gleichzusetzen ist. Zwei Beispiele der simulierten Brownschen Zellbewegungen sind in der Abb. 6.1 sowie 6.2 für zwei verschiedene Zeitlängen dargestellt. Ähnliche Prozesse sind auch bei Tumorerkrankungen auf mikroskopischer Ebene zu beobachten.

Einer der wichtigsten Zellmechanismen in Tumoren ist die Migration bzw. die Invasion der Zellen (vgl. Abschnitt 2.2.3.1). Insbesondere die Zufallsbewegung der Tumorzellen spielt hier eine wichtige Rolle. Eines der einfachsten Modelle für die Tumorzellmigration ist der Prozess der linearen Diffusion. Die Diffusionsgleichung (6.2) beschreibt die Progression einer Zelldichte über die Zeit [58]. Durch die Anwendung des FTCS-Schemas (vgl. Abschnitt 4.2) kann neben der kontinuierlichen auch eine diskrete Migrationsbeschreibung individueller Zellen beschrieben werden.

Um eine genaue Beschreibung für die Invasion von Tumorzellen zu finden, wurden Experimente durchgeführt, die ähnlich einer In-vivo-Situation sind. In letzterer wurde mittels Zellkulturen gezeigt, dass Hypoxie, ein essenzielles Phänomen des Glioblastoms, eine lokale Veränderung der Geschwindigkeit der Invasion von Tumorzellen bewirkt. Um

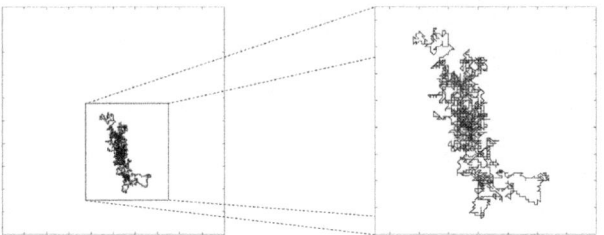

Abb. 6.1.: Beispiel für die Brownsche Zellbewegung für 3000 Zeitschritte. Die Simulationen wurden auf einem 400 × 400 Gitter vorgenommen (links). Eine vergrößerte Ansicht des Bereichs [175, 250] × [130, 215] ist rechts zu sehen.

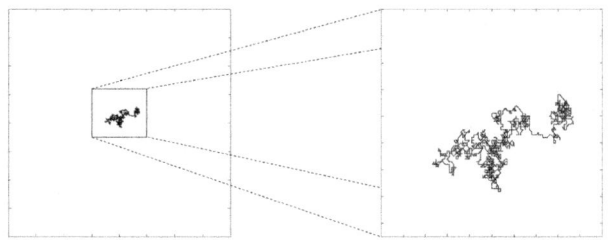

Abb. 6.2.: Beispiel für die Brownsche Zellbewegung für 1500 Zeitschritte. Die Simulationen wurden auf einen 400 × 400 Gitter vorgenommen (links). Rechts ist eine vergrößerte Ansicht des Bereichs [150, 250] × [175, 260] dargestellt.

Ergebnisse aus In-vitro-Experimenten in die Diffusionsgleichung einfließen zu lassen, wird in dieser Arbeit der Diffusionskoeffizient nicht konstant gehalten, sondern unter der Nebenbedingung Hypoxie/Normoxie variiert.

Neben dem Prozess der Diffusion stoßen Tumorzellen auf eine Vielzahl löslicher und substratgebundener Faktoren, die die direkte Migration der Zellen auf verschiedenen Etappen der Tumorinvasion beeinflussen können. Solche Faktoren können die direkte Fortbewegung der Tumorzellen durch zwei Mechanismen fördern, nämlich Chemotaxis und Haptotaxis. Letztere ist die direkte Bewegung von Zellen, die sich an einem Konzentrationsgefälle orientiert, d.h. dem negativen Gradienten eines strukturgebundenen, diffusionsunfähigen Signalstoffes folgt. Chemotaxis ist definiert als die zelluläre direkte Fortbewegung als Antwort auf einen Konzentrationsgradienten eines chemischen Faktors in einer Lösung. Zellen nehmen durch Rezeptoren auf der Zelloberfläche Chemikalien wahr und migrieren in Richtung des höheren Gradienten der Substanz bis sie die

6.1. Einleitung

Quelle erreicht haben. Diese zwei Mechanismen, Haptotaxis und Chemotaxis, können unterschiedlicher Natur sein, aber sie sind alle abhängig von der Tumorumgebung. In gleicher Weise wie bei anderen Arbeiten [6, 9–11, 47, 48, 89, 112, 195] wird in dieser Studie eine haptotaktische Bewegung der Tumorzellen in Abhängigkeit von der extrazellulären Matrix verwendet. Die Komponenten dieser Matrix diffundieren nicht und werden von Tumor- und gesunden Zellen hergestellt. Sie beeinflussen das Verhalten der Tumorzellen drastisch: Die Komponenten der Matrix können nicht nur als Substrate für die Migration von Tumorzellen fungieren, sondern auch als Barriere für den Fall, dass die Dichte des EZM sehr hoch ist. Diese Barriere kann durch die Tumorzellsekretion von Enzymen abgebaut werden (s. Abschnitt 2.2.3.1).

Der zweite wichtige Faktor der vorgestellten direkten Motilität ist die Chemotaxis. In der Literatur wurden verschiedene Lockstoffe in Verbindung mit Tumorwachstum beschrieben. In [48] wurde ein Modell vorgestellt, bei dem Krebszellen in das umliegende Gewebe eindringen. Der Schwerpunkt liegt in der räumlich-zeitlichen Dynamik des Urokinase Plasminogenaktivator Systems und dessen Einfluss auf die Migration von Krebszellen durch zufällige Bewegung, Chemotaxis und Haptotaxis. In [7] wird ein kontinuierlich-diskreter Ansatz der Angiogenese, der die anfängliche Migrationsreaktion von Endothelzellen auf die Tumorangiogenesefaktoren beschreibt und zusätzlich die haptotaktische Bewegung aufgrund des Makromoleküls Fibronectin der extrazellulären Matrix dargestellt. In [177] wird ein Modell der Gliomzellbewegung eingeführt, indem Chemotaxis der Tumorzellen durch Nährstoffe beschrieben wird und eine homotype Attraktion, wobei Zellen ein lösliches Mittel absondern, um andere Zellen anzuziehen. Jedoch wird die haptotaktische Bewegung vernachlässigt.

In dieser Arbeit werden entsprechend der In-vivo-Beobachtungen beide Arten der Migration kombiniert: die haptotaktische Standardbewegung von Tumorzellen durch die EZM und die chemotaktischen Effekte der Nährstoffe. Vor allem in bösartigen Hirntumoren wie Glioblastomen ist die direkte Migration von Tumorzellen entlang des Gradienten der Nährstoffkonzentration, die aus Kapillaren und Blutgefäßen diffundieren, stark ausgeprägt. Nährstoffe sind ebenfalls in der Cerebrospinalflüssigkeit (CSF) vorhanden, aber aufgrund der passiven Diffusion bewegen sich diese nur langsam. Demzufolge werden in dieser Arbeit als Anfangsbedingung Nährstoffe betrachtet, die sich in der CSF befinden und anschließend Nährstoffe, die aus naheliegenden Blutgefäßen diffundieren. Es werden zudem unterschiedliche Arrangements und Anzahlen nährstoffliefernder Blutgefäße implementiert, um unterschiedliche Darstellungen der Lokalisation des Krebses im Gehirn in Abhängigkeit von der Nährstoffversorgung zu untersuchen. Die Matrix-degradierenden Enzyme sind implizit in den hier beschriebenen Modellen berücksichtigt. Auf eine Gegenüberstellung von Modellierung des Tumorwachstums mit MDE und ohne MDE wird im Kapitel 7 ausführlich eingegangen.

In diesem Kapitel werden ausschließlich Migrationsarten betrachtet. Um diese besser zu beleuchten, werden sie zunächst einzeln behandelt. Als Erstes wird die Diffusion hergeleitet und deren diskretes Verhalten als brownsche Bewegung erläutert (Abschnitt 6.2). Des Weiteren werden Haptotaxis in Abhängigkeit der extrazellulären Matrix und nährstoffbasierte Chemotaxis in den Abschnitten 6.3 bzw. 6.4 diskutiert. Die komplette Migration wird im Abschnitt 6.5 vorgestellt. Anschließend wird das mathematische

System entdimensionalisiert (Abschnitt 6.6) und die numerischen Berechnungen vorgestellt (Abschnitt 6.7). Für unbekannte Parameter wird eine Schätzung durchgeführt (Abschnitt 6.8). Schließlich werden die Ergebnisse dargestellt und diskutiert (Abschnitt 6.9) gefolgt von Schlussfolgerungen in Abschnitt 6.10.

6.2. Diffusion

Diffusion beschreibt die Zellmigration, welche durch eine zufällige Beweglichkeit der Zellen und eine Verdrängung durch Zellteilung entsteht. Betrachtet wird nun eine eindimensionale Tumorzellkonzentration $c(x,t)$ zur Zeit t und am Ort x. Das 1. Ficksche Gesetz besagt, dass die Stromdichte $\mathbf{j}$ in dem hier dargestellten Fall von Zellen proportional zu dem Gradienten der Materialkonzentration ist, d.h.

$$\mathbf{j}_{zuf} = -D_c \frac{\partial c}{\partial x},$$

wobei D_c der Diffusionskoeffizient ist und das Minuszeichen angibt, dass der Teilchenstrom von einer hohen zu einer niedrigen Konzentration erfolgt [156]. Für den nicht stationären Zustand variiert die Tumorzellkonzentration c als Funktion von Ort und Zeit. Es gilt für ein von x unabhängiges D_c nach der Kontinuitätsgleichung ($\frac{\partial c}{\partial t} + \frac{\partial \mathbf{j}_{zuf}}{\partial x} = 0$):

$$\frac{\partial c}{\partial t} = D_c \frac{\partial^2 c}{\partial x^2}, \tag{6.1}$$

was das 2. Ficksche Gesetz, auch Diffusionsgleichung genannt, repräsentiert.

In dieser Arbeit wird die Diffusion der Zellen in einem zweidimensionalen Gebiet Ω (vgl. Abschnitt 4.1) und über die Zeit $(0,T]$ betrachtet. Die Gleichung (6.1) wird dann zu

$$\frac{\partial c(\mathbf{x},t)}{\partial t} = \nabla \cdot (D_c(\mathbf{x})\nabla c(\mathbf{x},t)) \quad \text{in } \Omega \times (0,T] \tag{6.2}$$

mit Anfangsbedingung

$$c(\mathbf{x},0) = c_0(\mathbf{x}) \quad \forall\ x \in \Omega \tag{6.3}$$

und Randbedingung

$$\partial c(\mathbf{x},t)/\partial n = 0 \quad \text{auf } \Gamma \times (0,T],$$

wobei $\partial c/\partial n$ die äußere Normalenableitung von c auf Γ ist.

Der Diffusionsparameter D_c aus Gl. (6.2) wird standardmäßig als eine Konstante angenommen. Man kann diesen jedoch auch variieren oder als Funktion beschreiben. Durch In-vitro-Experimente (s. Abschnitt 6.9.1) wurde bestätigt, dass Hypoxie ein essentielles mit der Progression von Hirntumoren assoziiertes Phänomen ist, das lokal die Geschwindigkeit der Invasion von Tumorzellen beeinflusst. Demzufolge wird für die Beschreibung der Diffusion in dieser Arbeit kein konstanter Koeffizient benutzt, sondern die Werte werden in Abhängigkeit von der Nährstoffkonzentration gesteuert. Die oben beschriebenen In-vitro-Versuche haben gezeigt, dass Tumorzellen bei Sauerstoffmangel ein invasiver-

6.3. Haptotaxis

es Verhalten als unter normoxischen Bedingungen zeigen (vgl. Abb. 6.19(a)). Um diese Beobachtung in die Modellierung einzubinden, wird einen variierenden Diffusionskoeffizienten für die Migration der Krebszellen beim Auftreten von Hypoxie verwendet:

$$D_c(\cdot) = \begin{cases} D_{nor}, & \text{falls Normoxie,} \\ D_{hyp} = \kappa \cdot D_{nor}, & \text{falls Hypoxie,} \end{cases} \quad (6.4)$$

für ein $\kappa > 1$. Es wird angenommen, dass Normoxie herrscht bis die erste Zelle nekrotisch wird. Das ist der Zeitpunkt, wenn die Nährstoffkonzentration, insbesondere Sauerstoff, so gering ist, dass die Zellen hypoxisch werden.

6.3. Haptotaxis

Für die haptotaktische Zellbewegung wird ein hybrides Modell benutzt. Die diskrete Modellierung der Tumorzellen erfolgt mittels Diskretisierung einer partiellen Differentialgleichung (vgl. Abschnitt 4.2). Die Tumorzellen erfahren eine zufällige Bewegung mit einem Diffusionskoeffizienten D_c. Um diesen Prozess zu beschreiben, wird eine Stromdichte der Form $\mathbf{j}_{zuf} = -D_c \nabla c$ angenommen, wie im oberen Abschnitt 6.2 bereits beschrieben. Zusätzlich wird ein haptotaktischer Term benötigt, um die Interaktionen der Tumorzellen c mit der extrazellulären Matrix f zu erfassen. Die direkte Migration der Zellen geschieht hier als Reaktion auf den Gradienten der nicht diffusiblen Kollagene und Fibroblasten, also der EZM. Dieses wird als haptotaktischer Fluss $\mathbf{j}_{hapto} = -\rho \cdot (c \nabla f)$ angenommen. In der Literatur (z.B. [9]) wird vermehrt ein konstanter Wert für den haptotaktischen Parameter gewählt. Im Allgemeinen kann dieser auch eine Funktion sein [89]. So werden jedoch weitere Parameter eingeführt, die schwer aus In-vitro-Experimenten zu gewinnen sind und das komplexe Verhalten nicht wesentlich vereinfachen. Aufgrund dessen wird in dieser Arbeit ein konstanter Koeffizient für die haptotaxische Bewegung der Tumorzellen in Abhängigkeit von der extrazellulären Matrix verwendet.
Die resultierende Gleichung für die Tumorzellen lautet

$$\frac{\partial c}{\partial t} + \nabla \cdot (\mathbf{j}_{zuf} + \mathbf{j}_{hapto}) = 0.$$

Daraus folgt

$$\frac{\partial c(\mathbf{x},t)}{\partial t} = \nabla \cdot (D_c(\mathbf{x}) \nabla c(\mathbf{x},t)) + \rho \nabla \cdot (c(\mathbf{x},t) \nabla f(\mathbf{x},t)),$$

wobei ρ der Haptotaxis-Koeffizient ist.

Für die Beschreibung der EZM wird keine Diffusion angenommen, da sich diese nur aus nicht diffusiblen Bestandteilen zusammensetzt. Durch die von den Tumorzellen ausgehende Sekretion Matrix-degradierender Enzyme erfolgt der Abbau der Matrix. Dieser Prozess stellt die Grundlage für die Invasion der Tumorzellen dar. Infolgedessen wird angenommen, dass Tumorzellen implizit die extrazelluläre Matrix abbauen, was formal

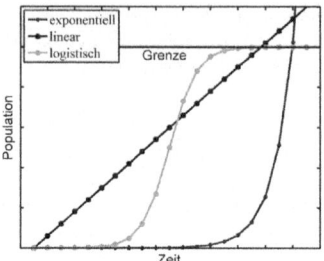

Abb. 6.3.: Die Standard-Wachstumsarten: exponentiell, linear und logistisch.

als $-\alpha_f f c$ modelliert wird, wobei α_f die Abbaurate darstellt. Gesunde sowie tumoröse Zellen produzieren die EZM. Für die mathematische Darstellung dieses Wachstums der EZM existieren verschiedene Möglichkeiten. Zum einen kann das Wachstum durch die einfachste Form, einen linearen Anstieg, modelliert werden. Dieser Ansatz ist sehr einfach, besitzt jedoch keine obere Grenze. D.h. das Wachstum der betrachteten Substanz (EZM) kann über eine reale Maximalgrenze hinausgehen. Folglich ist dieses Phänomen in der Biologie nur bedingt einsetzbar. Alternativ kann das Wachstum durch einen logistischen Anstieg dargestellt werden. Hier gibt es eine Kapazitätsgrenze. Eine verfeinerte Form des logistischen Modells ist die Gompertz-Kurve. Diese wird meistens für das kontinuierliche Wachstum des Tumors verwendet [1, 44, 176]. Ein weiteres häufig in der Literatur anzutreffendes Wachstumsmodell stellt die Exponentialfunktion dar. Abb. 6.3 zeigt einen Vergleich zwischen den unterschiedlichen Wachstumsmöglichkeiten.

Die Gleichung für die EZM-Dichte f sieht für ein lineares bzw. ein logistisches Wachstum folgendermaßen aus:

$$\frac{\partial f(\mathbf{x},t)}{\partial t} = -\alpha_f f(\mathbf{x},t)c(\mathbf{x},t) + \beta_f f(\mathbf{x},t), \text{ bzw.} \tag{6.5}$$

$$\frac{\partial f(\mathbf{x},t)}{\partial t} = -\alpha_f f(\mathbf{x},t)c(\mathbf{x},t) + \beta_f f(\mathbf{x},t)(1 - f(\mathbf{x},t)). \tag{6.6}$$

Das komplette PDE-System, bestehend aus der Tumorgleichung und der Gleichung für die EZM (mit logistischem Wachstum), ist dann durch

$$\frac{\partial c}{\partial t} = \nabla \cdot (D_c \nabla c) + \rho \nabla \cdot (c \nabla f) \qquad \text{in } \Omega \times (0,T], \tag{6.7a}$$

$$\frac{\partial f}{\partial t} = -\alpha_f f c + \beta_f f (1-f) \qquad \text{in } \Omega \times (0,T] \tag{6.7b}$$

gegeben mit Rand und Anfangswerten:

$$\partial c(\mathbf{x},t)/\partial n = 0, \quad \partial f(\mathbf{x},t)/\partial n = 0 \quad \text{auf } \Gamma \times (0,T],$$

6.4. Chemotaxis

Abb. 6.4.: Verteilung der homogenen EZM (links) und des Anfangstumors, bestehend aus 441 Zellen, simuliert mit $\alpha_f = 0,01$, $\beta_f = 0,001$.

$$c(\mathbf{x}, 0) = c_0(\mathbf{x}), \quad f(\mathbf{x}, 0) = f_0(\mathbf{x}) \quad \forall\, \mathbf{x} \in \Omega,$$

wobei α_f der Abbaurate der EZM entspricht und β_f der Produktionsparameter ist. Für die Anfangsverteilung der EZM wird eine homogene Darstellung mit konstantem Wert $f(\mathbf{x}, t) = 0,8$ verwendet (Abb. 6.4, links), um eine hohe Anfangsdichte der EZM zu repräsentieren. Es wird, unter Bezugnahme auf [218], wo der extrazelluläre Raum von Gliomen beschrieben ist, nicht der maximale Wert $f_{\max} = 1$ verwendet. Wenn nicht anders angegeben, wird zu Beginn der Simulationen ein Tumor mit 441 Zellen in der Mitte des Gebietes platziert (Abb. 6.4, rechts).

6.4. Chemotaxis

Ähnlich wie im vorherigen Abschnitt 6.3 wird für die chemotaktische Bewegung von Tumorzellen ein hybrides Modell benutzt. Demzufolge werden zwei Gleichungen benötigt: Eine für die Beschreibung von Tumorzellen in Abhängigkeit der Nährstoffe und eine für die Beschreibung der Distribution der Nährstoffe selbst.
Für die Tumorzellen wird wiederum eine zufällige Bewegung angenommen mit einer Stromdichte der Form $\mathbf{j}_{zuf} = -D_c \nabla c$ wie bereits im Abschnitt 6.2 hergeleitet und im Abschnitt 6.3 eingesetzt. Für die direkte Migration der Zellen in Richtung der höheren Nährstoffkonzentration u wird ein Fluss $\mathbf{j}_{chemo} = \chi \cdot (c \nabla u)$ angenommen, wobei der Chemotaxis-Parameter χ einen konstanten Wert aufweist. Somit ergibt sich

$$\frac{\partial c}{\partial t} + \nabla \cdot (\mathbf{j}_{zuf} + \mathbf{j}_{chemo}) = 0$$

und daraus

$$\frac{\partial c(\mathbf{x}, t)}{\partial t} = \nabla \cdot (D_c(\mathbf{x}) \nabla c(\mathbf{x}, t)) - \chi \nabla \cdot (c(\mathbf{x}, t) \nabla u(\mathbf{x}, t)).$$

Für die Beschreibung der Nährstoffkonzentration über die Zeit wird eine PDE aufgestellt. Die Nährstoffe, bestehend unter anderem aus Sauerstoff, Glukose und Eisen, diffundieren zu nahe gelegenen Blutgefäßen oder Kapillaren. Allerdings gibt es auch in der CSF einen Nährstoffbestand (vgl. Abschnitt 2.2.2). Dieser wird in die Anfangsbedingung eingebracht. Des Weiteren werden Nährstoffe von Zellen mit einer Rate α_u aufgenommen. Gesunde Zellen verbrauchen im Gegensatz zu Tumorzellen nur einen sehr geringen Anteil, deshalb wird dieser in diesem Modell vernachlässigt. Für die Nährstoffkonzentration ergibt sich für einen Diffusionskoeffizienten D_u

$$\frac{\partial u(\mathbf{x},t)}{\partial t} = \nabla \cdot (D_u(\mathbf{x})\nabla u(\mathbf{x},t)) - \alpha_u u(\mathbf{x},t)c(\mathbf{x},t).$$

Für die chemotaktische Bewegung ergibt sich somit das folgende System:

$$\frac{\partial c}{\partial t} = \nabla \cdot (D_c \nabla c) - \chi \nabla \cdot (c \nabla u) \quad \text{in } \Omega \times (0,T], \tag{6.8a}$$

$$\frac{\partial u}{\partial t} = \nabla \cdot (D_u \nabla u) - \alpha_u uc \quad \text{in } \Omega \times (0,T]. \tag{6.8b}$$

Die Rand- und Anfangsbedingungen der Nährstoffe hängen von der Position der Lieferanten, den Blutgefäßen oder den Kapillaren ab. In der weißen Hirnsubstanz ist die Nährstoffversorgung mit einem Blutfluss von ca. 20 ml/min deutlich geringer als in der grauen Substanz, wo er etwa 70 ml/min beträgt. Aufgrund dieser deutlichen regionalen Unterschiede des zerebralen Blutflusses im Gehirngewebe werden alle möglichen Platzierungen der Nährstofflieferanten angenommen. D.h., die Blutgefäße können an allen vier Rändern, an drei Rändern, an zwei benachbarten, an zwei parallelen oder an einer einzigen Seite des Gebietes angenommen werden. Für die Randbedingungen ergeben sich dann:

$$\partial c/\partial n = 0 \quad \text{auf } \Gamma \times (0,T], \tag{6.9}$$

$$\partial u/\partial n = 0 \quad \text{auf } \Gamma_N \times (0,T], \tag{6.10}$$

$$u = u_d \quad \text{auf } \Gamma_D \times (0,T], \tag{6.11}$$

wobei Γ_N und Γ_D die Neumann- und Dirichlet-Ränder mit $\Gamma_N \cup \Gamma_D = \Gamma$ repräsentieren. Für die Ränder, die durch ein Blutgefäß eingenommen sind, werden Dirichlet-Randbedingungen mit einer konstanten Funktion u_d verwendet. Es wird $u_d = 1$ festgesetzt, denn die Nährstoffkonzentration ist in den Kapillaren am höchsten. Für die restlichen Ränder werden Neumann-Randbedingungen eingesetzt.

Die Menge der anfänglich verfügbaren Nährstoffe wird durch die Lösung der Gleichung

$$-D_u \nabla^2 u + \alpha_u u c_0 = 1 \tag{6.12}$$

abgeschätzt, wobei c_0 den initialen Tumor mit einer vordefinierten Anzahl an Zellen in der Mitte des Gebietes repräsentiert (s. Gl. (6.3) und Abb. 6.4, rechts). Die Gl. (6.12) repräsentiert den Bestand an Nährstoffen in der Gehirn-Rückenmarks-Flüssigkeit, die einen essenziellen Nährstofflieferanten zum Gehirn [190] darstellt. In Abb. 6.5 werden alle möglichen Anfangsverteilungen der Nährstoffe mit einem Anfangstumor in der Mitte des Gebietes, bestehend aus 441 Zellen, illustriert.

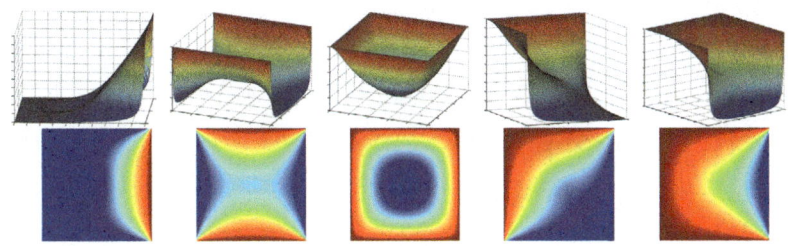

Abb. 6.5.: Verteilungen der Nährstoffe in Abhängigkeit der Position von Blutgefäßen simuliert mit einem Anfangstumor bestehend aus 441 Zellen in der Mitte des Gebietes. Die obere Reihe zeigt die Gebiete in 3D. Von links nach rechts: Ein Bereich mit einem nährstoffliefernden Blutgefäß an der rechten Seite, das Gebiet mit zwei parallelen Gefäßen, mit Nährstoffquellen an allen Rändern des Gebiets und mit zwei benachbarten Blutgefäßen sowie mit drei Nährstofflieferanten an den Rändern des Gebietes. Die Simulationen wurden mit $D_u = 10^5\,\text{cm}^2\text{s}^{-1}$ und $\alpha_u = 6,25 \cdot 10^4\,\text{MZelle}^{-1}\text{s}^{-1}$ berechnet, wobei M die Einheit der Stoffmengenkonzentration bezeichnet mit $1\,\text{M} = 1\,\text{mol/l}$ [110].

6.5. Komplette Migration

Nachdem die einzelnen Arten der Zellmigration betrachtet worden sind, werden diese zu einem System zusammengefasst, d.h. die Zellen erfahren Diffusion, Haptotaxis aufgrund der EZM sowie Chemotaxis in Abhängigkeit von den Nährstoffen. In den vorherigen Abschnitten haben die Tumorzellen nur eine der beiden direkten Bewegungsarten durchlebt. Um die Migration komplett darzustellen, werden $\mathbf{j}_{hapto}$ und $\mathbf{j}_{chemo}$ zusammengefasst.

Die PDE für die Beschreibung von Tumorzellen sieht dann folgendermaßen aus:

$$\frac{\partial c}{\partial t} + \nabla \cdot (\mathbf{j}_{zuf} + \mathbf{j}_{chemo} + \mathbf{j}_{hapto}) = 0$$

$$\Rightarrow \frac{\partial c(\mathbf{x},t)}{\partial t} = \nabla \cdot (D_c(\mathbf{x})\nabla c(\mathbf{x},t)) - \chi \nabla \cdot (c\nabla u(\mathbf{x},t)) + \rho \nabla \cdot (c\nabla f(\mathbf{x},t)). \quad (6.13)$$

Die Tumorzellen interagieren unter dem Einfluss der Umgebungsfaktoren EZM und Nährstoffen. Deswegen werden nun auch zwei Beschreibungen für die Mikroumgebung über die Zeit benötigt. Für die EZM-Dichte und die Nährstoffkonzentration werden die partiellen Differentialgleichungen (6.7b) und (6.8b) dem Abschnitt 6.3 bzw. 6.4 entnommen. Das komplette System für die Migration der Tumorzellen sieht nun folgendermaßen aus:

Seien die Diffusionsfunktionen D_c und D_u der Tumorzellen bzw. Nährstoffe, der chemotaktische Koeffizient χ und der haptotaktische Koeffizient ρ gegeben, sowie Verbrauchsraten α_u, α_f und EZM-Produktionsrate β_f, finde $c: \Omega \times (0,T] \to \mathbb{R}^2$, $u: \Omega \times (0,T] \to \mathbb{R}^2$

und $f : \Omega \times (0,T] \to \mathbb{R}^2$ sodass

$$\frac{\partial c}{\partial t} = \nabla \cdot (D_c \nabla c) - \chi \nabla \cdot (c \nabla u) + \rho \nabla \cdot (c \nabla f) \text{ in } \Omega \times (0,T], \tag{6.14a}$$

$$\frac{\partial u}{\partial t} = \nabla \cdot (D_u \nabla u) - \alpha_u u c \text{ in } \Omega \times (0,T], \tag{6.14b}$$

$$\frac{\partial f}{\partial t} = -\alpha_f f c + \beta_f f (1-f) \text{ in } \Omega \times (0,T], \tag{6.14c}$$

mit Randbedingungen

$$\partial c/\partial n = 0, \ \partial f/\partial n = 0 \quad \text{auf } \Gamma \times (0,T], \tag{6.14d}$$
$$\partial u/\partial n = 0 \quad \text{auf } \Gamma_N \times (0,T], \tag{6.14e}$$
$$u = u_d \quad \text{auf } \Gamma_D \times (0,T], \tag{6.14f}$$

und Anfangswerten

$$c(\mathbf{x},0) = c_0(\mathbf{x}), \ u(\mathbf{x},0) = u_0(\mathbf{x}), \ f(\mathbf{x},0) = f_0(\mathbf{x}) \quad \forall \, \mathbf{x} \in \Omega. \tag{6.14g}$$

6.6. Entdimensionalisierung und Parametrisierung

Um das Modell zu vereinfachen und um charakteristische Größen im Modell zu ermitteln, werden die Modellgleichungen entdimensionalisiert. D.h., die Variablen und Parameter der Systeme (6.7), (6.8) und (6.14) (vgl. Tab. 6.1 für eine Auflistung der Parameter) werden umskaliert und entdimensionalisiert, sodass alle berechneten Größen in einer äquivalenten Größenordnung im Bereich [0, 1] liegen. Für die Wahl der dimensionslosen Variablen werden charakteristische Größen mit problemangepassten Einheiten verwendet.

Die neuen dimensionslosen Variablen (Tab. 6.2) sind folgendermaßen definiert:

$$\hat{x} = x/L, \quad \hat{t} = t/\tau, \quad \hat{c} = c/c_o, \quad \hat{u} = u/u_o, \quad \hat{f} = f/f_o.$$

Für eine angemessene Längenskala L wird $0,1\,\text{cm}$ benutzt, dies korrespondiert mit einem maximalen Invasionsabstand im Anfangsstadium des Tumorwachstums [6, 89]. Für die Zeit wird $\tau = L^2/D$ gesetzt, wobei $D = 10^{-6}\,\text{cm}^2/\text{s}$ ein repräsentativer, experimentell bestätigter Diffusionskoeffizient ist [6, 34, 89]. Für die Tumorzelldichte c_o, die Nährstoffkonzentration u_o und EZM-Dichte f_o wird [11] gefolgt und $c_o = 6,7 \times 10^7$ Zellen cm^{-3}, $u_o = 6,7 \times 10^{-6}\,\text{M O}_2$ cm^{-3} und $f_o = 10^{-10}\,\text{M cm}^{-3}$ gesetzt, wobei M molar bezeichnet.

Für den dimensionslosen Diffusionskoeffizienten für die Tumorzellen ergibt sich $\hat{D}_{nor} = \tau D_c/L^2 = 10^{-5}$ und für eine hypoxische Umgebung wird der Parameter $\kappa = 1,5$ als Vielfache von $\hat{D}_{nor}$ eingesetzt (Abschnitt 6.2). Für den haptotaxischen Parameter wird $\hat{\rho} = \tau \rho f_o/L^2 = 0,26$ [11, 89] gesetzt. Des Weiteren wird angenommen, dass der Chemotaxis-Parameter χ gleich dem Haptotaxis-Parameter ist, sodass die Attraktivität

Tab. 6.1.: Variablen, Modellparameter und ihre Beschreibung, die in den hybriden Ansätzen (6.7), (6.8) und (6.14) verwendet werden.

x	Beschreibung
c	Tumorzelldichte
u	Nährstoffkonzentration
f	EZM-Dichte
D_{nor}	Bewegungskoeffizient der Tumorzellen (unter Normoxie)
D_{hyp}	Bewegungskoeffizient der Tumorzellen (unter Hypoxie)
χ	chemotaktischer Koeffizient
ρ	haptotaktischer Koeffizient
D_u	Diffusionskoeffizient der Nährstoffe
α_u	Verbrauchsrate der Nährstoffe
α_f	Degradationsrate der EZM
β_f	Remodellierungsrate der EZM

der Nährstoffe und die Interaktion mit der EZM für die Zellen gleichermaßen zutrifft. Die unterschiedlichen Auswirkungen dieser zwei Parameter werden im Abschnitt 6.9.4.1 diskutiert. Die Diffusion der Nährstoffe $D_u = 10^{-5}\,\text{cm}^2/\text{s}$ ist aus [11] entnommen, sodass für einen dimensionslosen Wert von $\hat{D}_u = \tau D_u / L^2 = 10$ gilt. Ferner wird vorausgesetzt, dass die Aufnahmerate $\hat{\alpha}_u = \tau c_o \alpha_0 / u_o = 6,25 \cdot 10^{-5}$ beträgt. Für die Aufnahme- bzw. Remodellierungs-Parameter α_f bzw. β_f der EZM wird eine Parameterschätzung durchgeführt (s. Abschnitt 6.8), denn es sind keine Werte aus der Literatur bekannt. Im Folgenden werden die Hüte der Einfachheit halber weggelassen. Tab. 6.1 zeigt einen Überblick aller Parameter und Variablen, die in Kapitel 6 vorkommen, d.h. die in den Systemen (6.7), (6.8) und (6.14) verwendet werden.

6.7. Numerische Berechnung

Für die Simulation der vorgestellten Modelle wird deren numerische Lösung benötigt. Zunächst werden die Tumorzellen betrachtet. Wie im Abschnitt 4.2 beschrieben, sind die Tumorzellen individuell zu betrachten und hierfür werden die aufgestellten PDEs für die Tumorzelldichte (6.7a), (6.8a) sowie (6.14a) mithilfe von finiten Differenzen, genauer mit dem FTCS-Schema, diskretisiert.

Wird die Gleichung für die Tumorzelldichte (6.7a) betrachtet, so ergibt sich für die diskrete Form, berechnet mit $t = mk$ und $x_{i,j} = (ih, jh)$, $m, k, i, j, h > 0$ zum Zeitpunkt t_m und am Punkt $x_{i,j}$:

$$c_{i,j}^{m+1} = P_0 \cdot c_{i,j}^m + P_1 \cdot c_{i+1,j}^m + P_2 \cdot c_{i-1,j}^m + P_3 \cdot c_{i,j+1}^m + P_4 \cdot c_{i,j-1}^m. \quad (6.15)$$

Die Koeffizienten P_0, P_1, P_2, P_3, P_4 sind proportional zu Wahrscheinlichkeiten für keine Zellbewegung (Ruhezustand, d.h. G_0-Phase des Zellzyklus), bzw. proportional zu Wahrscheinlichkeiten für eine Zellbewegung nach rechts, links, oben oder unten und setzten

Tab. 6.2.: Parameter, die in den hybriden Ansätzen (6.7), (6.8) und (6.14) verwendet werden: Parameter, ihre Einheit und Formel für den entsprechenden dimensionslosen Parameter ($\hat{x}$), den absoluten Wert und Literaturreferenzen, sofern vorhanden.

Par.	Einheit	Formel von $\hat{x}$	Wert von $\hat{x}$	Referenz
c	Zellen cm^{-3}	c/c_o	—	[11], [89]
u	M O$_2$ cm^{-3}	u/u_o	$0-1$	[11], [89]
f	M cm^{-3}	f/f_o	$0-1$	[11], [89], [195]
D_{nor}	cm^{2}s^{-1}	$\tau D_{nor}/L^2$	10^{-5}	[11], [89], [195]
D_{hyp}	cm^{2}s^{-1}	$\tau D_{hyp}/L^2$	$1,5 \cdot 10^{-5}$	geschätzt (s. Abschnitt 6.9.4.2)
χ	cm^{2}s^{-1}M^{-1}O$_2^{-1}$	$\tau \chi u_o/L^2$	$0,26$	geschätzt (s. Abschnitt 6.8)
ρ	cm^{2}s^{-1}M^{-1}	$\tau \rho f_o/L^2$	$0,26$	[195]
D_u	cm^{2}s^{-1}	$\tau D_u/L^2$	10	[11]
α_u	M Zelle^{-1}s^{-1}	$\tau u_o \alpha_u/c_o$	$6,25 \cdot 10^{-5}$	[42, 134]
α_f	nM^{-1}s^{-1}	$\tau c_o \alpha_f$	$0,01$	geschätzt (s. Abschnitt 6.8)
β_f	nMs^{-1}	$\tau \beta_f/f_o$	$0,001$	geschätzt (s. Abschnitt 6.8)

sich folgendermaßen zusammen:

$$P_0 = 1 - \frac{4kD_c}{h^2} - \frac{k\rho}{4h^2}\left(f^m_{i+1,j} + f^m_{i-1,j} - 4f^m_{i,j} + f^m_{i,j+1} + f^m_{i,j-1}\right),$$

$$P_1 = \frac{kD_c}{h^2} - \frac{k\rho}{4h^2}\left(f^m_{i+1,j} - f^m_{i-1,j}\right), \quad P_2 = \frac{kD_c}{h^2} + \frac{k\rho}{4h^2}\left(f^m_{i+1,j} - f^m_{i-1,j}\right),$$

$$P_3 = \frac{kD_c}{h^2} - \frac{k\rho}{4h^2}\left(f^m_{i,j+1} - f^m_{i,j-1}\right), \quad P_4 = \frac{kD_c}{h^2} + \frac{k\rho}{4h^2}\left(f^m_{i,j+1} - f^m_{i,j-1}\right),$$

wobei f die Dichte der EZM in Gl. (6.7b) angibt. Äquivalent lässt sich die Gl. (6.7a) für den 9-Punkte-Stern diskretisieren:

$$c^{m+1}_{i,j} = P_0 \cdot c^m_{i,j} + P_1 \cdot c^m_{i+1,j} + P_2 \cdot c^m_{i-1,j} + P_3 \cdot c^m_{i,j+1} + P_4 \cdot c^m_{i,j-1} + P_5 \cdot c^m_{i-1,j+1} +$$
$$+ P_6 \cdot c^m_{i+1,j-1} + P_7 \cdot c^m_{i+1,j+1} + P_8 \cdot c^m_{i-1,j-1}, \quad (6.16)$$

wobei hier zusätzliche Koeffizienten P_5, P_6, P_7, P_8 auftauchen, die proportional sind zu Wahrscheinlichkeiten für die diagonalen Bewegungen nach links oben, rechts unten, rechts oben bzw. links unten mit

$$P_0 = 1 - \frac{20kD_c}{6h^2} - \frac{k\rho}{6h^2}(4f^q_{i+1,j} + f_{i-1,j+1} + 4f^q_{i-1,j} + f_{i+1,j+1}$$
$$- 20f^q_{i,j} + f_{i-1,j+1} + 4f^q_{i,j+1} + f_{i,j-1} + 4f^q_{i,j-1}),$$

$$P_1 = \frac{2kD_c}{3h^2} + \frac{k\rho}{4h^2}\left(f^m_{i+1,j} - f^m_{i-1,j}\right), \quad P_2 = \frac{2kD_c}{3h^2} - \frac{k\rho}{4h^2}\left(f^m_{i+1,j} - f^m_{i-1,j}\right),$$

6.7. Numerische Berechnung

$$P_3 = \frac{2kD_c}{3h^2} + \frac{k\rho}{4h^2}\left(f^m_{i,j+1} - f^m_{i,j-1}\right), \quad P_4 = \frac{2kD_c}{3h^2} - \frac{k\rho}{4h^2}\left(f^m_{i,j+1} - f^m_{i,j-1}\right),$$

$$P_5 = \frac{kD_c}{6h^2} + \frac{k\rho}{4h^2}\left(f^m_{i-1,j+1} - f^m_{i+1,j-1}\right), \quad P_6 = \frac{kD_c}{6h^2} - \frac{k\rho}{4h^2}\left(f^m_{i-1,j+1} - f^m_{i+1,j-1}\right),$$

$$P_7 = \frac{kD_c}{6h^2} + \frac{k\rho}{4h^2}\left(f^m_{i+1,j+1} - f^m_{i-1,j-1}\right), \quad P_8 = \frac{kD_c}{6h^2} - \frac{k\rho}{4h^2}\left(f^m_{i+1,j+1} - f^m_{i-1,j-1}\right).$$

Es werden nun 5 bzw. 9 Wahrscheinlichkeitsbereiche R_ς, $\varsigma = 0, ..., 4$ bzw. $\varsigma = 0, ..., 8$ je nach Wahl des Diskretisierungssterns berechnet [7], indem die Koeffizienten $P_0, ..., P_4$ bzw. $P_0, ..., P_8$ aufaddiert werden: Für R_0 gilt der Bereich zwischen 0 und P_0, für die restlichen R_ς gilt der Bereich zwischen $\sum_{\tau=0}^{\varsigma-1} P_\tau$ und $\sum_{\tau=0}^{\varsigma} P_\tau$. Anschließend wird eine Zufallszahl zwischen 0 und 1 generiert und in Abhängigkeit davon, in welchen der Bereiche sie fällt, wird die Zelle entsprechend bewegt oder sie bleibt still, wenn der Wert der Zufallszahl in dem Bereich R_0 liegt. Je größer ein Bereich ist, desto größer ist die Wahrscheinlichkeit, dass die Zufallszahl in diesen Bereich fällt.

Wegen der Äquivalenz des 5-Punkte-Sterns mit der *von Neumann*-Nachbarschaft bzw. des 9-Punkte-Sterns mit der *Moore*-Nachbarschaft, werden diese beiden Lösungen unter Bezugnahme auf Kapitel 5 mit einer Wahrscheinlichkeit von 0, 5 variiert.

Die Diskretisierung der chemotaktischen Bewegung in Gl. (6.8a) erfolgt äquivalent zu obigen Berechnungen.

Nun wird die Gleichung für die Tumorzelldichte aus Kapitel 6.5 numerisch gelöst. Es sei also das Problem (6.14a):
Sei die Diffusionsfunktion $D_c \in C^1(\mathbb{R}_+)$, die Diffusionskonstante $D_u \in \mathbb{R}$, die Koeffizienten $\chi, \rho > 0$ gegeben, finde $c : \Omega \times (0, T] \to \mathbb{R}^2$, sodass

$$\frac{\partial c}{\partial t} = \nabla \cdot (D_c \nabla c) - \chi \nabla \cdot (c \nabla u) + \rho \nabla \cdot (c \nabla f) \quad \text{in } \Omega \times (0, T]. \tag{6.17}$$

Die diskretisierte Form berechnet mit dem 5-Punkte-Stern ist äquivalent zu Gl. (6.15) mit $P_0, ..., P_4$:

$$P_0 = 1 - \frac{4kD_c}{h^2} - \frac{k\chi}{4h^2}\left(u^m_{i+1,j} + u^m_{i-1,j} - 4u^m_{i,j} + u^m_{i,j+1} + u^m_{i,j-1}\right)$$
$$- \frac{k\rho}{4h^2}\left(f^m_{i+1,j} + f^m_{i-1,j} - 4f^m_{i,j} + f^m_{i,j+1} + f^m_{i,j-1}\right),$$

$$P_1 = \frac{kD_c}{h^2} + \frac{k}{4h^2}\left[\chi\left(u^m_{i+1,j} - u^m_{i-1,j}\right) - \rho\left(f^m_{i+1,j} - f^m_{i-1,j}\right)\right],$$

$$P_2 = \frac{kD_c}{h^2} - \frac{k}{4h^2}\left[\chi\left(u^m_{i+1,j} - u^m_{i-1,j}\right) - \rho\left(f^m_{i+1,j} - f^m_{i-1,j}\right)\right],$$

$$P_3 = \frac{kD_c}{h^2} + \frac{k}{4h^2}\left[\chi\left(u^m_{i,j+1} - u^m_{i,j-1}\right) - \rho\left(f^m_{i,j+1} - f^m_{i,j-1}\right)\right],$$

$$P_4 = \frac{kD_c}{h^2} - \frac{k}{4h^2}\left[\chi\left(u^m_{i,j+1} - u^m_{i,j-1}\right) - \rho\left(f^m_{i,j+1} - f^m_{i,j-1}\right)\right].$$

Äquivalent zu der Haptotaxis-Bewegungsgleichung, lässt sich auch diese Gleichung mit dem 9-Punkte-Stern diskretisieren. Damit die Stabilität der Systeme erhalten bleibt, wird der Zeitschritt für alle Methoden gewählt als

$$\triangle t = k = \frac{h^2}{4\max(D_c)} = \frac{h^2}{4D_{hyp}}, \tag{6.18}$$

wobei D_{hyp} der Diffusionskoeffizient bei Hypoxie (s. Gl. (6.4)) ist.

Für die Berechnung der Nährstoffkonzentration (6.8b) und (6.14b) wird die Methode der finiten Elemente benutzt (s. Abschnitt 4.3). Aufgrund der diskret-kontinuierlichen Interaktionen in jedem Zeitschritt müssen die PDEs im stationären Zustand gelöst werden, d.h. $\frac{\partial u}{\partial t} = 0$.

Die Dichte der extrazellulären Matrix ist kontinuierlich, deswegen wird eine kontinuierliche Beschreibung der Zellen benötigt. Es wird die Tumorzelldichte $c = 1$ verwendet, wenn eine Tumorzelle eine Gitterzelle besetzt, ansonsten $c = 0$. Intuitiv wird der höchste Wert, den eine Dichte einnehmen kann, benutzt, zumal die Gitterzelle durch die biologische Zelle komplett besetzt ist. Auf diese Weise wird eine binäre Beschreibung der Tumorzellen gewonnen. Für die Lösung der EZM-Gleichungen (6.7b) und (6.14c) werden dann explizite Euler-Vorwärts-Differenzen (vgl. Abb. 4.1(a)) benutzt. Für $t = mk$ folgt

$$\frac{f^{m+1} - f^m}{k} = -\alpha_f f^m c^m + \beta_f f^m (1 - f^m)$$
$$\Rightarrow f^{m+1} = (1 - \alpha_f k c^m + \beta_f k) f^m + \beta_f k f^{2m}.$$

Die Lösung der EZM-Gl. (6.5) mit linearem Produktionsanstieg lautet

$$f^{m+1} = (1 - \alpha_f k c^m + \beta_f k) f^m.$$

Damit die Stabilität untersucht werden kann, wird $t = mk$, $m = 0$ gesetzt und

$$|1 - \alpha_f k| \leq 1 \tag{6.19}$$

für $c^0 \to 1$ erhalten.

6.8. Parameterschätzung

In diesem Abschnitt werden der Aufnahmeparameter α_f und der Remodellierungsparameter β_f, die in den Modellen (6.7) und (6.14) benutzt werden, geschätzt. Die anderen Parameter sind der Literatur entnommen (vgl. Abschnitt 6.6).

Für die Parameterschätzung und um eine gleichzeitige Sensitivitätsanalyse durchzuführen, wird das Verhalten der EZM f durch eine Variation von α_f und β_f in einem vorbestimmten Wertebereich untersucht. Darüber hinaus soll ebenfalls geklärt werden, ob ein linearer Anstieg der EZM oder ein logistisches Wachstum den sinnvolleren Ansatz darstellt.

6.8. Parameterschätzung

Bei der Variation der Werte für die zwei Parameter α_f und β_f muss die Stabilität der Lösung gewährleistet sein. Für die numerische Berechnung der EZM wird das explizite Euler-Verfahren benutzt (vgl. Abschnitt 6.7). Aus diesem Grund und wegen eines maximalen Wertes $c = 1$ der Tumorzelldichte, ist die Stabilitätsforderung für ein lineares Wachstum der EZM, d.h. für die Lösung der Gleichung (6.5)

$$\mid 1 - k\alpha_f + k\beta_f \mid \leq 1, \tag{6.20}$$

für $t = mk$. Die Forderung der Stabilität für die numerische Berechnung der Gl. (6.6) mit logistischem Wachstum ist für $c \to 1$ und $t = mk$ durch

$$|1 - \alpha_f k| \leq 1 \tag{6.21}$$

gegeben. Für den Wert $\alpha_f = 0$ werden keine Degradierungs-Effekte auftreten, was nicht beabsichtigt wird. Demzufolge wird dieser Wert aus dem Wertebereich ausgeschlossen und der Parameter α_f in dem Bereich $(0; 1)$ variiert.

Der Aufbauparameter wird in der Literatur (s. z.B. [195]) im Zusammenhang mit Matrix-degradierenden Enzymen mit einem dimensionslosen Wert von $0,015$ gewählt. Der Effekt des Aufbaus der EZM ist deutlich geringer als der Abbau durch die Tumorzellen. Um dieses Gleichgewicht beizubehalten, wird für den Remodellierungsparameter β_f die obere Grenze des Wertebereichs $0,015$ eingesetzt. Aufgrund des fehlenden Effekts bei einem Wert von $\beta_f = 0$ wird für den Aufbauparameter der Wertebereich $(0; 0,015]$ gewählt.

Aufgrund des kleineren Wertebereichs des Remodellierungsparameters wird der Parameter β_f festgehalten und α_f variiert. Als Anfangswert wird β_f so hoch wie möglich gewählt, d.h. $\beta_f = 0,015$. Nun wird α_f im Bereich $[0,02; 1)$ variiert, um nicht die Stabilitätsforderung aus Gl. (6.20) zu brechen. Die resultierende EZM-Dichte in der Mitte des Gebietes $(x_{i,j=200})$ ist in der Abb. 6.6(a) dargestellt. Die Dichte der EZM ist an den Rändern größer als 1, was auf einen zu hohen Produktionswert hinweist. Für $\beta_f = 0,0075$, erreicht die maximale Dichte der EZM ungefähr den Wert eins, und für $\beta_f = 0,005$ kann die Dichte einen Wert von $0,92$ erreichen (Abb. 6.6(a)). Schließlich werden Variationen der Produktionsparameter mit den Werten $\beta_f = 0,001$ und $\beta_f = 0,0005$ berechnet. Für jeden dieser Werte wurden unterschiedliche Werte für α_f gewählt, wobei α_f unter Beachtung von β_f mit dem Ziel gewählt wurde, eine realistische, nicht zu große Produktion der EZM zu gewährleisten und zudem eine geeignete Degradation, sodass die Zellen invasiv werden können.

Um eine vergleichbare Darstellung zu haben und um besser beurteilen zu können, welches Wachstumsmodell für die EZM am besten ist, werden die gleichen Konfigurationen für α_f und β_f ebenfalls für den logistischen Anstieg verwendet.

Eine Auswahl unterschiedlicher Kombinationen von α_f und β_f ebenso wie die resultierende EZM f sind in Abb. 6.6(a) für ein lineares Wachstum der EZM bzw. in Abb. 6.6(b) für einen logistischen Anstieg gezeigt. Die Werte, die für das beste Gleichgewicht zwischen Degradation und Wachstum sorgen, sind für beide Anstiegsfunktionen, $\beta_f = 0,001$ und $\alpha_f = 0,01$. Diese Werte reproduzieren das Tumorwachstum besonders

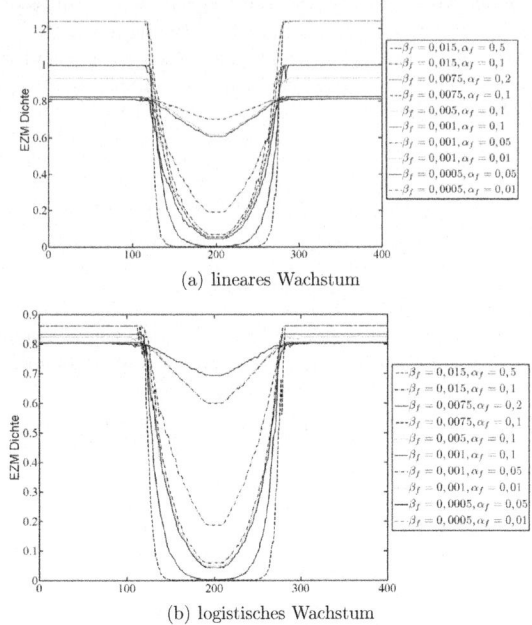

Abb. 6.6.: EZM-Profile in der Mitte des Gebietes ($x_{i,j=200}$) für unterschiedliche Werte für α_f und β_f.

gut (vgl. Kap. 6.9). Wegen der realistischen Wiedergabe des logistischen Wachstums, das eine maximale Dichte nicht übersteigt, wird nachfolgend die Gl. (6.6) verwendet.

6.9. Ergebnisse und Diskussion

Um die vorgestellten Migrationsmodelle zu überprüfen, werden verschiedene Experimente durchgeführt. Als Erstes werden die Effekte der haptotaktischen Migration untersucht (Abschnitt 6.9.2). Um den mathematischen Ansatz auszuwerten, werden die Ergebnisse der Simulation mit experimentellen In-vitro-Daten (Abschnitt 6.9.1) verglichen.
Als Nächstes werden Simulationen zur chemotaktischen Bewegung durchgeführt (Abschnitt 6.9.3). Im Anschluss an die Modellierung einzelner Bewegungsarten wird die Distribution der kompletten Migration von Tumorzellen simuliert (Abschnitt 6.9.4). Anschließend wird das Verhalten unterschiedlicher Parameterwerte für χ und ρ untersucht. Nach der Parameterbestimmung werden Simulationen unter hypoxischen und normoxischen Bedingungen durchgeführt, um die Frage zu beantworten, ob das vorgestellte

Modell die Fähigkeit besitzt die Beobachtungen aus In-vivo-Experimenten zu beschreiben. Hierfür wird die komplette Migration der Tumorzellen simuliert, um die In-vitro-Situation adäquat widerzuspiegeln.
Vor der Modellierung wird der Versuchsaufbau [126] vorgestellt, der für die In-vitro-Experimente verwendet wurde.

6.9.1. In-vitro-Invasionsexperimente

Sphäroide sind Aggregate von Zellen, die in unterschiedliche Grundsubstanzen wie etwa Kollagen eingebettet werden können. Dieses dreidimensionale In-vitro-System ahmt eine In-vivo-Tumororganisation oder Gewebe nach, sodass es sich für die Beobachtung der zellulären Prozesse wie z.B. die Invasion gut bewährt hat.

Multizelluläre Glioblastomsphäroide wurden durch Aussäen von 5000 humanen Gliomzellen in 96-Loch-Platten mit 1,0 % Noble Agar (Difco Laboratories, Detroit, MI, USA) beschichtet und für 5 Tage kultiviert, bis sich ein Sphäroid gebildet hat. Das EZM-Gel wurde präpariert, indem Kollagen-I-Lösung (PurCol®, Nutacon; Leimuiden, Niederlande) und humane Fibronektin (10 µg/ml; Sigma-Aldrich. Taufkirchen, Deutschland) bei 41°C vermischt wurden. Diese Lösung (400 µl) wurde in 24-Loch-Platten gefüllt und die Sphäroide wurden in das Gel implantiert. Nach dem Gelatieren bei 37°C wurde das Gel mit 400 µl des kompletten Mediums überdeckt und in einer angefeuchteten Atmosphäre (37°C; 5 % CO_2) kultiviert. Die Streuung der Sphäroide wurde durch mikroskopische Aufnahmen jedes Sphäroids nach 0 h, 24 h, 48 h und 72 h überwacht, wobei h Stunden bezeichnet (von lat.: hora). Für die Quantifizierung wurde der durchschnittliche radiale Abstand von 30 zufällig ausgewählten Gliomzellen, die aus dem Tumorsphäroid in die Gelmatrix migriert waren und sich in dem Invasionsbereich befanden, in Intervallen von 24 h gemessen und im Verhältnis zum durchschnittlichen radialen Abstand des Sphäroids zum Zeitpunkt 0 h gesetzt.

Für die hypoxischen Bedingungen wurden die Sphäroide in einer Atmosphäre mit einer niedrigen Sauerstoffkonzentration von 2 % kultiviert. Für die Tumorsphäroide unter normoxischen Bedingungen wurde die O_2-Konzentration bei 21 % gehalten.

6.9.2. Haptotaxis

Um eine vergleichbare Situation für die In-silico-Modelle wie für die In-vitro-Experimente zu erhalten, müssen andere Initialisierungen der zellulären Automaten verwendet werden als in Abschnitt 4.1. Die Loch-Platten für die Gliomsphäroide haben einen Radius von $7,75\,\text{mm}$. Folglich korrespondiert das Gebiet Ω mit einem Bereich von $15,5\,\text{mm} \times 15,5\,\text{mm}$ und ist diskretisiert mit einem 1550×1550 Gitter. Für die Zeitschrittweite wird $k = 0,0014$ benutzt, dies entspricht einer Zeitspanne von $0,1\,\text{h}$. Die Simulationsergebnisse wurden unter Benutzung eines sphärischen Anfangstumors c_0 mit einem Durchmesser von $0,25\,\text{mm}$ erstellt, dies entspricht approximativ 5000 Zellen und sieht folgendermaßen aus:

$$c_0(\mathbf{x}) = \begin{cases} 1, & r < r_t, \\ 0, & \text{sonst}, \end{cases} \tag{6.22}$$

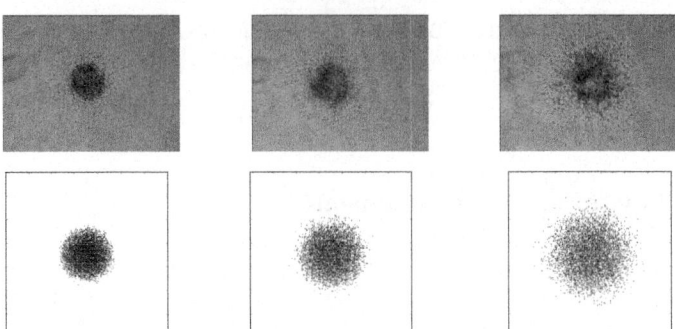

Abb. 6.7.: In-vitro- und In-silico-Tumorzellinvasion zu den Zeitpunkten $t = 24\,\mathrm{h}$, $48\,\mathrm{h}$, $72\,\mathrm{h}$ (v.l.n.r.). Die gezeigten Ausschnitte sind $3,5\,\mathrm{mm} \times 3,5\,\mathrm{mm}$ groß.

wobei die Zahl 1 für Tumorzellen steht und r die Form

$$r = \sqrt{(x_1 - 1/2)^2 + (x_2 - 1/2)^2}, \quad \mathbf{x} = (x_1, x_2)$$

hat. Der Tumor zentriert sich um den Punkt $(1/2, 1/2)$ in Ω bzw. $(775, 775)$ im Gitter. Der Parameter r_t legt den Radius des Anfangstumors fest. Dieser wurde zunächst auf $r_t = 0,0258$ gesetzt. Dies entspricht einem Tumor mit 5013 Zellen. Die Simulationen wurden solange ausgeführt bis die in-vitro gewonnenen Zeiten erreicht wurden.

In der oberen Reihe der Abb. 6.7 werden die Ergebnisse des In-vitro-Invasionsexperimentes gezeigt, die untere Reihe illustriert die simulierten Tumorzellen unter Verwendung der Methode beschrieben im Abschnitt 6.3, jeweils für die Zeitpunkte $24\,\mathrm{h}$, $48\,\mathrm{h}$ und $72\,\mathrm{h}$. Qualitativ wurden ähnliche Ergebnisse des mathematischen Modells zu den In-vitro-Experimenten erzielt.

6.9.3. Chemotaxis

Der zweite Hauptregulator der Gliommigration, neben der extrazellulären Matrix, ist die Nährstoffkonzentration. Um diesen Regulator zu untersuchen, wurden Computersimulationen des Systems (6.8) aus Abschnitt 6.4 unter der Annahme unterschiedlich positionierter nährstoffliefernder Blutgefäße durchgeführt. Es wurde die klassische Gitterkonfiguration aus Abschnitt 4.1 verwendet. Als Anfangsbedingung für den Tumor wurde Gl. (6.22) verwendet, wobei sich der Tumor um den Gitterpunkt $(200, 200)$ zentriert und $r_t = 0, 1$ gesetzt wurde. Somit wird ein Tumor mit 5019 Zellen erhalten.

Abb. 6.8 zeigt die Konzentrationsfelder der Nährstoffe unter der Annahme zweier Blutgefäße auf der rechten und auf der linken Seite der Domäne. Aus diesen Bedingungen wird eine gerichtete Bewegung der Zellen entlang der Gradienten der Nährstoffe beobachtet. Nach 200 h ist die Tumormasse vollständig in zwei Teile getrennt. Die Trennung wurde durch die Migration zu der rechten und der linken Seite des Gebietes verursacht, wo eine höhere Nährstoffkonzentration vorliegt. Nun wird die Platzierung der Kapillaren variiert, um dieses Verhalten zu bewerten.

Das Vektorfeld des Gradienten der Nährstoffkonzentration in Abb. 6.9 zeigt die Diffusion der Nährstoffe aus einem einzigen Blutgefäß, das an der rechten Seite der Domäne Ω platziert ist. Abb. 6.10 zeigt die Simulationsergebnisse unter der Annahme, dass sich zwei benachbarte Blutgefäße (links und unten) am Rand des Gebietes befinden. Für diese Anordnungen wird die gleiche Verteilung der Tumorzellen ersichtlich, d.h. die Zellen diffundieren zu den Gebietsrändern in Richtung der Vektorpfeile, die auf eine höhere Nährstoffkonzentration hin gerichtet sind. Um diese Bewegungsrichtung zu quantifizieren werden mehrere Zellen in einer schmalen Linie platziert, sodass die Nährstoffkonzentration über deren Fläche stark variiert. Der Verlauf der Zellbewegungen ist in Abb. 6.11 gezeigt. Über die Zeit wird die Bewegung der Zellen deutlich: Sie verfolgen den Pfad, der durch die Pfeile des Nährstoffgradienten gegeben ist. Es wurden alle möglichen Nährstoffverteilungen und die dazugehörigen Distributionen der Tumorzellen simuliert (nicht alle gezeigt). Das gleiche, zu erwartende Ergebnis wurde jedes Mal bestätigt: Die Zellen migrieren in Richtung der höheren Nährstoffkonzentration. Auf diese Weise wurde die chemotaktische Bewegung vieler Tumorzellen gezeigt.

Die Ergebnisse der Spurenverfolgung der Bewegung dreier zufällig gewählter Tumorzellen für ein einziges Blutgefäß als Nährstofflieferant sind in Abb. 6.12 zu den Zeitpunkten $t = 5$ h, 125 h, 240 h und $347,5$ h dargestellt. Bei diesen Abbildungen geht es nur um die Visualisierung, die Zeitpunkte werden unabhängig voneinander so gewählt, dass eine gute Darstellung möglich ist. Des Weiteren wird in Abb. 6.13 nur ein Zeitpunkt für folgende Anzahlen und Anordnungen der Kapillaren dargestellt: an allen vier Rändern, an zwei gegenüberliegenden Seiten, an zwei benachbarten Seiten sowie an drei Rändern des Gebietes.

Die probabilistische Bewegung (s. Kapitel 6, insbesondere Abschnitt 6.7) sowie die Diffusion der Zellen wird durch die Unregelmäßigkeiten des Wanderweges der drei individuellen Zellen reflektiert. Der Pfad folgt nicht zwingend unmittelbar dem Gradienten. Diese Eigenschaft ist bei fast allen Zellen in-vitro zu beobachten. Durch valide Zelltracking-Methoden konnten ähnliche Brownsche Bewegungspfade der Zellen beobachtet werden [168]. Insgesamt geben die vorgestellten Modelle auch bei wenigen Tumorzellen das reale Verhalten der Gliomzellen in-vivo und in-vitro wieder.

6.9.4. Komplette Migration

Nachdem die einzelnen Bewegungsarten individuell simuliert worden sind, werden sie in diesem Teilabschnitt, wie bereits in Abschnitt 6.5 beschrieben, gebündelt simuliert. Anschließend wird, unter Verwendung zweier Anfangsbedingungen für die Nährstoffverteilung, der Einfluss des chemotaktischen Parameters χ und des haptotaktischen Parameters ρ untersucht. Für die Integration der in-vitro beobachteten Effekte bei Sauerstoffmangel werden Variationen des Diffusionskoeffizienten vorgenommen.

Für die Simulationen wurde die Methode (6.14) verwendet. Wie schon in Abschnitt 6.9.3

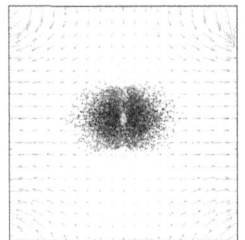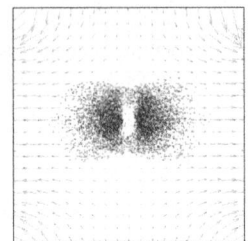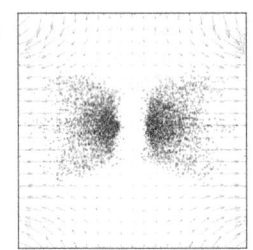

Abb. 6.8.: Chemotaktische Bewegung der Tumorzellen für die Zeitpunkte $t = 70\,\text{h}, 120\,\text{h}, 200\,\text{h}$ (v.l.n.r.). Die Vektorpfeile zeigen das Gradientenfeld der Nährstoffe an. Als Anfangsbedingung werden Blutgefäße an der rechten und linken Seite des Gebietes platziert.

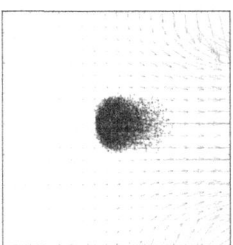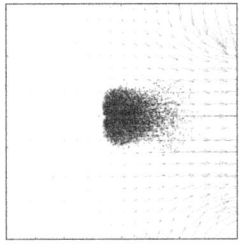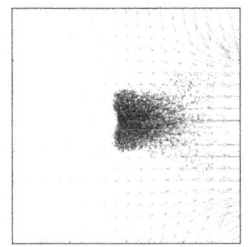

Abb. 6.9.: Chemotaktische Bewegung der Tumorzellen für die Zeitpunkte $t = 70\,\text{h}, 120\,\text{h}, 200\,\text{h}$ (v.l.n.r.). Die Vektorpfeile zeigen das Gradientenfeld der Nährstoffe an. Als Anfangsbedingung wird ein Blutgefäß am rechten Rand des Gebietes platziert.

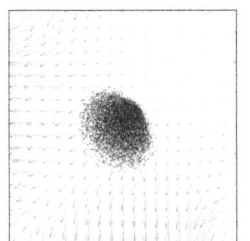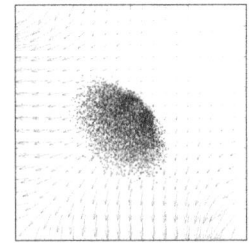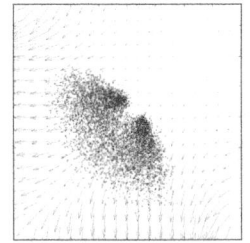

Abb. 6.10.: Chemotaktische Bewegung der Tumorzellen für die Zeitpunkte $t = 70\,\text{h}, 120\,\text{h}, 200\,\text{h}$ (v.l.n.r.). Die Vektorpfeile zeigen das Gradientenfeld der Nährstoffe an. Als Anfangsbedingung werden Blutgefäße am unteren und linken Rand des Gebietes platziert.

6.9. Ergebnisse und Diskussion

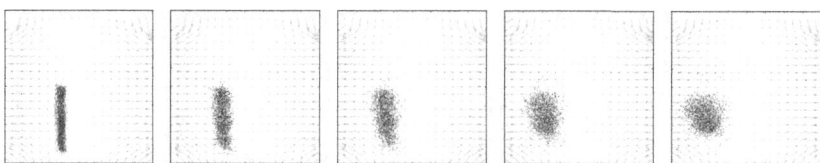

Abb. 6.11.: Chemotaktische Bewegung der Tumorzellen für die Zeitpunkte $t = 20\,\text{h}$, $70\,\text{h}$, $120\,\text{h}$, $200\,\text{h}$, $270\,\text{h}$ (v.l.n.r.). Die Vektorpfeile zeigen das Gradientenfeld der Nährstoffe an. Als Anfangsbedingung werden Blutgefäße am rechten und am linken Rand des Gebietes platziert und 1771 Tumorzellen in einem länglichen Streifen im unteren linken Quadranten des Gebietes angeordnet.

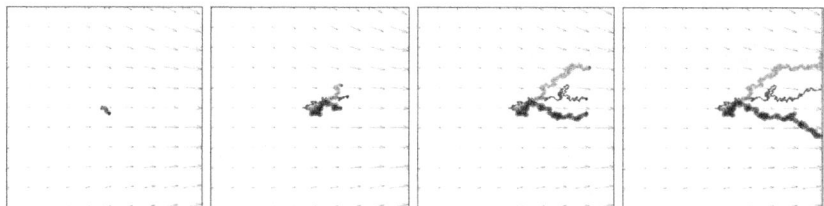

Abb. 6.12.: Spurenverfolgung der chemotaktischen Bewegung dreier Tumorzellen an den Zeitpunkten $t = 5\,\text{h}$, $125\,\text{h}$, $240\,\text{h}$ und $347,5\,\text{h}$ (v.l.n.r.). Die Vektorpfeile geben den Nährstoffgradienten an, wobei ein Blutgefäß am rechten Rand angenommen wird. Der gezeigte Ausschnitt weist jeweils eine Größe von $2\,\text{mm} \times 2\,\text{mm}$ auf.

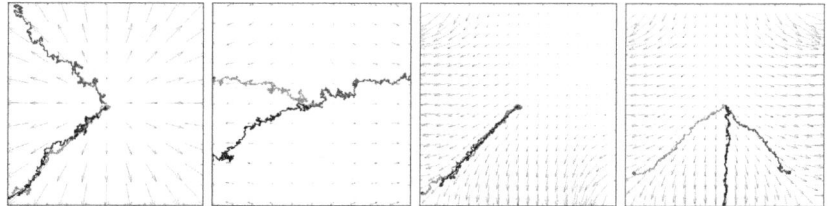

Abb. 6.13.: Spurenverfolgung der chemotaktischen Bewegung dreier Tumorzellen für unterschiedliche Blutgefäßanordnungen: An allen Rändern für den Zeitpunkt $t = 500\,\text{h}$, am rechten und am linken Rand für den Zeitpunkt $t = 490\,\text{h}$, am unteren und am linken Rand für den Zeitpunkt $t = 560\,\text{h}$ sowie am rechten, linken und am unteren Rand für den Zeitpunkt $t = 460\,\text{h}$ (v.l.n.r.). Der gezeigte Ausschnitt weist jeweils eine Größe von $2\,\text{mm} \times 2\,\text{mm}$ auf.

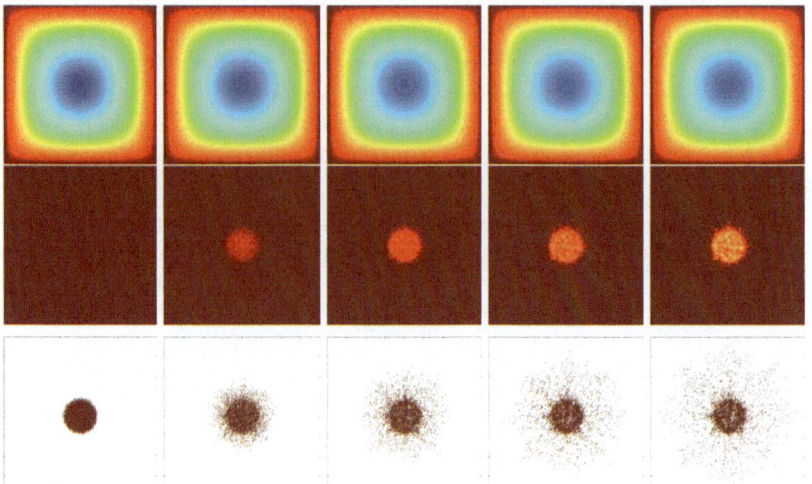

Abb. 6.14.: Die Konzentration der Nährstoffe (obere Reihe), die Dichte der extrazellulären Matrix (mittlere Reihe) und die Invasion der Tumorzellen (untere Reihe) für die Zeitpunkte $t = 5\,\text{h}$, $90\,\text{h}$, $180\,\text{h}$, $270\,\text{h}$ sowie $350\,\text{h}$ (v.l.n.r.). Die Kolorierung der Nährstoffkonzentration und der EZM-Dichte sind aus der Abb. 6.15 zu entnehmen.

wurde als Anfangsbedingung für den Tumor die Gl. (6.22) benutzt mit Mittelpunkt $(1/2, 1/2)$ und $r_t = 0,1$. Die Simulationen wurden beendet, als die erste Zelle den Rand des Gebietes Ω erreichte.

Die Simulationen wurden mit einer sehr guten Nährstoffversorgung durchgeführt, d.h. unter der Annahme, dass sich Blutgefäße an allen vier Rändern des Gebietes befinden. In Abb. 6.14 ist die Distribution der Tumorzellen, die Dichte der extrazellulären Matrix und die Konzentration der Nährstoffe für die Zeitpunkte $t = 5\,\text{h}$, $90\,\text{h}$, $180\,\text{h}$, $270\,\text{h}$ sowie $350\,\text{h}$ in 2D dargestellt.

Für die in der oberen Reihe gezeigte Nährstoffkonzentration ist zu beobachten, dass sich diese über die Zeit nur leicht verändert. Die Diffusion scheint dadurch nicht über die Abnahme zu dominieren, was plausibel hinsichtlich der großen Nahrungsaufnahmerate der Tumorzellen ist. Die geringe Zunahme der Nährstoffkonzentration, was für $x_{i,j=200}$ in Abb. 6.16 oben beobachtet werden kann, ist der geringer werdenden Anzahl an Zellen in der Mitte des Gebietes geschuldet. Die Simulationsergebnisse für die extrazelluläre Matrix sind in der mittleren Reihe der Abb. 6.14 dargestellt sowie im mittleren Graph von 6.16, als 1D Dichteprofile über die Zeit. Die Degradation der EZM durch die Tumorzellen über die Zeit ist in beiden Darstellungen deutlich wahrnehmbar. In den 1D Profilen wird zudem die leichte Produktion der EZM am rechten und linken Rand erkannt, d.h.

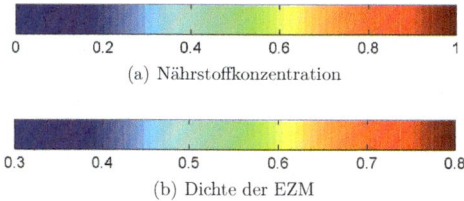

Abb. 6.15.: Farbskalen für die Nährstoffkonzentration und für die Dichte der EZM.

außerhalb des Bereiches, wo sich der Haupttumor befindet.
Die Distribution der Tumorzellen ist in der unteren Reihe von Abb. 6.14 illustriert. Die invasive Eigenschaft der Zellen ist sehr stark ausgeprägt. Besonders in den letzten zwei Zeitschritten ($t = 270\,\text{h}$ bzw. $350\,\text{h}$) befinden sich individuelle Zellen weit entfernt von der Tumorhauptmasse. Diese Eigenschaft ist charakteristisch für bösartige Tumoren wie etwa dem Glioblastom. Die Richtung der Zellbewegungen zu den Rändern des Gebietes weist auf die Präsenz der Chemotaxis hin. In Abb. 6.16 unten ist die Anzahl der Tumorzellen über jede Spalte des Gitters für unterschiedliche Zeitpunkte aufgetragen. In dieser Darstellung wird deutlich wie die Hauptmasse des Tumors schrumpft, aber bis zum letzten Zeitpunkt als solche erkennbar bleibt. Individuelle Zellen breiten sich in das umliegende Gebiet aus. Diese Verteilung wird auch in In-vitro-Versuchen (vgl. Abb. 6.7) beobachtet und lässt darauf schließen, dass die Simulationen realistisch sind. Die Parameterwahl für die Gewinnung dieser Distribution wird im folgenden Abschnitt diskutiert.

6.9.4.1. Einfluss der Bewegungsparameter

In der Literatur sind nur Werte für den haptotaktischen Wert ρ in den Gleichungen (6.7a) und (6.14a) bekannt. In der Arbeit von Szymańska [195], wird der Wert $\rho = 0,26$ verwendet. Dieser wurde für das in dieser Arbeit vorgestellte Modell übernommen. Für den chemotaktischen Parameter χ aus den Tumorgleichungen (6.8a) und (6.14a) ist jedoch kein Wert bekannt. Dieser Ansatz besitzt eine neue Komponente und wurde bislang noch nicht an experimentellen Cytokinassays durchgeführt. Aus diesem Grund wird, für eine festgehaltene initiale Verteilung der Nährstoffe, der Einfluss beider Parameter untersucht. Hierzu wird das 1D Verhalten der Zellen (Anzahl an Zellen) für ein nährstofflieferndes Blutgefäß und eine homogene Anfangsverteilung der EZM betrachtet. Da bereits ein Wert für den haptotaktischen Parameter ρ existiert, wird dieser zunächst gewählt, festgehalten und der chemotaktische Parameter χ variiert. Es werden Werte verwendet, die eine mehrfache sowie halbierte oder geringere Auswirkung der Chemotaxis im Vergleich zur Haptotaxis ergeben. D.h. für χ werden die Werte $(0,0867; 0,13; 0,26; 0,52; 0,78)$ für Simulationen des Modells (6.14) verwendet.

Die Ergebnisse für die Standardsituation, d.h. Nährstoffversorgung mit Blutgefäßen an

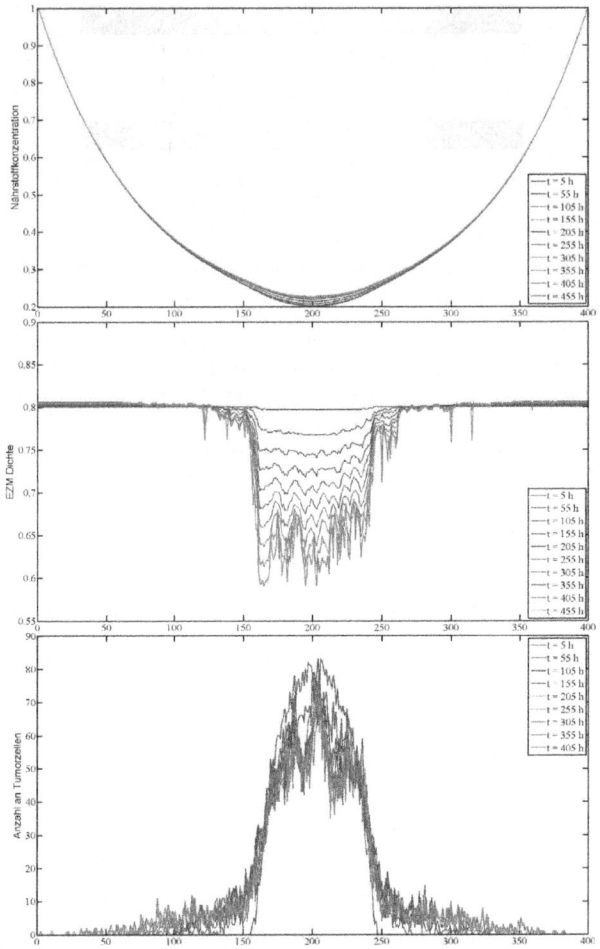

Abb. 6.16.: 1D Distributionen für $x_{i,j=200}$: Zu sehen sind die Dichte der extrazellulären Matrix, die Konzentration der Nährstoffe und die Anzahl der Tumorzellen über die Zeit (von oben nach unten).

allen Rändern des Gebietes, sind in Abb. 6.17 oben, dargestellt. Für einen kleinen Wert des chemotaktischen Parameters χ von $0,0867$ oder $0,13$ ist die Anziehungskraft der höheren Nährstoffkonzentration sehr gering und demzufolge haben sich nur vereinzelte

6.9. Ergebnisse und Diskussion 57

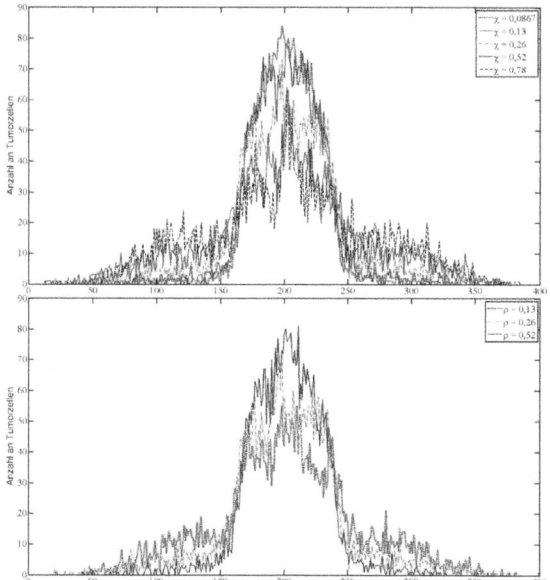

Abb. 6.17.: 1D Distributionen für 4 Blutgefäße: Anzahl der Tumorzellen über der Zeit für unterschiedliche χ Werte (oben) und ρ Werte (unten) für $t = 350$ h.

Zellen aus der Hauptmasse des Tumors losgelöst und sind von dieser weiter weg migriert. Die Anzahl dieser Zellen ist zu gering im Vergleich zu In-vivo- oder In-vitro-Gliomen. Ein großer Wert von $\chi = 0,78$ oder $\chi = 0,52$ bewirkt wiederum eine zu breite Verteilung der Zellen über das Gebiet. Es ist keine wirkliche Hauptmasse mehr erkennbar, diese wird jedoch in den In-vitro-Experimenten beobachtet (vgl. Abb. 6.7 oder [14]). Hier scheint der mittlere Wert für den Chemotaxis-Parameter ($\chi = 0,26$) am geeignetsten zu sein. Um diesen Eindruck zu prüfen, werden die gleichen Werte für χ ebenfalls für ein Gebiet mit nur einem Blutgefäß als Initialbedingung für die Nährstoffversorgung verwendet. In dieser Konfiguration wird der Effekt der Chemotaxis offensichtlicher. Die Ergebnisse sind in Abb. 6.18 oben illustriert. Es wird ein ähnliches Phänomen wie für die vorherige Positionierung der Blutgefäße beobachtet. Für große Werte gibt es keine Haupttumormasse mehr und für kleine Werte von χ migrieren zu wenige Zellen weiter weg. Infolgedessen wird für den chemotaktischen Parameter der Wert $\chi = 0,26$ gewählt.

Für den haptotaktischen Parameter ρ wurde der Wert aus einem ähnlichen Problem aus der Literatur [195] entnommen. Um sicher zu gehen, dass dieser Wert auf das hier vorgestellte Problem anwendbar ist, wird der Parameter mit verdoppeltem, gleichem und halbem Wert für beide Simulationskonditionen benutzt. D.h. es werden vier Blutgefäße oder nur eines als Anfangsbedingung für die Nährstoffe gewählt. Die Ergebnisse

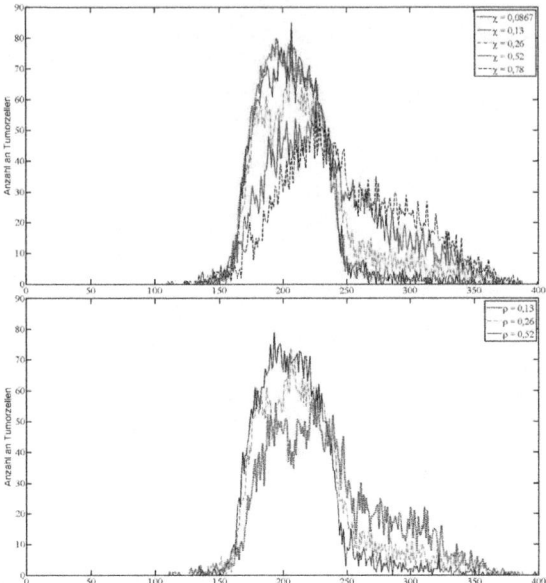

Abb. 6.18.: 1D Distributionen für ein Blutgefäß: Anzahl der Tumorzellen über der Zeit für unterschiedliche χ Werte (oben) und ρ Werte (unten) für $t = 350\,\text{h}$.

für den Zeitpunkt $t = 350\,\text{h}$ sind in Abb. 6.17 unten, bzw. 6.18 unten, gezeigt. Auch bei diesen Variationen der Parameter wird deutlich, dass der mittlere Wert $\rho = 0,26$ ein gutes Gleichgewicht zwischen Invasion der Zellen und Erhalt einer Tumorhauptmasse ermöglicht. Demzufolge wird sowohl für den haptotaktischen Parameter ρ als auch für den chemotaktischen Parameter χ der Wert $0,26$ gewählt. Diese Wahl bedeutet, dass die Attraktion der Zellen durch die Nährstoffe gleich stark ist wie der haptotaktische Effekt der extrazellulären Matrix. Andernfalls müsste eine Zelle durch eine viel dichtere Matrix migrieren, um die Stellen höherer Nährstoffkonzentration zu erreichen, was deutlich schwieriger ist und somit langsamer vonstatten geht. Überwiegt andererseits der Effekt der Haptotaxis, würde eine Zelle nicht zu den Nährstoffen gelangen und somit wahrscheinlich nicht überleben.

6.9.4.2. Hypoxie/Normoxie

Für die In-vitro-Experimente unter hypoxischen und normoxischen Bedingungen wurde der in Abschnitt 6.9.2 beschriebene Aufbau verwendet. Die prozentuale In-vitro-Durchschnittszellinvasion über die Zeit ist in Abb. 6.19, links dargestellt. Für die mathematische Modellierung wurde über 10 Simulationen gemittelt. Der Anstieg der Invasion

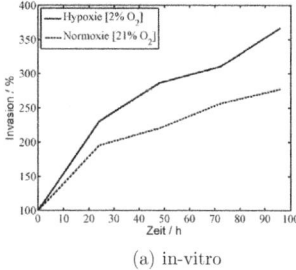
(a) in-vitro

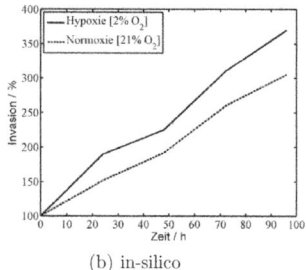
(b) in-silico

Abb. 6.19.: Die Invasion der Tumorzellen unter Hypoxie und unter Normoxie für In-vitro- und In-silico-Experimente.

beträgt im Durchschnitt etwa $64,06\,\mu m$ für einen initialen Tumorsphäroid mit Radius $125\,\mu m$, was einem Anstieg um $51,25\,\%$ entspricht. Aufgrund dessen wird zunächst ein Wert von $\kappa = 2$ in (6.4) angenommen, um einen doppelten Anstieg der Invasion zu erreichen. Dieser Wert stellte sich jedoch als zu hoch heraus und wird in kleinen Schritten verkleinert. Dabei hat der Wert $\kappa = 1,5$ die beste Übereinstimmung mit den In-vitro-Daten geliefert. Die dazugehörige, durchschnittliche Invasion der Zellen unter Hypoxie und Normoxie, d.h. mit den Werten $D_{hyp} = 1,5 \cdot 10^{-5}$ bzw. $D_{nor} = 10^{-5}$, sind in Abb. 6.19 rechts dargestellt. Die Invasion wurde in beiden Modellen, in-vitro und in-silico, als der Abstand einer geraden Linie vom Mittelpunkt des Sphäroids zu den $1\,\%$ am weitesten migrierten Zellen gemessen. Eine Invasion von $100\,\%$ ist somit äquivalent zum initialen Zustand, d.h. dem Abstand von der Mitte bis zum Rand des Tumors.

In Abb. 6.19 sind Unterschiede zwischen den Ergebnissen aus In-vitro- und In-silico-Versuchen herausstellbar, insbesondere in der Mitte der Simulationen unter Hypoxie. Allerdings muss beachtet werden, dass es für die Invasion der Zellen In-vitro-Unterschiede gibt, die durch unterschiedliche Zelllinien hervorgerufen werden. Bedauerlicherweise konnten die In-vitro-Experimente nicht wiederholt werden (im Gegensatz zu den In-silico-Experimenten). Es ist bekannt, dass unterschiedliche Arten von Zelllinien Unterschiede in der Migration und somit in der Invasion der Tumorzellen liefern. In diesem Sinne sind die Ähnlichkeiten der In-vitro- und In-silico-Ergebnisse vielversprechend.

6.10. Schlussfolgerungen

In diesem Kapitel wurde ein mathematisches Modell entwickelt, welches die Migration und Invasion des Tumors unter Bezugnahme der Mikroumgebung simuliert. Das hybride Modell (Gleichungssystems (6.14)) berücksichtigt nicht nur den Einfluss der extrazellulären Matrix, sondern auch die Attraktion der Tumorzellen durch Nährstoffe. Zu diesem Zweck wurde zudem die Abhängigkeit der Invasionsrate mit der Sauerstoffkonzentration in das Modell integriert. Das hypoxische Verhalten der Tumorzellen wurde schon in der Literatur diskutiert (z.B. [99]). Es wurde jedoch bis jetzt keine Validierung der Simulationen durch In-vitro-Daten durchgeführt. In dieser Arbeit konnten experimentelle Daten bezüglich Hypoxie/Normoxie bereitgestellt und diese mit den Ergebnissen der neu entwickelten Methoden verglichen und erfolgversprechende Übereinstimmungen der Simulation festgestellt werden.

Darüber hinaus kann das Modell eine variable Anzahl an Blutgefäßen annehmen. Ansätze aus der Literatur (z.B. [11, 109]) nehmen an, dass Nährstoffe initial ($t = 0$) einen konstanten Wert, z.B. eins im ganzen Gebiet aufweisen. Dieser Ansatz ist prinzipiell ähnlich zu einer In-vitro-Situation, entspricht jedoch nicht der In-vivo-Konzentration der Nährstoffe. In [10] wird Sauerstoff am Rand des Gebietes produziert und durch Anwendung von Dirichlet-Randbedingungen mit einer konstanten Funktion wiedergegeben. Dieser Ansatz bedeutet, dass das komplette Gewebe mit Blutgefäßen umrandet ist. In [134] werden zwei Blutgefäße am oberen und am unteren Rand des Gebietes angenommen. Im Gegensatz zu diesen Ansätzen ist in dem vorgestellten Modell eine unterschiedliche Lokalisation der Blutgefäße möglich. Die Anzahl der Kapillaren bzw. Blutgefäße kann zwischen eins und vier variabel gewählt werden und erlaubt somit eine unterschiedliche Platzierung des Tumors im Hirn bezüglich der Nährstoffversorgung.

Das komplette Migrationsmodell gibt plausible Bewegungen der Zellen wieder. Um jedoch bestimmte Durchschnittsparameter besser auf Gliome anzupassen, muss das Modell durch weitere In-vitro-Versuche, wie z.B. durch Cytokinassays, verfeinert werden. Hierzu könnten Experimente mit Variationen der EZM-Konzentration oder der Glukose durchgeführt werden.

Das Modell kann beliebig erweitert werden. Um eine weitere wichtige Einordnung des Tumors im Gehirn zu realisieren, ist die Einbindung der Nervenbahnen der weißen Hirnmasse ein wichtiger Aspekt. Diese Nervenbahnen beeinflussen die Bewegungsrichtung und Geschwindigkeit der Tumorzellen, die eine Ausbreitung entlang der Nervenbahnen präferieren [91, 92]. Dieser Prozess kann z.B. durch Diffusions-Tensor-Bildgebung (DTI, Abkürzung für engl. diffusion tensor imaging), eingebracht werden [100]. DTI beinhaltet zusätzlich die Richtungsabhängigkeit der Diffusion aus diffusionsgewichteter Magnetresonanztomografie und ermöglicht eine Rekonstruktion von Nervenbahnen im Gehirn. Für eine ausführliche Beschreibung des Konzeptes und Anwendung, wird auf [29] verwiesen. Auf der makroskopischen Ebene ist die Einbringung von DTI-Daten sehr verbreitet. Viele Arbeitsgruppen binden diesen Einfluss in Form eines Tensors in den Diffusionsprozess (Abschnitt 6.2) ein (z.B. [31, 108, 135]).

Myelinisierte Nervenzellen bilden die Fasern der Nervenbahnen und können als Bestandteile der EZM angesehen werden. In das hier vorgestellte Migrationsmodell kann die Anfangsdichte der extrazellulären Matrix mithilfe der Eigenwerte und -vektoren der Tensoren generiert werden. Dadurch würde die haptotaktische Migration der Tumorzellen unter dem Einfluss des Tensorfeldes erfolgen und eine heterogene Anordnung der Matrix erlauben.

7 Avaskuläres Tumorwachstum

7.1. Einleitung

Für die Beschreibung des Tumorwachstums auf der mikroskopischen Ebene gibt es eine Vielzahl unterschiedlicher Methoden [3,7,10,12,13,28,35,48,50,57,64,67,69,78,81,89,100, 115,129,149,167,170,177,191,215,221]. Viele Forscher benutzen eine kontinuierliche Beschreibung für die Evaluation des Tumors (z.B. [35]). Am einfachsten ist die Modellierung mittels der exponentiellen, logistischen oder logarithmischen (Gompertz) Gesetze (vgl. Abschnitt 6.3). Diese Gesetze allein zeigen jedoch unrealistische Ergebnisse. Die partielle Differentialgleichung hat sich als eine gute Alternative durchgesetzt. Sie beschreibt die raum-zeitliche Entwicklung des Populationswachstums und die dazugehörigen Prozesse. Das berühmteste Modell stellt das dimensionslose Fisher-Kolmogorov-Modell dar, das eine diffusive Populataion mit logistischer Wachstumsdynamik beschreibt. Die einfachste Form der nichtlinearen Reaktions-Diffusions-Gleichung ist:

$$\frac{\partial \psi}{\partial t} = D_\psi \frac{\partial^2 \psi}{\partial x^2} + k\psi(1-\psi), \tag{7.1}$$

wobei D und k positive Parameter sind. Die Fisher-Kolmogorov-Gleichung wurde in den Arbeiten von Fisher und Kolmogorov [82, 122] als eine deterministische Version des stochastischen Modells für räumliche Ausbreitung eines bestimmten Gens in einer Population entwickelt. Seitdem hat dieses Modell genauso wie die Reaktions-Diffusions-Gleichung oft in der mathematischen Biologie und speziell im Bereich Tumormodellierung Verwendung gefunden [7, 67, 78, 214].

Neben der kontinuierlichen Beschreibung werden ebenfalls diskrete Methoden für die Beschreibung des Tumorwachstums benutzt (z.B. [116]). Diese Ansätze können stochastischer Natur sein und mithilfe des Markov-Prozesses simuliert werden. Diese Methode ist jedoch nicht von Ergebnissen aus vorherigen Zeitpunkten abhängig. Die Langevin-Gleichung liefert eine mikroskopisch exakte Lösung, sie ist aber aufgrund des stochastischen Rauschterms nicht mehr deterministisch.

Kontinuierliche und diskrete Modellierungen des Tumorwachstums haben jeweils Vor- und Nachteile [180]. Vermehrt werden hybride Modelle [170] verwendet, diese verbinden die Vorteile beider Methoden. Es werden meist kontinuierliche, rechnerisch einfache Gleichungen für Umgebungsfaktoren verwendet und diskrete Methoden für die Beschreibung der Zellen, um deren mikroskopische Eigenschaften besser zu repräsentieren. Welche Methode die richtige ist, hängt davon ab, was gezeigt werden soll bzw. von der Ebene, auf der modelliert wird [215].

In dem hier beschriebenen Chemotaxis-Haptotaxis Modell wird ein hybrider kontinuierlich-diskreter Ansatz zur mathematischen Modellierung des zellulären Wachstums von malignen Hirntumoren vorgestellt. Neben der in dem vorherigen Kapitel 6 eingeführten Migration, werden ebenfalls Proliferation, Tod und der Ruhezustand der Gliomzellen betrachtet. Die Beschreibung der raum-zeitlichen Dynamik primärer Tumoren basiert auf drei Reaktions-Diffusionsgleichungen, die Wechselwirkungen zwischen tumorösen Zellen, der extrazellulären Matrix und der Nährstoffe beschreiben. Neben der zufälligen Diffusion werden die haptotaktische Migration sowie die Bewegung der Zellen entlang des Gradienten der diffusen Nährstoffe betrachtet. Die Tumor-Mikroumgebung hat einen direkten Einfluss, nicht nur auf die Migration, sondern auch auf die weiteren Zellmechanismen, was in diesem Kapitel erläutert werden soll.

In der Literatur werden oft die MDE gesondert betrachtet, d.h. diese degradieren die EZM und werden mithilfe einer PDE modelliert und simuliert. Um die eingeführte Methode (Abschnitt 7.2) mit dem gebräuchlichen Ansatz zu vergleichen, wird eine Methode eingeführt, die ebenfalls Haptotaxis und Chemotaxis erfasst, wobei die EZM von den MDE beeinflusst wird.

Die Methoden des avaskulären Wachstums werden im Abschnitt 7.2 vorgestellt. Diese werden in den Unterabschnitten Proliferation und Nekrose, Ruhezustand, Algorithmus und Parameter unterteilt. Des Weiteren wird eine Integration der MDE vorgenommen, um die Ergebnisse mit dem letzten Stand der Forschung zu vergleichen (Abschnitt 7.3). Als Nächstes werden die Ergebnisse dargestellt und diskutiert (Abschnitt 7.4). Abschließend werden die Schlussfolgerungen dargestellt und ein kurzer Ausblick gegeben (Abschnitt 7.5).

7.2. Methoden

Das Hirntumorwachstum auf der mikroskopischen Ebene wird auf einem 2D-Gebiet Ω mit Hirngewebe simuliert und wie in Abschnitt 4.1 vorgestellt, mit einen Gitter versehen. Es werden die kontinuierlichen Beschreibungen der Nährstoffkonzentration u und die Dichte der extrazellulären Matrix f mittels partieller Differentialgleichungen dargestellt. Die individuelle und wahrscheinlichkeitsbedingte Migration der Tumorzellen wird durch

7.2. Methoden

die Diskretisierung einer PDE, die die Dichte der Tumorzellen c beschreibt, realisiert:

$$\frac{\partial c}{\partial t} = \nabla \cdot (D_c \nabla c) - \chi \nabla \cdot (c \nabla u) + \rho \nabla \cdot (c \nabla f), \qquad (7.2\text{a})$$

$$\frac{\partial u}{\partial t} = D_u \nabla^2 u - \alpha_u u, \qquad (7.2\text{b})$$

$$\frac{\partial f}{\partial t} = -\alpha_f f c + \beta_f f (1 - f). \qquad (7.2\text{c})$$

Die Aufstellung dieser drei Gleichungen wurde im vorherigen Kapitel 6 vorgestellt (Abschnitt 6.5) und hier nur noch einmal aufgeführt, da sie einen wichtigen Bestandteil des Wachstums sind und einen direkten Einfluss auf die weiteren Prozesse der Tumorzellen haben. Diese sind Proliferation, Nekrose sowie Ruhezustand und werden in den nächsten Abschnitten detailliert beschrieben.

7.2.1. Proliferation und Nekrose

Die Tumorzellteilung sowie der Tumorzelltod aufgrund unzureichender Nährstoffe werden durch Wahrscheinlichkeitsfunktionen modelliert [134]. Diese werden für jede Tumorzelle im Gitterpunkt $x_{i,j} = (ih, jh)$, $i, j, h > 0$ und jeden Zeitpunkt $t = mk \in (0, T]$, $m, k > 0$ berechnet. Die Wahrscheinlichkeiten für die Division P_{div}^m und für die Nekrose P_{nek}^m sind

$$P_{div}^m(i,j) = 1 - \exp\left[-\left(\frac{u^m(i,j)}{Z^m \cdot \theta_{div}}\right)^2\right], \qquad (7.3)$$

$$P_{nek}^m(i,j) = \exp\left[-\left(\frac{u^m(i,j)}{Z^m \cdot \theta_{nek}}\right)^2\right], \qquad (7.4)$$

wobei u^m die Nährstoffkonzentration zum Zeitpunkt t_m ist, θ_{div} und θ_{nek} sind die Formparameter für die Division-Wahrscheinlichkeitskurve bzw. die Nekrose. Z^m definiert die Anzahl der Tumorzellen für den Zeitpunkt t_m. Im Gegensatz zu [81], [134] und [54], wird in dieser Arbeit nicht zwischen Nährstoffarten unterschieden, die für die Migration und Proliferation zuständig sind, sondern führen sie in einer einzigen Gleichung [10,64,112] ein. Die Unterschiede zwischen den Nährstoffarten sind nur sehr gering und wirken sich dadurch nicht auf die Ergebnisse aus. Die Verteilung von der Wahrscheinlichkeitskurve für die Division (7.3) über die Zeit und über die Nährstoffkonzentration ist in Abb. 7.1 dargestellt. Es wird deutlich, dass die Wahrscheinlichkeit der Zellteilung über die Zeit abnimmt (links), dies steht in unmittelbarem Zusammenhang mit der Nährstoffkonzentration (Abb. 7.1, rechts). Je weniger Nährstoffe für die Tumorzellen vorhanden sind, desto kleiner ist die Wahrscheinlichkeit für eine Zelle sich zu teilen. Die Nährstoffaufnahme der Tumorzellen ist sehr groß und nimmt deshalb über die Zeit stark ab. Die Distribution von P_{nek} ist komplementär zu der von P_{div}, d.h. die Zellen erfahren eine höhere Wahrscheinlichkeit für den Tod bei geringerer Nährstoffkonzentration.

Der Prozess des programmierten Zelltodes (Apoptose) wird im Rahmen dieser Arbeit nicht untersucht. Vergleiche hierzu Abschnitt 2.2.3.3, wo die Resistenz von invasiven Gliomzellen zu Apoptose beschrieben ist.

Für die Teilung von Tumorzellen wird angenommen, dass die Dauer des Zellzyklus mehrere Stunden beträgt. Im Allgemeinen benötigt eine Zelle 24 bis zu 30 Stunden für die Proliferation, während sich die Migration im Minutenbereich bewegt [13, 118, 171]. Gliomzellen, insbesondere Glioblastomzellen benötigen viel weniger Zeit für die Proliferation. Mehr noch, es wird eine Differenzierung zwischen der Lage der Zellen eingeführt, d.h. es werden zwei verschiedene Werte für die Zellen in der Tumorhauptmasse und im invasiven äußeren Rand benötigt. Die Arbeiten [91, 93, 118] haben gezeigt, dass invasive Tumorzellen im Vergleich zu Zellen in der inneren Proliferationszone, eine viel geringere Zellteilungsrate haben. Aus diesem Grund wird ein Wert von acht Stunden (vgl. [11]) für die Division der Zellen in der inneren Tumormasse gewählt. Für die invasiven Zellen ohne benachbarte Tumorzellen wird ein längerer Zellzyklus von 13 Stunden angenommen. Außerdem werden 30 Minuten für eine Migrationsbewegung von etwa $10\,\mu$m einer Tumorzelle angenommen (vgl. [13]).

Nach der Teilung hängt die Platzierung der Tochterzellen in das Gitter von der Nachbarschaftsbesetzung der Mutterzelle ab. Die Nachbarschaftswahl wird gemäß der Beschreibung in Kapitel 5 gewählt. Bei einer sich teilenden Zelle mit mindestens einem freien Gitterknoten in der direkten Nachbarschaft (Radius 1), ersetzt eine Tochterzelle den Platz der Mutterzelle und die zweite Tochterzelle wird chemotaktisch an einen der freien Knoten gesetzt, d.h. es wird ein Platz mit einer höheren Nährstoffkonzentration gewählt. Nekrotisches Material kann nicht durch Phagozytose abgebaut oder ersetzt werden. Deshalb können neue Tumorzellen nicht an nekrotische Stellen platziert werden. Im Fall, dass alle Nachbarschaftszellen im Radius 1 mit Tumor- oder nekrotischen Zellen gefüllt sind, aber im Radius 2 noch mindestens ein freier Platz vorhanden ist, verschiebt die Tochterzelle die unmittelbar umliegende Zelle. Diese wird an die freie Stelle mit der höchsten Nährstoffkonzentration geschoben, sodass die Tochterzelle selbst diesen Platz einnehmen kann. Falls jedoch alle Nachbarschaftselemente innerhalb des Radius 2 belegt sind, so wird die Mutterzelle als stille Zelle markiert und solange beibehalten, bis sich die

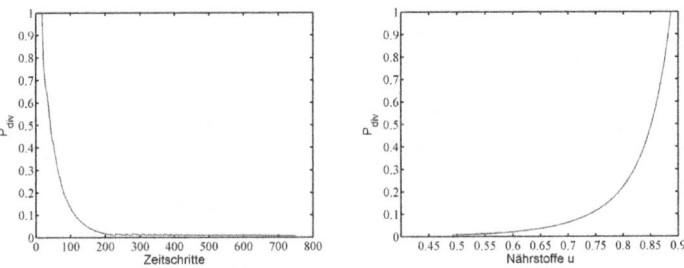

Abb. 7.1.: Die Distribution von P_{div} über Zeitschritte ($k \,\widehat{=}\, 0.5\,\text{h}, t = mk$) und die dimensionslose Nährstoffkonzentration, $\theta_{div} = 5 \cdot 10^{-3}$.

Besetzung der umliegenden Gitterpunkte neu gestaltet oder die Nährstoffkonzentration nimmt stark ab, sodass die Zelle stirbt.

Der beschriebene Verschiebungsmechanismus stellt eine heuristische Methode dar, um die Kraft der Tumorzellen zu modellieren. Es wird angenommen, dass jede Tumorzelle fähig ist eine andere benachbarte Zelle der gleichen Größe auf einen freien Gitterpunkt zu verschieben. Für die Untersuchung eines anderen Tumorentitäts ist es möglich, eine stärkere Kraft für die Tumorzellen zu wählen. Dadurch würde der Rand des Tumors mit proliferierenden und migrierenden Zellen dicker sein (s. z.B. [69]).

7.2.2. Ruhezustand

Ein weiterer Status einer Gliomzelle, neben der Migration, Proliferation und Nekrose, ist der Ruhezustand. Dieser ist der G_0-Phase des Zellzyklus gleichzusetzen. In dieser Phase kann eine Zelle sich unbegrenzt lange aufhalten [107] und dementsprechend wird keine Zeitdauer für diese Phase bestimmt oder gezählt.

Eine Tumorzelle kann durch unterschiedliche Auslöser in diesen Zustand gelangen und als still gekennzeichnet werden. Zum einen kann bei der Diskretisierung von Gl. (7.2a) der Wahrscheinlichkeitsbereich für den Ruhezustand am größten sein (vgl. Abschnitt 6.7). Das würde bedeuten, dass die Umgebung keine attraktivere Stelle darstellt als die Stelle, die die Zelle bereits besetzt. Zum anderen kann eine Tumorzelle in einen Ruhezustand aufgrund von Platzproblemen übergehen, was auch Agglomeration genannt wird. Diese Situation tritt häufig zu, insbesondere bei malignen Hirntumoren. Die sich in der Mitte befindlichen Tumorzellen haben weder Platz zu migrieren noch zu proliferieren und treten in einen Ruhezustand ein. In einem späteren Tumorwachstumsstadium, z.B. im vaskulären Stadium, kann der Druck von vielen proliferierenden Zellen so groß sein, dass das umliegende Gewebe verdrängt und deformiert wird (s. z.B. [21, 145]).

7.2.3. Algorithmus

Der Status jeder Zelle muss nach jedem Zeitschritt aktualisiert werden. Dies erfolgt nicht sequenziell, sondern zufällig. Würde die Aktualisierung sequenziell verlaufen, so würden die ersten Zellen in den meisten Fällen mehr Möglichkeiten haben zu migrieren, oder im Fall von Division, für die Platzierung der Tochterzellen, im Vergleich zu den nachfolgenden Zellen.

Für die zufällige Aktualisierung der Zellen wird in jedem Zeitpunkt eine Liste aller Tumorzellen generiert. Aus dieser Liste mit Z^m Einträgen werden in jedem Zeitschritt t_m alle Tumorzellen zufällig gewählt. Diese Zelle erfährt die Prozesse wie im Algorithmus der Abb. 7.2 beschrieben. Zunächst werden die Nährstoffkonzentration und die Dichte der extrazellulären Matrix für diesen Zeitschritt berechnet. Nach der Wahl einer Tumorzelle, werden die Wahrscheinlichkeiten P_{div} und P_{nek} aus Gl. (7.3) bzw. (7.4) bestimmt. Diese entscheiden wie die Zelle als Nächstes reagiert.

Ist die Wahrscheinlichkeit für den Zelltod höher, so wird die betrachtete Tumorzelle als nekrotisch markiert, und es wird die nächste lebende Tumorzelle aus der Liste gewählt. Wenn aber genügend Nährstoffe vorhanden sind und dadurch die Wahrscheinlichkeit für Zellteilung höher ist, wird die Zelle entweder still, falls keine freien Gitterpunkte vorhanden sind oder das Alter der Tumorzelle wird um die Länge des Zeitschrittes, d.h. um 0,5 h, erhöht. Befindet sich die Zelle schon im Endstadium des Zellzyklus, d.h. 8 h oder 13 h je nach Zellposition (s. Abschnitt 7.2.1), so werden die Tochterzellen in der Nachbarschaft platziert, wobei eine Zelle bei Platzmangel verschoben werden kann (s. Abschnitt 7.2.1). Des Weiteren wird angenommen, dass jede Zelle, die nicht proliferiert (d.h. sich in der Mitose-Phase befindet), die Möglichkeit hat zu migrieren. Ob eine Zelle migriert sowie die Richtung der eventuell stattfindenden Bewegung ist durch die Diskretisierung der Tumordichte vorgegeben (vgl. Abschnitt 6.7). Bei der Migration kann die Tumorzelle wiederum eine benachbarte Zelle zur Seite schieben.

Bevor die nächste Zelle aus der Liste zufällig gewählt wird, wird die Zelle, die schon den Algorithmus 7.2 durchlaufen hat, von der Liste entfernt. Auf diese Weise bleiben für die nächste Zellwahl im gleichen Zeitschritt nur die Tumorzellen gespeichert, die noch nicht aktualisiert worden sind und es ist gewährleistet, dass keine Zelle zweimal im gleichen Zeitschritt gewählt wird.

7.2. Methoden

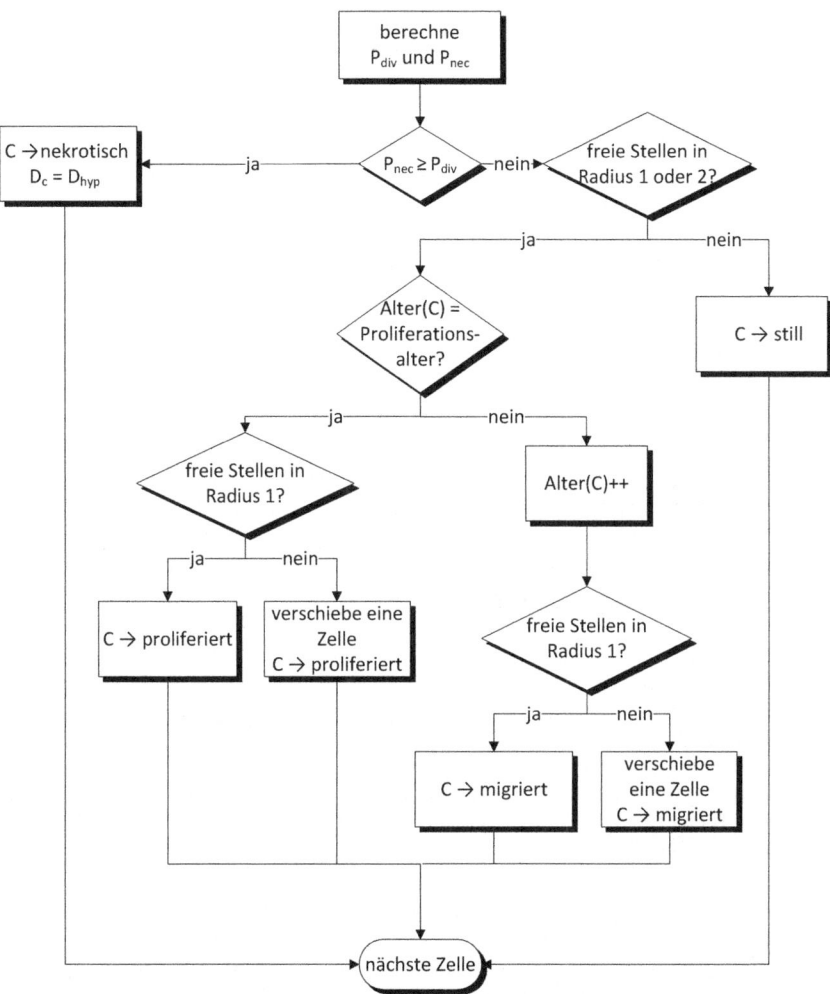

Abb. 7.2.: Algorithmus: In jedem Zeitschritt durchläuft jede zufällig gewählte Tumorzelle C diesen Pfad.

7.2.4. Parameter

Für das in diesem Kapitel beschriebene Modell wurden zusätzlich zu den Parametern und Variablen in Tab. 6.1 und 6.2 weitere Parameter für die Beschreibung des avaskulären Wachstums benötigt. Diese sind in Tab. 7.1 mit der zugehörigen Beschreibung, Wert sowie Referenz für Wahl der Parameter aufgeführt.

Tab. 7.1.: Parameter des hybriden Modells: Symbol x, Beschreibung, Wert oder Wertebereich und Referenz.

x	Beschreibung	Werte	Referenz
P_{div}	Wahrscheinlichkeit für Tumorzellteilung	$0-1$	[81], [134], [54]
P_{nek}	Wahrscheinlichkeit für Tumorzelltod infolge von Nekrose	$0-1$	[81], [134], [54]
θ_{div}	Parameter der Divisionsstärke	$0,005$	[81], [134], [54]
θ_{nek}	Parameter der Nekroserate	$8 \cdot 10^{-6}$	[81], [134], [54]
Z	Anzahl an Tumorzellen	$1- \sim 12000$	
-	Zellgröße	$10\,\mu\mathrm{m}$	[11], [69]
-	Zellzyklusdauer (invasive Zone)	$8\,\mathrm{h}$	[11], [91], [93], [118]
-	Zellzyklusdauer (proliferative Zone)	$13\,\mathrm{h}$	[11], [91], [93], [118]

7.3. Integration der MDE

Häufig werden bei der Modellierung der extrazellulären Matrix die Matrix-degradierenden Enzyme gesondert betrachtet (s. z.B. [11, 47, 48, 89]). Um beurteilen zu können, ob die explizite oder implizite Einbindung der MDE bessere bzw. genauere Ergebnisse liefert, werden beide Ansätze miteinander verglichen.

Durch die direkte Einbindung der MDE verändert sich die Beschreibung für die EZM aus Abschnitt 6.3. Statt durch die Tumorzellen wird die EZM f nun durch Enzyme m, die vom Tumor ausgesandt werden, degradiert. Die Gleichung für die Verteilung der EZM-Dichte sieht dann wie folgt aus:

$$\frac{\partial f(\mathbf{x},t)}{\partial t} = -\tilde{\alpha}_f f(\mathbf{x},t) m(\mathbf{x},t) + \tilde{\beta}_f f(\mathbf{x},t)(1 - f(\mathbf{x},t)),$$

wobei die neuen Variablen $\tilde{\alpha}_f$ bzw. $\tilde{\beta}_f$ der Abbaurate der EZM bzw. den Produktionsparameter repräsentieren.

Zusätzlich wird eine PDE benötigt, die die Distribution der MDE über die Zeit beschreibt. Die Matrix-degradierenden Enzyme diffundieren frei mit einer Diffusionskonstante D_m in das Gebiet. Es wird angenommen, dass sie mit einer konstanten Rate β_m durch die Tumorzellen produziert werden und eine Reduktion α_m aufgrund des natürlichen Zerfalls und der Deaktivierung erfahren (s. z.B. [11, 89]). Die Gleichung für die

7.3. Integration der MDE

Konzentration der MDE hat dann die Form

$$\frac{\partial m(\mathbf{x},t)}{\partial t} = D_m \nabla^2 m(\mathbf{x},t) + \beta_m c(\mathbf{x},t) - \alpha_m m(\mathbf{x},t).$$

Das komplette Gleichungssystem der MDE-abhängigen Methode, bestehend aus der Distribution der Tumorzellen c, der Nährstoffkonzentration u, der Dichte der extrazellulären Matrix f und der Konzentration der Matrix-degradierenden Enzymen m lautet

$$\frac{\partial c}{\partial t} = D_c \nabla^2 c - \chi \nabla \cdot (c \nabla u) + \rho \nabla \cdot (c \nabla f), \tag{7.5a}$$

$$\frac{\partial u}{\partial t} = D_u \nabla^2 u - \alpha_u u, \tag{7.5b}$$

$$\frac{\partial f}{\partial t} = -\tilde{\alpha}_f f m + \tilde{\beta}_f f (1-f), \tag{7.5c}$$

$$\frac{\partial m}{\partial t} = D_m \nabla^2 m + \beta_m c - \alpha_m m, \tag{7.5d}$$

in $\Omega \times (0, T]$. Für die Entdimensionalisierung und Parametrisierung der Parameter der Gleichungen (7.5a), (7.5b) und (7.5c), welche ebenfalls in Gleichungen (6.14a), (6.14b) und (6.14c) auftreten, werden die Werte aus Abschnitt 6.6 entnommen. Für die MDE ist $\hat{m} = m/m_o$ mit $m_o = 0,1\,\text{nM}$ aus [6, 11, 89], $\hat{\beta}_m = 1$ und $\hat{\alpha}_m = 0$ wurden aus [11] entnommen sowie der dimensionslose Diffusionskoeffizient $D_m = 0,08$.

Um Werte für den EZM-Abbau sowie die Produktionsrate aus (7.5c) zu bestimmen, wird eine Parameterschätzung wie in Abschnitt 6.8 durchgeführt. Zunächst werden die Parameter der Literatur entnommen und diese als initiale Werte eingesetzt. Anschließend werden diese unter Begutachtung der Ergebnisse erhöht und verringert. Abb. 7.3 zeigt die Distribution der EZM für unterschiedliche Werte der Parameter. Die Degradation der EZM ist in dieser Modellierung ausgeprägter als mit dem im Abschnitt 6.5 vorgestellten Verfahren (Abb. 6.6). Dies hängt mit den MDE zusammen, die aufgrund von Diffusion in Bereiche wandern, wo sich keine Tumorzellen befinden und somit die extrazelluläre Matrix in einem größeren Bereich abbauen. Aus dem Graph in Abb. 7.3 wird deutlich, dass für $\tilde{\beta}_f = 0,015$ und $\tilde{\alpha}_f = 0,5$ ein plausibles Gleichgewicht zwischen Degradation und Produktion herrscht, weshalb diese Werte im Folgenden verwendet werden.

Für die Berechnung des Gleichungssystems (7.5) werden die Gleichungen für die Tumordichte, Nährstoffkonzentration und EZM-Dichte wie in Abschnitt 6.7 behandelt. Für die Lösung der MDE-Gl. (7.5d) wird die Methode der finiten Elemente verwendet (s. Abschnitt 4.3). Als Rand- und Anfangsbedingungen werden

$$\partial m / \partial t = 0 \qquad\qquad \text{auf } \Gamma \times (0, T],$$
$$m(\mathbf{x}, 0) = m_0(\mathbf{x}), \qquad\qquad \forall\, \mathbf{x} \in \Omega$$

verwendet. Die initiale Konzentration der MDE ist $m_0 = 0$ über das gesamte Gebiet.

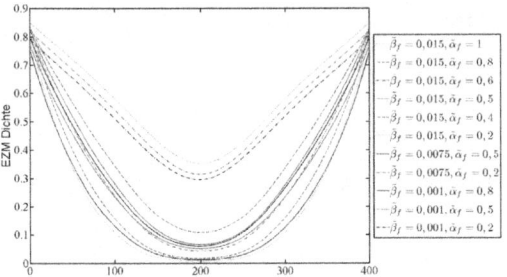

Abb. 7.3.: EZM-Profil in der Mitte des Gebietes $x_{i,j=200}$ für unterschiedliche Werte für $\tilde{\alpha}_f$ und $\tilde{\beta}_f$.

7.4. Ergebnisse und Diskussion

In diesem Abschnitt werden die Ergebnisse des Tumorwachstumsmodells beschrieben. Zusätzlich wird in Abschnitt 7.4.2 ein Vergleich der Simulationsergebnisse bei direkter Einbindung der MDE und bei impliziter Modellierung der MDE durchgeführt. Simulationen basieren auf einer single-threaded MATLAB Implementierung und wurden auf einem Pentium i7920 mit 2,67 GHz und 12 GB RAM ausgeführt.

7.4.1. Tumorwachstum

In diesem Abschnitt wird das komplette Haptotaxis-Chemotaxis-Tumorwachstumsmodell evaluiert. Alle Simulationen werden mit einem Anfangstumor von 441 Zellen durchgeführt (vgl. Gl. (6.22)). Abb. 7.4 zeigt qualitative Ergebnisse unter der Annahme, dass sich Blutgefäße am linken und am unteren Rand des Gebietes befinden. Für die in der oberen Reihe gezeigte Nährstoffkonzentration wird beobachtet, dass die Abnahme, erzeugt durch die Tumorzellen, den Effekt der Diffusion dominiert. Insbesondere in der Nachbarschaft des Tumors kann dies beobachtet werden. Der Prozess wird durch die hohe Aufnahmerate der Gliomzellen verursacht. Die Simulationsergebnisse für die extrazelluläre Matrix über die Zeit sind in der zweiten Reihe der Abb. 7.4 illustriert. Die Degradation der EZM in der Mitte des Gebietes durch das Tumorgewebe ist deutlich sichtbar. Die untere Reihe zeigt die Verteilung der Zellen. Das invasive Verhalten der Tumorzellen ist sehr stark ausgeprägt. Insbesondere am Rand des Tumors migrieren einzelne Zellen weiter entfernt von der Tumorhauptmasse zur linken und unteren Seite des Gebietes, wo die Nährstoffkonzentration höher ist. Dieses Verhalten ist charakteristisch für bösartige Hirntumore. Die Richtung der Zellbewegung zeigt den chemotaktischen Einfluss der Nährstoffe. Schrittweise entwickelt sich ein nekrotischer Kern (gelb), der zunehmend größer wird. Zum Zeitpunkt $t = 375\,\text{h}$ wird aufgrund des Nährstoffmangels ein großer Bereich mit toten Zellen beobachtet.

Für die Simulationsergebnisse aus Abb. 7.6 wurden drei Blutgefäße an den Rändern

7.4. Ergebnisse und Diskussion

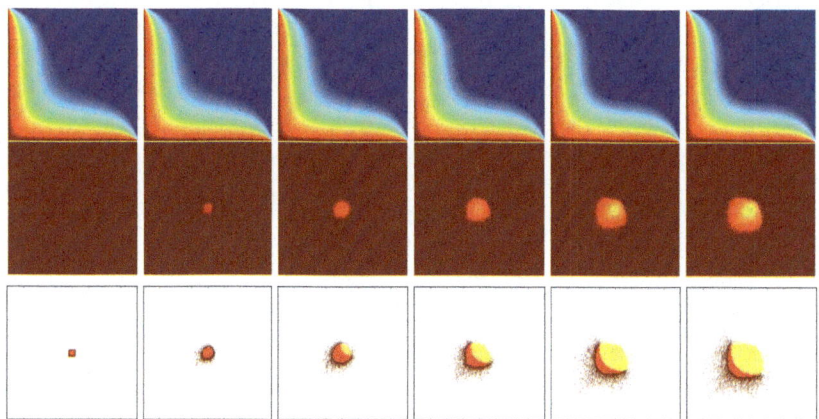

Abb. 7.4.: Simulationsergebnisse: Die Nährstoffdistribution mit Blutgefäßen am linken und am unteren Rand platziert (obere Reihe), die Dichte der EZM (mittlere Reihe) und die Tumorzellverteilung (untere Reihe) zu den Zeitpunkten $t = 2\,\text{h}$, $75\,\text{h}$, $150\,\text{h}$, $225\,\text{h}$, $325\,\text{h}$, $375\,\text{h}$ (v.l.n.r.). Für die Tumorzellen repräsentiert gelb nekrotisches Gewebe, hellrot markierte Zellen befinden sich im Ruhezustand und dunkelrot entspricht aktiven Zellen, d.h. proliferierenden und migrierenden Tumorzellen. Die Kolorierung der Nährstoffkonzentration und der EZM-Dichte sind aus Abb. 7.5 zu entnehmen.

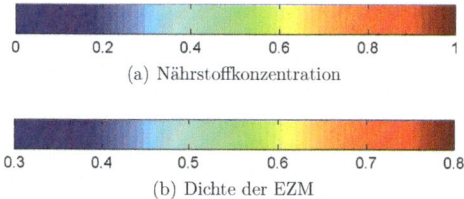

Abb. 7.5.: Farbskalen für die Nährstoffkonzentration und die Dichte der EZM.

des Gebietes platziert und das Verhalten der Nährstoffe, der EZM und der Zellen untersucht. In der oberen Reihe befinden sich wieder die Aufnahmen der Nährstoffe zu verschiedenen Zeitpunkten. Eine geringe Konzentration der Nährstoffe ist am rechten Rand durch die dunkelblaue Farbe gekennzeichnet. Hier befindet sich im Gegensatz zu den anderen Rändern kein nährstoffliederndes Blutgefäß. Über die Zeit nimmt der Gehalt an Nährstoffen ab, insbesondere in der Mitte des Gebietes aufgrund des wachsenden Tumors. Die EZM, in der mittleren Reihe gezeigt, verändert sich durch die Degradation

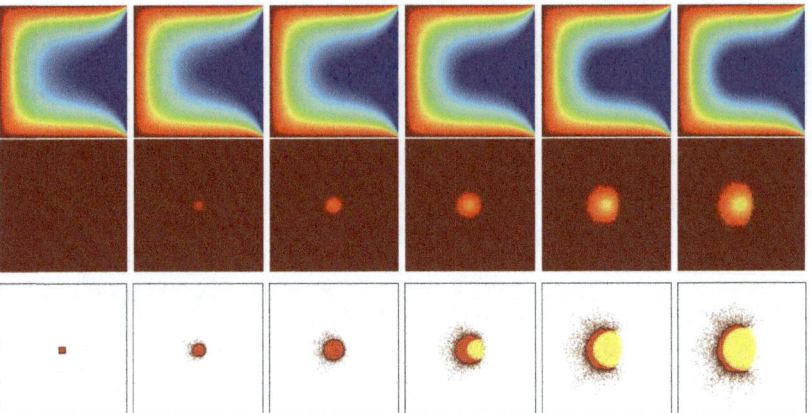

Abb. 7.6.: Simulationsergebnisse: Die Nährstoffdistribution mit Blutgefäßen am oberen, linken und unteren Rand platziert (obere Reihe), die Dichte der EZM (mittlere Reihe) und die Tumorzellverteilung (untere Reihe) an den Zeitpunkten $t = 2\,\text{h},\, 75\,\text{h},\, 150\,\text{h},\, 225\,\text{h},\, 325\,\text{h},\, 375\,\text{h}$ (v.l.n.r.). Die Färbung ist wie in der Abb. 7.4 gegeben.

der Tumorzellen. Es wird eine Abnahme der Matrixdichte in einer ähnlichen Form wie die des Tumors beobachtet, besonders deutlich ausgeprägt in den späteren Zeitpunkten (ab $t = 225\,\text{h}$). Das Verhalten der Tumorzellen ist in der unteren Reihe von Abb. 7.6 illustriert. Der Tumor wächst sehr schnell wegen des kurzen Zellzyklus. Des Weiteren migrieren aktive Tumorzellen, wie schon in der vorherigen Simulation beobachtet, individuell in Richtung der höheren Nährstoffkonzentration, d.h. in diesem Fall zur linken, oberen und unteren Seite. Nach ca. 170 h treten erste Nekrosen auf. Einzelne Tumorzellen sterben aufgrund der niedrig gewordenen Nährstoffkonzentration. Diese treten zuerst am rechten Rand der Tumormasse auf, wo die Nahrung schon aufgebraucht ist und es keine Quelle gibt, von der diese diffundieren könnten.

Des Weiteren wird die Tumordistribution unter ausschließlicher Verwendung von Dirichlet-Randbedingungen für die Nährstoffe zu unterschiedlichen Zeitpunkten untersucht. Dies setzt die Annahme von Blutgefäßen an allen Rändern des Gebietes voraus. Die Ergebnisse sind in Abb. 7.7 dargestellt. Die Simulationsresultate haben einen ähnlichen Charakter wie die Ergebnisse in Abb. 7.4 und Abb. 7.6: Die Nährstoffkonzentration (obere Reihe) ist maximal an den Rändern, wo sich die Blutgefäße befinden, und haben somit an diesen Stellen einen dimensionslosen Wert von $u = 1$. Außerdem nimmt die Konzentration der Nährstoffe in Abhängigkeit des Tumors ab, da dessen Zellen diese am meisten verbrauchen. Für die extrazelluläre Matrix wird deren Degradation in der Mitte des Gebietes durch die Tumorzellen festgestellt. Die Tumorzellen selbst sind in der unteren Reihe gezeigt und deren ausgeprägt invasives Verhalten wird, wie in der vorhe-

7.4. Ergebnisse und Diskussion

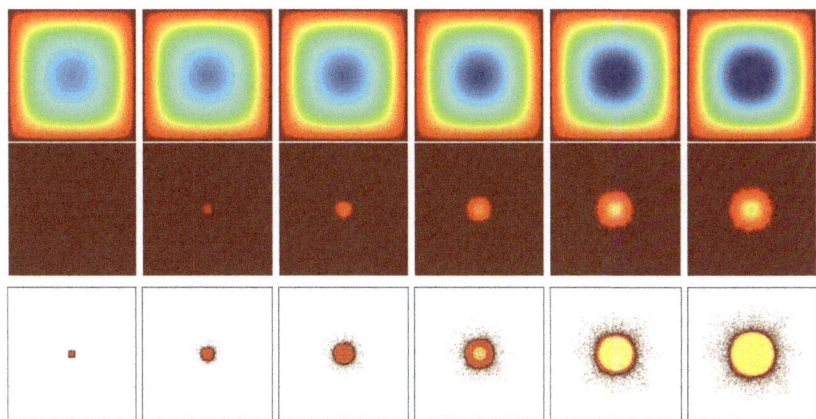

Abb. 7.7.: Simulationsergebnisse: Die Nährstoffdistribution mit Blutgefäßen an allen Rändern des Gebietes platziert (obere Reihe), die Dichte der EZM (mittlere Reihe) und die Tumorzellverteilung (untere Reihe) an den Zeitpunkten $t = 2\,\text{h},\ 75\,\text{h},\ 150\,\text{h},\ 225\,\text{h},\ 325\,\text{h},\ 375\,\text{h}$ (v.l.n.r.). Die Färbung ist wie in der Abb. 7.4 gegeben.

rigen Simulation, vor allem zu den Zeitpunkten $t = 225\,\text{h}\text{-}375\,\text{h}$ deutlich sichtbar. Das Entstehen eines nekrotischen Bereichs ist in dieser Simulation ebenfalls zum Zeitpunkt $t = 225\,\text{h}$ sichtbar. Dieser formt den Kern des Tumors, umrandet von stillen Zellen sowie eines äußeren Rings von aktiven migrierenden und proliferierenden Zellen; eine oft beobachtete Anordnung des Tumors bei einer guten Nährstoffversorgung.

Die Form des Tumors ist annähernd sphärisch mit geringen Abweichungen, die aufgrund der probabilistischen Modellierung auftreten. Die aktiven Zellen des äußeren Ringes scheinen für $t = 375\,\text{h}$ eine achteckige Figur zu formen, was mit der Nachbarschaftswahl zusammen hängen könnte (vgl. Kapitel 5). Gleichwohl ist diese Variation sehr gering. Um dies zu quantifizieren, wird der Radius r des Tumors aus Abb. 7.7 zu unterschiedlichen Zeitpunkten in der oberen Reihe der Abb. 7.8 gezeigt. Die durchgezogene Linie zeigt $r(\theta)$ für $\theta = [1°, 360°]$ mit Schrittweite $\Delta\theta = 1°$ und die gestrichelte Linie repräsentiert $\bar{r}(\theta)$, wobei der Durchschnitt über $10°$ gemittelt wurde, um die Statistik zu verbessern. Für die ersten beiden Zeitpunkte ist es kaum möglich, einen klaren Trend zu erkennen. Für $t = 375\,\text{h}$ ist eine leichte Gestaltung einer achteckigen Figur in der gemittelten, gestrichelten Linie erkennbar.

Um die in der Darstellung nicht sichtbaren, periodischen Muster des $r(\theta)$-Signals zu identifizieren, wird die Fourier-Transformation verwendet und das Amplitudenspektrum von $r(\theta)$, $\Delta\theta = 1°$ an den Zeitpunkten $t = 75\,\text{h},\ 150\,\text{h},\ 325\,\text{h}$ und $375\,\text{h}$ berechnet (Abb. 7.8, untere Reihe). Im Anfangsstadium des Tumorwachstums (in den ersten zwei Plots sichtbar) ist es nicht möglich, eine Aussage bezüglich des systematischen Auftre-

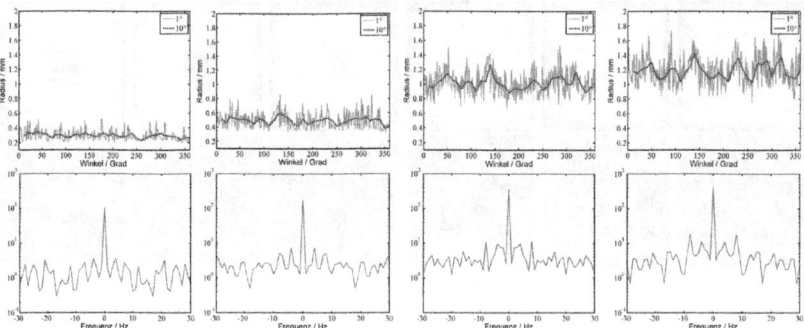

Abb. 7.8.: Obere Reihe: Der Radius $r(\theta)$ der Tumoren aus Abb. 7.7 für jeden Winkel (durchgezogene Linie) und der durchschnittliche Radius $\bar{r}(\theta)$ über 10 Grad gemittelt (gestrichelte Linie) an den Zeitpunkten $t = 75\,\text{h}$, $150\,\text{h}$, $325\,\text{h}$, $375\,\text{h}$ (v.l.n.r.). Untere Reihe: Semilogarithmische Darstellung des Amplitudenspektrums der Funktion $r(\theta)$ in der oberen Reihe.

tens einer bestimmten Frequenz, abgesehen vom Gleichanteil, zu treffen. Die Variationen des Radius kommen durch die wahrscheinlichkeitsbedingte Modellierung zustande, sodass davon ausgegangen werden kann, dass der Tumor sphärisch ist. Zu den späteren Zeitpunkten ($t = 325\,\text{h}$ und $t = 375\,\text{h}$), wird ein leichtes Nebenmaximum bei der Frequenz acht ersichtlich. D.h., dass der Tumor eine achteckige Form annimmt, die auch in der Simulation in Abb. 7.7, rechts unten, erkannt werden kann.

Insgesamt ist jedoch festzuhalten, dass die neu eingeführte Methode, die Nachbarschaft zufällig zu wählen, auch bei komplexeren Modellierungen als dem in Abschnitt 5.2 vorgestellten Beispiel anwendbar ist. Insbesondere in der Anfangsphase des Tumors sind die Ergebnisse die Form betreffend sehr gut. Trotz der leichten Tendenz, zu späteren Zeitpunkten eine achteckige Form auszubilden, sind die Ergebnisse deutlich realistischer als bei alleiniger Verwendung der *Moore*- oder der *von Neumann*-Nachbarschaft.

Für eine bessere Visualisierung des Zusammenspiels zwischen der Mikroumgebung und dem Tumor während des Wachstums werden in Abb. 7.9 die Ergebnisprofile der Tumorzellen, der Nährstoffe und der Dichte der EZM in der Mitte des Gebietes ($x_{i,j=200}$) für die Ergebnisse aus Abb. 7.7 dargestellt. Die x-Achse kennzeichnet die Gitterpunkte x_i des Gebietes Ω für $j = 200$. Der Graph verdeutlicht die Degradation der extrazellulären Matrix und die Abhängigkeit der Degradation von den Tumorzellen. Mit wachsendem Tumor nimmt auch der abgebaute Bereich der Matrix zu. Degradation macht das infiltrative Verhalten der Tumorzellen erst möglich. Am Anfang, $t = 2\,\text{h}$ (Abb. 7.9(a)) hat die EZM-Dichte einen maximalen Wert, zu späteren Zeitpunkten werden neben der Degradation ebenfalls die invasiven Tumorzellen beobachtet. Des Weiteren zeigt diese Darstellung die Wechselwirkung der Nährstoffkonzentration mit den Tumorzellen: Je niedriger

7.4. Ergebnisse und Diskussion

die Nährstoffkonzentration ist, desto größer ist der nekrotische Kern des Tumors. Diese Effekte sind bedingt durch die Wahrscheinlichkeitsfunktionen der Proliferation (7.3) und Nekrose (7.4).

Aufgrund der diskreten Beschreibung der Tumorzellen, ist es zudem möglich, den Status der Zellen (nekrotisch, still, aktiv) abzulesen. Folglich repräsentiert der konstante mittlere Bereich des Zellprofils nekrotisches Gewebe. Rechts und links davon befinden sich kleine Bereiche mit Zellen im Ruhezustand. An den Rändern zeigt der Graph starke Schwankungen, was aktive Zellen weiter weg von der Tumorhauptmasse migrierend repräsentiert, zwischen leer stehenden Gitterknoten. Nach 150 Stunden (Abb. 7.9(b)) werden die ersten Bewegungen dieser Zellen sichtbar. Es wird die typische schichtartige Struktur des Tumors, bestehend aus nekrotischen Zellen umgeben von einer dünnen Schicht stiller Zellen und äußeren proliferierenden und migrierenden Tumorzellen selbst in einer Dimension, deutlich (s. z.B. [64]). Zu späteren Zeitpunkten $t = 300\,\text{h}$ und $t = 325\,\text{h}$ wird das Wachstum des Tumors sichtbar, indem der nekrotische Bereich eine größere Fläche längs des Gebietes Ω einnimmt. Des Weiteren sind zunehmend aktive Zellen um den stillen Bereich verteilt.

Weiterhin sollen, im Gegensatz zu anderen Arbeiten (z.B. [8, 134]), die unterschiedlichen Lokalisationen des Tumors im Hirn hinsichtlich der Nährstoffkonzentration analysiert werden. In der weißen Hirnsubstanz ist der Blutfluss geringer als in der grauen Hirnsubstanz (s. auch Abschnitt 6.4). Aufgrund dieser Unterschiede wird das Tumorwachstum mit allen möglichen Variationen bezüglich Anzahl und Platzierung der Blutgefäße (vgl. Abb. 6.5) simuliert. Die resultierenden Tumorzelldistributionen für verschiedene Zeitpunkte zeigt Abb. 7.10. Die typische schichtartige Form des Tumors verändert sich in Abhängigkeit der Nährstoffversorgung. Dies ist eine logische Konsequenz der Zellattraktion zu Positionen mit einer höheren Lebenserwartung. Somit ist die Form des Tumors stark von nahegelegenen Nährstoffe liefernden Blutgefäßen abhängig.

Ferner zeigen die Simulationsergebnisse in Abb. 7.10, dass die Nekrose zu unterschiedlichen Zeitpunkten beginnt. Bei einer höheren Anzahl an Blutgefäßen beginnt die Nekrose (gelb) deutlich später im Vergleich zu einer geringen Nährstoffversorgung. Die Anzahl der Blutgefäße in der Mikroumgebung eines Tumors regelt die Nährstoffversorgung und somit auch den Startpunkt für das Auftreten von nekrotischen Zellen. Mit diesem Zeitpunkt ist wiederum die Länge des avaskulären Wachstums verbunden. Je früher Hypoxie auftritt, desto schneller werden Botenstoffe gesendet, die für eine Neuentwicklung von Kapillaren sorgen, sodass der Tumor im vaskulären Stadium genügend Nährstofflieferanten hat. Für eine anfänglich gute Versorgung der Tumorzellen mit Nahrung, d.h. drei oder vier benachbarte Blutgefäße, benötigt der Tumor eine längere Zeit bis zum Beginn der Angiogenese (Abb. 7.10, untere beide Reihen). Dies ist eine bedeutende Beobachtung, denn die Angiogenese ist ein Marker für einen aggressiven Tumor. GB wurde wegen der breiten Vielfalt seines Erscheinens Glioblastoma Multiforme genannt. Insbesondere die Nekrose und Angiogenese sind die histologischen Merkmale, die bei der Ermittlung des GB behilflich sind und ihn von niedriggradigen Astrozytomen unterscheiden [5]. Dies ist der Grund warum die Verbesserung des Verständnisses von diesen Faktoren große diagnostische Bedeutung besitzt.

Um den Charakter des Tumorwachstums für unterschiedliche Nährstoffkonzentratio-

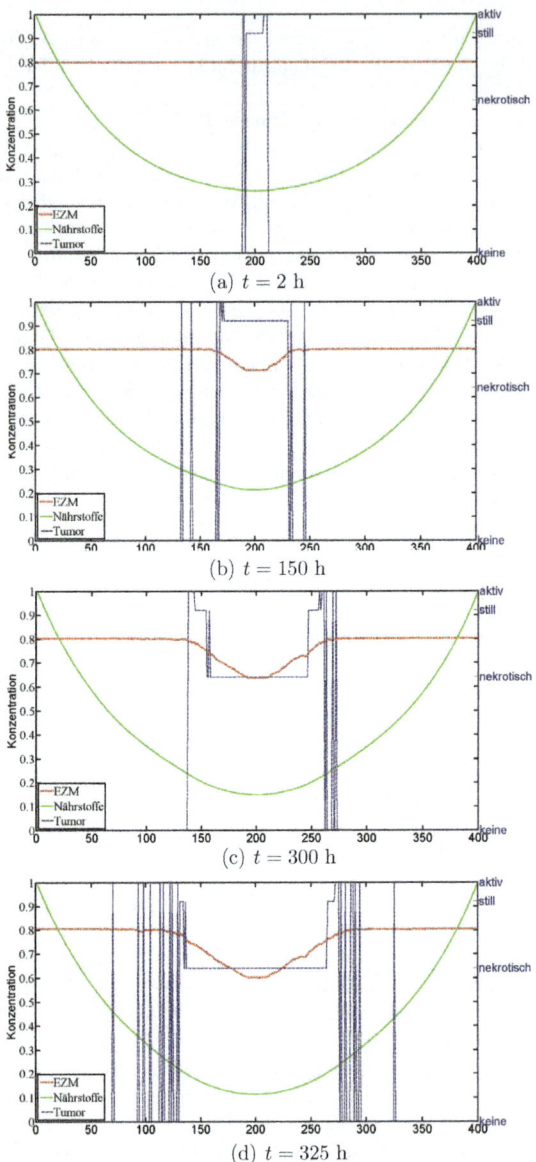

Abb. 7.9.: Ergebnisprofile der Tumorzellen, Nährstoffe und EZM in der Mitte des Gebietes ($x_{i,j=200}$) der Modellierungsergebnisse aus Abb. 7.7.

7.4. Ergebnisse und Diskussion

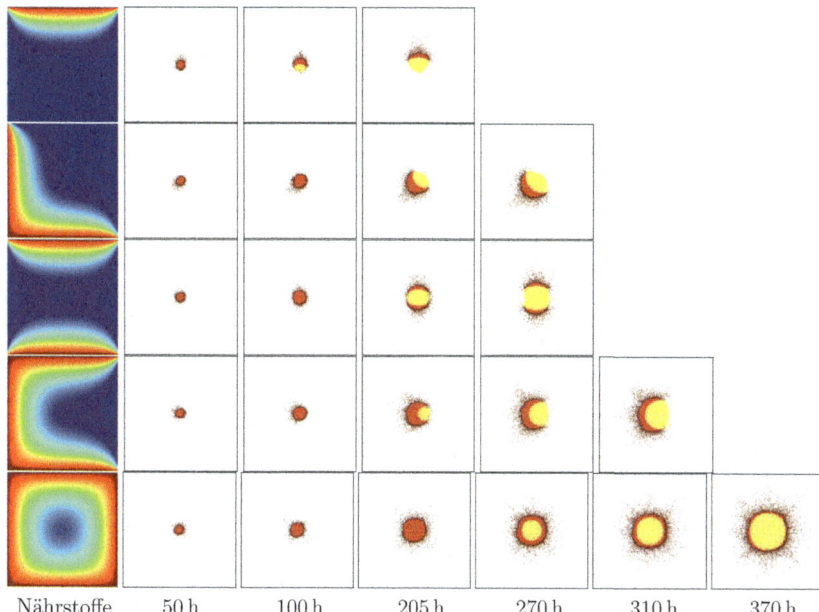

Nährstoffe 50 h 100 h 205 h 270 h 310 h 370 h

Abb. 7.10.: Simulationsergebnisse für die Tumorzellen unter Variation von Anzahl und Position der Blutgefäße. Die linke Spalte zeigt die Nährstoffverteilung zum Zeitpunkt $t = 205\,\text{h}$. Die Färbung ist wie mit der in Abb. 7.4 identisch.

nen zu analysieren, wurde die Anzahl der Zellen in den unterschiedlichen Status: Tod, aktiv und Ruhezustand (P_0-Phase) sowie die jeweilige Gesamtsumme aller Tumorzellen über die Zeit analysiert. Aufgrund der wahrscheinlichkeitsbedingten Charakteristik des Modells werden die Durchschnittswerte über 100 Simulationen mit verschiedenen Zufallszahlen mit dem zugehörigen Standardfehler aufgetragen. Die Abb. 7.11 illustriert diese Verteilungen für Nährstoffe, die aus allen Rändern diffundieren. Die Auswirkung der Nekrose kann in fast allen Graphen beobachtet werden. In der Mitte des Tumors ist die Nährstoffkonzentration am geringsten, denn die Zellen in den umliegenden Schichten verbrauchen diese sehr stark. In dieser hypoxischen Region sind die meisten Zellen zunächst in einem Ruhezustand, deren Reduktion ab dem Zeitpunkt $t = 225\,\text{h}$ sichtbar wird. Zum selben Zeitpunkt beginnt die Nekrose. Die Gesamtzahl der lebenden Tumorzellen nimmt ab diesem Zeitpunkt ebenfalls ab. Nur die aktiven Gliomzellen werden nicht vom nekrotischen Gewebe beeinflusst, sie migrieren und proliferieren weiter weg in den äußeren Tumorring.

Zuletzt werden die Durchschnittszahlen der Zellen bei variierendem Nährstoffversorgungssystem berechnet (Abb. 7.12). In Abb. 7.12(a) wird das unterschiedlich ausgeprägte

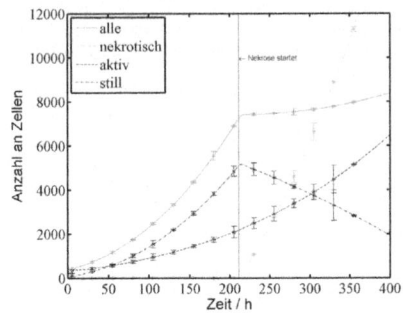

Abb. 7.11.: Durchschnittszahl der Zellen in verschiedenen Zuständen gemittelt über 100 Simulationen mit zugehörigem Standardfehler. Es wurden Blutgefäße an allen Rändern angenommen.

exponentielle Wachstum der aktiven Tumorzellen bei unterschiedlich vielen Blutgefäßen deutlich. Die Distribution aller Gliomzellen und aller stillen Zellen (Abb. 7.12(b) bzw. (d)) ist drastisch von der Nährstoffkonzentration abhängig. Diese Beobachtung wurde auch schon in Abb. 7.11 gemacht. In Abhängigkeit von der Nährstoffversorgung sterben die Zellen zu unterschiedlichen Zeitpunkten (Abb. 7.12(c)). Ab diesen Zeitpunkten steigt die Anzahl an nekrotischen Zellen mit unterschiedlicher Steigung linear an. Mit Beginn der Nekrose nimmt die Anzahl der stillen und der insgesamt lebenden Zellen ab. Abb. 7.12(d) zeigt den Verlauf der Zellen, die sich in einem Ruhezustand befinden. Nach dem Beginn der Nekrose, wird ein unterschiedlicher Verlauf für den Abstieg festgestellt. Dieser hängt mit der Platzierung der Blutgefäße zusammen und mit der Nekrose. Die direkte Wechselwirkung zwischen Ruhezustand und Tod wird aus der Steigung bzw. dem Abfall der Graphen deutlich. Für den kompletten Tumor (Abb. 7.12(b)) ist das Wachstum über die Zeit, ähnlich einer Gompertz-Kurve, was charakteristisch für bösartige Tumoren ist [1, 44, 176].

Wegen des großen Einflusses des Startpunktes der Nekrose auf das komplette Tumorwachstum sind diese Zeitpunkte und die dazugehörige Nährstoffkonzentration in Tab. 7.2 aufgelistet. Hier wird eine lineare Abhängigkeit zwischen der Anzahl der Blutgefäße und dem Beginn der Nekrose sowie von der Nährstoffkonzentration deutlich. Insgesamt kann aus den verschiedenen Experimenten und Ergebnissen entnommen werden, wie wichtig die Umgebungsfaktoren sind, insbesondere die Nährstoffversorgung und wie unterschiedlich sie sich auf das Tumorwachstum auswirken. Diese Erkenntnis ist wichtig in Bezug auf die spätere Therapieplanung und sollte bei der Entwicklung neuer Therapiemaßnahmen berücksichtigt werden. Des Weiteren wurden die Auswirkungen der Nährstoffkonzentrationen bisher noch nicht anhand von Computersimulationen gezeigt, was eine wichtige Ergänzung zu In-vitro-Experimenten darstellt.

7.4. Ergebnisse und Diskussion

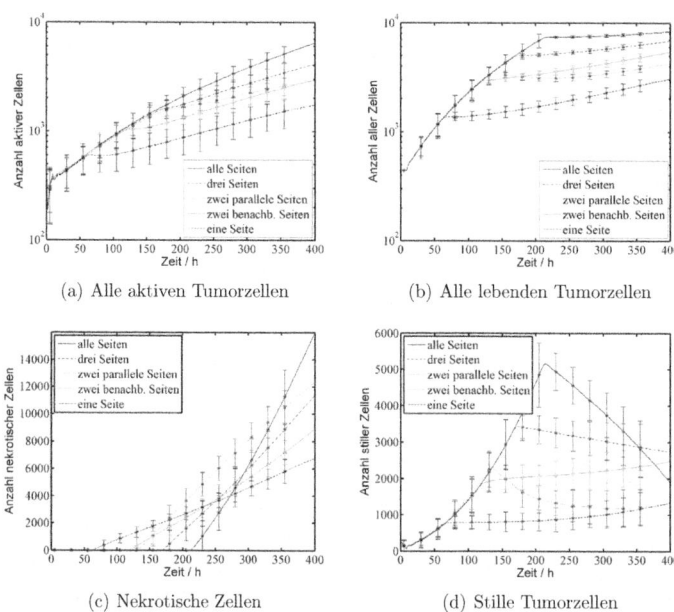

(a) Alle aktiven Tumorzellen
(b) Alle lebenden Tumorzellen
(c) Nekrotische Zellen
(d) Stille Tumorzellen

Abb. 7.12.: Durchschnittszahl der Zellen in den unterschiedlichen Zuständen gemittelt über 100 Simulationen mit zugehörigem Standardfehler für alle initialen Bedingungen der Nährstoffe (vgl. Abb. 6.5).

Tab. 7.2.: Zeitpunkt des ersten Auftretens von Nekrose in Abhängigkeit von der Anzahl der Blutgefäße und der dazugehörigen Nährstoffkonzentration.

Zeit / h	Anzahl an Blutgefäße	Nährstoffe / %
219	vier	18,98
174,5	drei	12,79
136,5	zwei (gegenüber liegende Seiten)	8,85
123,5	zwei (benachbarte Seiten)	7,19
62	eine	3,31

7.4.2. Direkte Modellierung der MDE

In diesem Abschnitt werden die Resultate der vorgestellten Methode mit der direkten MDE-Modellierung verglichen. Zu diesem Zweck wurden Computersimulationen unter Verwendung des Gleichungssystems (7.2) und des Gleichungssystems (7.5) durchgeführt.

Um einen möglichst fairen Vergleich der beiden Modellierungsmethoden zu erhalten, wird neben der konstanten eine heterogene EZM verwendet. Anderson [11] verwendet drei unterschiedliche initiale Dichten für die EZM: Eine homogene Verteilung $f(\mathbf{x}, 0) = 1$, eine zufällige Verteilung mit Werten zwischen $0 - 1$ sowie eine ebenfalls heterogene Verteilung generiert mit Sinus- und Kosinus-Funktionen. Anderson beschreibt die Ergebnisse der zufälligen EZM-Verteilung als die beste Wahl. Deshalb wird für die Auswertung der Modellierung mit und ohne explitzite MDE-Modellierung zusätzlich zu der homogenen EZM ($f(\mathbf{x}, 0) = 0, 8$) eine heterogene EZM mit Zufallszahlen zwischen 0 und $0, 8$ verwendet. Aufgrund der Verwendung von $0, 8$ bei der homogenen EZM, wird für die heterogene Verteilung ebenfalls dieses Wert als Maximum benutzt. Diese Initialisierung ist sehr einfach, bildet die weiße Hirnmasse jedoch nicht realistisch nach. Diese Nachbildung soll jedoch in diesem Abschnitt nicht erforscht werden, sondern die Auswirkung der MDE für beide Methoden unter Verwendung einer heterogenen Umgebung. Dafür ist eine vereinfachte Form der EZM am besten geeignet, um eine Verfälschung der Ergebnisse aufgrund äußerer Faktoren zu vermeiden.

Als Erstes wird eine homogene EZM verwendet und ein Blutgefäß am rechten Rand des Gebietes Ω angenommen. Die Ergebnisse für die Tumordistribution, die Nährstoffverteilung und die Anordnung der EZM beider Simulationsumgebungen zum Zeitpunkt $t = 375\,\text{h}$ sind in Abb. 7.13 dargestellt. Zusätzlich ist die Konzentration der MDE für die Modellierung mit dem Gleichungssystem (7.5) gegeben. Der Vergleich der zwei Simulationsergebnisse zeigt deutliche Unterschiede für die Dichte der EZM (Abb. 7.13(c) und (f)). Diese sind auf die unterschiedlichen Degradierungsannahmen zurückzuführen. Die EZM, berechnet auf Basis von Gleichungssystem (7.5), wird durch die vom Tumor ausgesendeten und diffundierenden Enzyme (Abb. 7.13(g)) abgebaut. Dagegen erfolgt die Degradation der Matrix durch die Tumorzellen (Abb. 7.13(a)) unter Verwendung der Methode (7.2). Die diffundierenden MDE lassen sich auch außerhalb des Tumors feststellen und können somit mehr Bestandteile der extrazellulären Matrix abbauen als einzelne Tumorzellen. Folglich ergibt sich eine breitere Fläche für die degradierte EZM in Abb. 7.13(f) gegenüber Abb. 7.13(c).

Die Nährstoffkonzentration ist für beide Simulationen sehr ähnlich (Abb. 7.13(b) und 7.13(e)). Dies ist auch zu erwarten, denn die Methode für die Berechnung der Nährstoffe ist in beiden verwendeten Systemen gleich. Die Nährstoffkonzentration in der Mitte des Gebietes ist für die Modellierung mit MDE (Abb. 7.13(e)) etwas geringer, da mehr Zellen in der Mitte des Gebietes angesammelt sind. Die Verteilungen der Tumorzellen (Abb. 7.13(a) und 7.13(d)) unterscheiden sich stark, insbesondere die Invasion betreffend. Die Bewegung der Tumorzellen ist stark von der Dichte der EZM abhängig. Für die groß abgebaute Fläche der EZM in der MDE-basierten Modellierung, die um den Tumor fast konstant ist, ergibt sich ein geringerer Gradient. Deswegen ist die Migration der Zellen in der direkten Umgebung des Tumors nur wenig ausgeprägt. Die invasive Eigenschaft der hochmalignen Zellen ist nicht wie zu erwarten wiedergegeben. Die Form des Tumors sowie dessen Struktur ist in beiden Simulationen ähnlich und zeigt, dass der Einfluss der Nährstoffkonzentration, die unabhängig von der EZM oder der MDE berechnet wird, gleich ist.

Als nächstes werden Dirichlet-Randbedingungen für die Nährstoffe gewählt, d.h. an

7.4. Ergebnisse und Diskussion

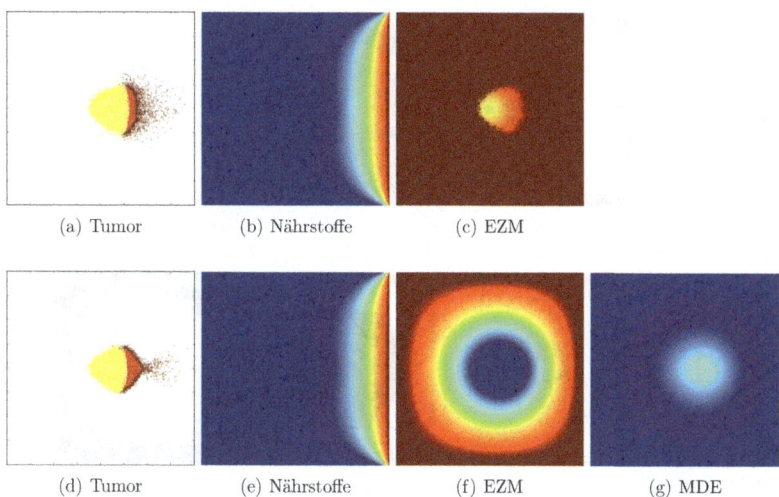

(a) Tumor (b) Nährstoffe (c) EZM

(d) Tumor (e) Nährstoffe (f) EZM (g) MDE

Abb. 7.13.: Simulationsergebnisse (a)-(c) unter Verwendung des Gleichungssystems (7.2) und (d)-(g) unter Verwendung des Gleichungssystems (7.5) an den Zeitpunkt $t = 375$ h. Die Anfangsbedingung für die Nährstoffe ist durch ein Blutgefäß am rechten Rand des Gebietes gegeben. Die Färbung für Tumor, Nährstoffe und EZM ist wie in der Abb. 7.4 gegeben. Die MDE-Farbskala ist in Abb. 7.14(a) dargestellt.

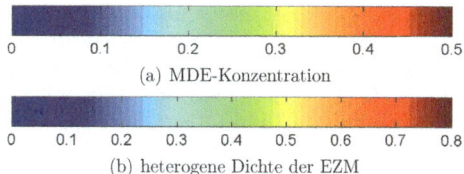

(a) MDE-Konzentration

(b) heterogene Dichte der EZM

Abb. 7.14.: Farbskalen für die Matrix-degradierenden Enzyme und für die heterogene EZM.

allen Rändern des Gebietes sind Blutgefäße platziert, um eine sehr gute Nährstoffversorgung nachzubilden. Die Ergebnisse sind für die Tumorzellen, Nährstoffe, homogene EZM und MDE in Abb. 7.15 zu sehen. Ähnlich zu den Ergebnissen mit nur einem Blutgefäß werden Unterschiede bei der EZM-Dichte (7.15(c) und (f)) und der Invasivität des Tumors (7.15(a) und (d)) sichtbar. Unter Verwendung der expliziten MDE-Modellierung

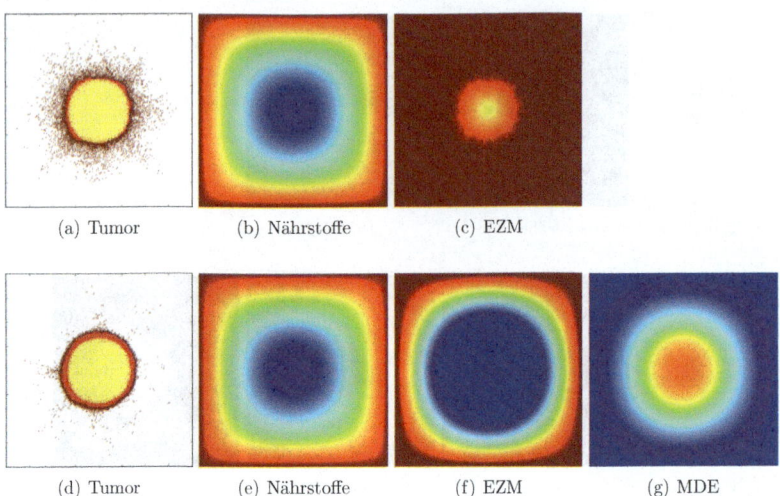

(a) Tumor (b) Nährstoffe (c) EZM

(d) Tumor (e) Nährstoffe (f) EZM (g) MDE

Abb. 7.15.: Simulationsergebnisse (a)-(c) unter Verwendung des Gleichungssystems (7.2) und (d)-(g) unter Verwendung des Gleichungssystems (7.5) zum Zeitpunkt $t = 375$ h. Die Anfangsbedingung für die Nährstoffe ist durch Blutgefäße an allen Ränder des Gebietes festgelegt. Die Färbung ist identisch mit Abb. 7.13 gegeben.

ist das invasive Verhalten der Zellen fast nicht vorhanden. Dagegen ist in Abb. 7.15(a) dieses charakteristische Verhalten der Gliomzellen deutlich sichtbar und vergleichbar mit In-vivo- und In-vitro-Ergebnissen [91, 93]. Die Nährstoffkonzentration (Abb. 7.15(e)) in der Mitte des Gebietes ist bei der Modellierung unter Verwendung des Gleichungssystems (7.5) etwas geringer als in Abb. 7.15(b). Der Grund ist die niedrigere Dichte der Zellen in der Mitte des Gebietes aufgrund der invasiven Zellen (Abb. 7.15(a)), wie bereits oben beschrieben. Die Methode ohne direkte Einbindung der MDE (Gleichungssystems (7.2)) scheint das Verhalten der Tumorzellen besser wiederzugeben.

Die zuletzt beschriebenen Modelle, gezeigt in Abb. 7.15, wurden 100 Mal mit verschiedenen Zufallszahlen simuliert. Die Durchschnittszahl der Zellen in unterschiedlichem Status mit zugehörigem Standardfehler ist für beide Modelle in Abb. 7.16 dargestellt. In den Graphen in 7.16(a) kann beobachtet werden, dass die Nekrose für die Modellierung ohne MDE etwas später anfängt. Die Erklärung für diesen Verzug wird in der Abb. 7.16(d) deutlich. Hier werden alle lebenden Tumorzellen gezeigt, wobei im Fall der Integration der MDE ein schnelleres Wachstum sichtbar ist. Dadurch werden die Nährstoffe schneller verbraucht, und erste Zellen sterben infolge von Nekrose zu einem früheren Zeitpunkt als bei Modellierung ohne MDE. Das schnellere Wachstum des Tumors unter dem Einfluss

7.4. Ergebnisse und Diskussion

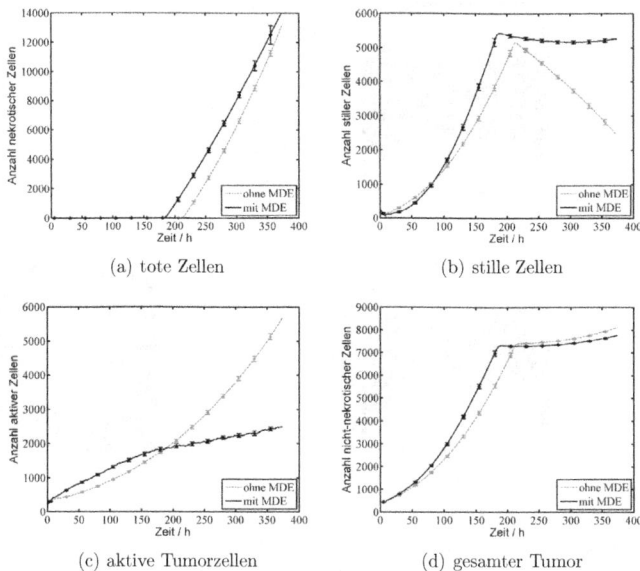

Abb. 7.16.: Durchschnittliche Anzahl der Tumorzellen in verschiedenem Status bei homogener EZM. Mittelung über 100 Simulationen mit entsprechendem Standardfehler.

der MDE hängt jedoch mit der höheren Degradation der EZM zusammen: Die Zellen benötigen weniger Zeit für den Abbau und haben einen breiteren attraktiven Bereich, den sie für die Migration und Proliferation nutzen können. Allerdings migrieren sie nicht weit, wie der nur langsam ansteigende Graph in Abb. 7.16(c) im Vergleich zur gestrichelten Linie, die die aktiven Tumorzellen für die Modellierung ohne MDE repräsentiert, zeigt. Des Weiteren kann in Abb. 7.16(b) gesehen werden, dass sich ab dem Zeitpunkt des Nekrosebeginns die in der Ruhephase befindlichen Tumorzellen stark unterscheiden. Bei der vereinfachten Simulation ohne MDE wird ein steiler Abfall der Kurve sichtbar, was darauf hindeutet, dass nur eine dünne Schicht stiller Zellen vorhanden ist. Dagegen wird bei der komplexeren Modellierung nur eine unwesentliche Abnahme dieser Zellen sichtbar. Die Zellen sind dichter zusammen, migrieren nicht sehr weit und bilden somit eine Barriere für die stillen Zellen. Dadurch steigt auch der Graph in 7.16(c) nicht so stark an. Trotz der teilweise großen Unterschiede aufgrund anderer Annahmen für die Degradation der EZM, bildet die realistischere Wiedergabe des infiltrierenden Tumors bei der Modellierung ohne MDE einen großen Vorteil.

Als Nächstes werden Simulationen durchgeführt unter der Annahme einer heterogenen extrazellulären Matrix. Die Ergebnisse für zwei Blutgefäße an der oberen und an

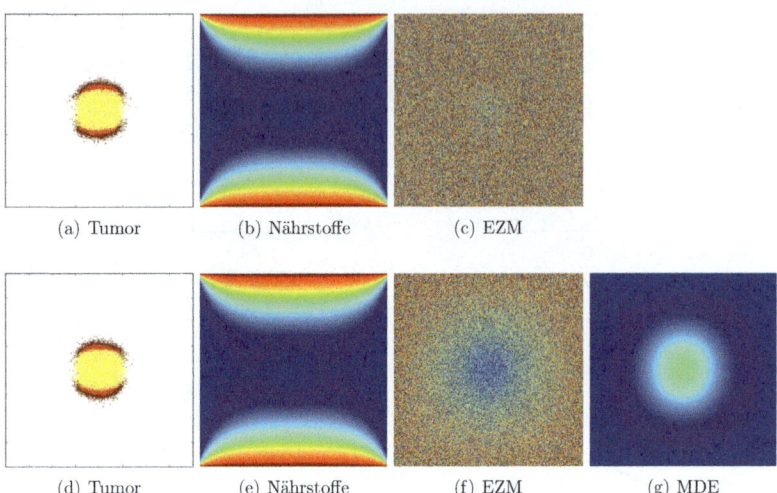

(a) Tumor (b) Nährstoffe (c) EZM

(d) Tumor (e) Nährstoffe (f) EZM (g) MDE

Abb. 7.17.: Simulationsergebnisse (a)-(c) unter Verwendung des Gleichungssystems (7.2) und (d)-(g) unter Verwendung des Gleichungssystems (7.5) zum Zeitpunkt $t = 250$ h. Die Anfangsbedingung für die Nährstoffe ist durch Blutgefäße am oberen und unteren Rand des Gebietes gegeben. Für die Tumorzellen repräsentiert gelb nekrotisches Gewebe, hellrote Zellen sind still und dunkelrot entspricht aktiven Zellen, d.h. proliferierenden und migrierenden Tumorzellen. Die Kolorierung der Nährstoffkonzentration und der EZM-Dichte sind aus Abb. 7.5 zu entnehmen. Die Farbskala für die MDE bzw. für die heterogene EZM sind in Abb. 7.14 gegeben.

der unteren Seite des Gebietes sind in Abb. 7.17 gezeigt. Es wird beobachtet, dass die Zellen beider Simulationsmethoden nicht sehr diffus sind. Dieses Verhalten liegt an der EZM, die an jedem Gitterpunkt eine andere Dichte aufweist, die Zellen können deshalb keinem Gradienten über mehrere Knotenpunkte folgen. Für die Nährstoffkonzentration und für die Dichte der EZM sind die gleichen Beobachtungen zu sehen wie schon in den vorherigen Simulationen mit anderen Anfangsbedingungen. Ein letztes Experiment wird durchgeführt, dessen Ergebnisse mit einer guten Nährstoffversorgung simuliert sind, d.h. mit vier Blutgefäßen an den Rändern. Diese Ergebnisse sind in Abb. 7.18 dargestellt. Wieder sind nur wenige Zellen von der Tumormasse losgelöst.

Wie für die homogene Umgebung wurde eine weitere Modellierung mit vier Blutgefäßen 100 Mal simuliert. Die Ergebnisse sind in Abb. 7.19 dargestellt. Die Anzahl der nekrotischen Zellen mit zugehörigem Standardfehler ist in Abb. 7.19(a) gezeigt und für beide Simulationsmethoden fast identisch. Ein ähnliches Verhalten wird für den ande-

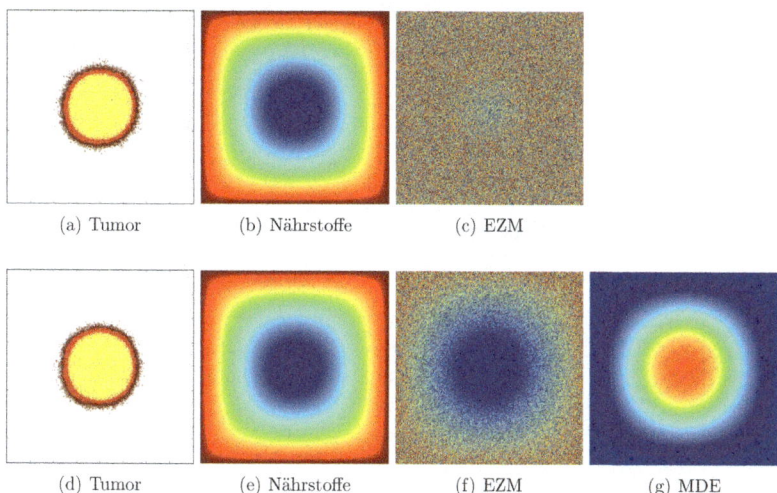

Abb. 7.18.: Simulationsergebnisse (a)-(c) unter Verwendung des Gleichungssystems (7.2) und (d)-(g) unter Verwendung des Gleichungssystems (7.5) zum Zeitpunkt $t = 375\,\text{h}$. Die Anfangsbedingung für die Nährstoffe ist durch Blutgefäße an allen Ränder des Gebietes gegeben. Die Färbung ist wie in Abb. 7.17 gegeben.

ren Zellstatus beobachtet. Erst nach ungefähr 110 h sind kleine Unterschiede sichtbar, die aber innerhalb des Standardfehlers liegen, sodass angenommen werden kann, dass für eine heterogene extrazelluläre Matrix beide Methoden dieselben Ergebnisse liefern. Dies zeigt das hohe Potenzial der vereinfachten Methode ohne explizite Modellierung der MDE. Ein weiterer Vorteil der Methode zeigt sich in der Laufzeit der Simulationen (Tab. 7.3). Das neu eingeführte, vereinfachte Modell (Gleichungssystem (7.2)) benötigt für eine heterogene EZM etwa 2,5 mal weniger Zeit im Vergleich zur mit Gleichungssystem (7.5) berechneten Methode. Diese Reduktion steigt sogar bis zu einen Faktor von 6,3 für den Fall einer homogenen EZM und der Platzierung eines einzelnen Blutgefäßes.

7.5. Schlussfolgerungen

In diesem Kapitel wurde ein hybrides avaskuläres Tumorwachstumsmodell vorgestellt, das die Hauptzellmechanismen Invasion, Proliferation, Nekrose und Ruhezustand beinhaltet. Darüber hinaus wird die Mikroumgebung ebenfalls modelliert, um den starken Einfluss auf die Tumorzellentwicklung über die Zeit zu erfassen. Neben den vielen Migrationseffekten, die die Nährstoffe ausüben (vgl. Kapitel 6), haben sie einen starken

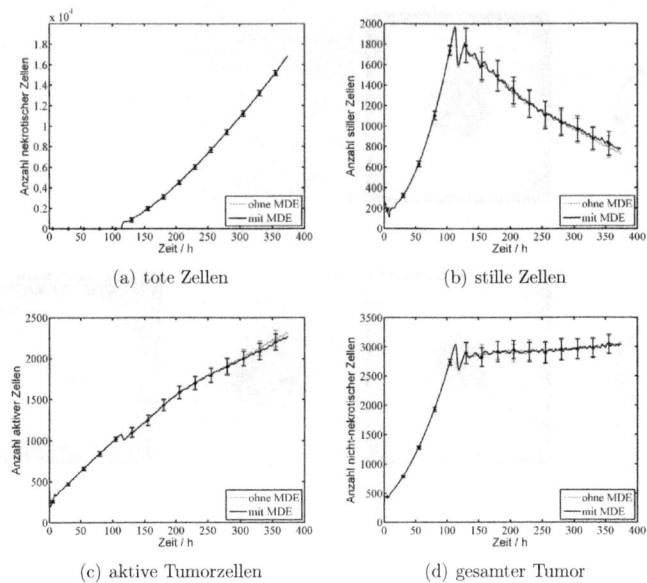

(a) tote Zellen (b) stille Zellen
(c) aktive Tumorzellen (d) gesamter Tumor

Abb. 7.19.: Durchschnittliche Anzahl (Mittelung über 100 Simulationen) der Tumorzellen mit entsprechendem Standardfehler simuliert mit einer heterogenen EZM.

Tab. 7.3.: Simulationszeit in Minuten für beide Modelle für unterschiedliche Konfigurationen.

EZM	Blutgefäße	Zeit / min für Modell mit MDE (7.5)	Zeit / min für Modell ohne MDE (7.2)
homogen	vier	92	28
	zwei	133	31
	ein	151	24
heterogen	vier	85	32
	zwei	125	48
	ein	138	61

Einfluss auf das Wachstum der Tumoren. Es wurde gezeigt, dass die Nährstoffversorgung eine wichtige Rolle nicht nur für Tumorgröße, sondern auch für die Entwicklung eines nekrotischen Bereichs sowie für die Länge des avaskulären Wachstums spielt. Diese Beobachtungen wurden durch Simulationen mit variierender initialer Nährstoffversorgung erfasst.

7.5. Schlussfolgerungen

Neben der vorteilhaften variablen Platzierung der Blutgefäße an den Rändern des Gebietes kommen die Ergebnisse durch Variation der Diffusionskonstanten in Abhängigkeit von der Nährstoffkonzentration den In-vivo-Ergebnissen sehr nah. Zudem sind die In-silico-Resultate auch In-vitro-Versuchen ähnlich, z.B. den experimentellen Resultaten von Godlewski et al. [94]. Durch Versuche mit GB-Zelllinien haben Godlewski et al. beobachtet, dass miR-451 in Patienten nachweisbar ist. Unter normalen Glukosekonditionen sind höhere Level von miR-451 nachweisbar, die die Zellproliferation fördern. Umgekehrt ist bei geringerer Glukosekonzentration die Zellproliferation reduziert und die Aktivierung von Migrationsverläufen steigt. Weil Glukose einer der Hauptnährstoffe für Tumoren ist, unterstützen die hier vorgestellten Ergebnisse mit der Variation der Zellzyklusdauer und der stärkeren Zelldiffusion bei Hypoxie die Beobachtungen von Godlewski et al. [94]. Zusätzlich unterstützen die Simulationen ebenfalls die Go-or-Growth (engl. für Geh-oder-Wachse) Hypothese [13, 36, 91, 99, 158, 191], die von einem Wechsel des Phänotyps einer Gliomzelle zwischen migrierend und teilend ausgeht.

Die Degradation der EZM ist in der Region, wo sich der Tumor befindet, in allen Simulationen deutlich sichtbar. Dies zeigt die direkte Interaktion der Tumorzellen mit der EZM. Die neue Methode mit impliziter MDE-Modellierung liefert sehr plausible Resultate unter Verwendung einer konstanten Matrix, da hier das invasive Verhalten der Tumorzellen stark ausgeprägt ist, in Einklang mit In-vivo- und In-vitro-Beobachtungen [91,93]. Die gesamten Distributionen der Zellen sowie der kontinuierlichen Verteilung der Umgebungsfaktoren über die Zeit sehen plausibel aus. Ähnliche Ergebnisse zeigen Gerisch and Chaplain [89] für die Tumorzelldichte, EZM-Dichte sowie MDE-Konzentration. In deren Arbeit sind jedoch Chemikalien wie Sauerstoff oder Glukose vernachlässigt.

Zudem wird in den hier vorgestellten Modellen ein vereinfachter Ansatz benutzt, ohne die explizite Modellierung der Matrix-degradierenden Enzyme zu berücksichtigen. Dadurch wurde nicht nur ein neuer gitterbasierter Ansatz, der eine enorme Vereinfachung vorheriger Modelle darstellt, entwickelt, sondern auch eine rechnerisch effiziente Methode, die das invasive Verhalten maligner Tumorzellen unter einer homogenen Umgebung besser erfasst.

Im Gegensatz zu Arbeiten, die ausschließlich auf einer diskreten bzw. ausschließlich auf einer kontinuierlichen Beschreibung der Tumorzellen basieren, können hier beide Beschreibungen leicht berechnet werden. Die kontinuierliche Dichte der Zellen kann somit die Einbindung in die makroskopischen Ebenen erleichtern. Die stochastischen Komponenten, die bei kontinuierlichen Methoden oft fehlen, werden unter anderem durch die Diskretisierung der Tumordichte erhalten. Auf diese Weise ergeben sich realistischere Simulationen.

Ein weiterer Unterschied zu anderen Arbeitsgruppen stellt die Initialisierung der EZM dar. In [8,89] werden einfache Methoden gewählt, um eine heterogene Dichte der Matrix zu simulieren. In dieser Arbeit wurden die Modelle mit einer zufälligen EZM und einer gleichmäßigen Verteilung ($f(\mathbf{x}, 0) = 0, 8$) simuliert, um eine homogene und heterogene Umgebung nachzubilden. Der Vergleich zwischen beiden Initialisierungen führte zu einer besseren Darstellung des invasiven Charakters des Tumors mit dem konstanten Wert für die EZM. Die zufällige Wahl der EZM für die heterogene Verteilung ist nicht spezifisch genug, um eine realistische Verteilung des Tumors zu repräsentieren. In Abschnitt 6.10 wurde eine Möglichkeit für die Modellierung der heterogenen extrazellulären Matrix beschrieben.

Insgesamt beweist die Arbeit, dass Computersimulationen ein starkes Werkzeug für das Verständnis der fundamentalen Erscheinungen des Tumorwachstums sind. Als Erweiterung der vorgestellten Modellierung des avaskulären Tumorwachstums ist die Einbindung physikalischer Kräfte möglich [68, 70]. Beachtlich sind aber auch zelleigene Eigenschaften, wie z.B. die Geometrie. Rejniak [169] zeigt in ihrer Arbeit ein mathematisches Modell basierend auf der Navier-Stokes-Gleichung. Die Methoden beinhalten Interaktionen zwischen elastischen Tumorzellen und einer dickflüssigen, inkompressiblen Flüssigkeit, die das Zytoplasma innerhalb einer Zelle repräsentiert. Zudem wird die extrazelluläre Matrix außerhalb des Tumorgewebes betrachtet.

Ein weiterer Schritt ist die Modellierung von Therapiemaßnahmen (s. Abschnitt 9.1), um dem Ziel, den Tumor zu zerstören, näher zu kommen. Bei vielen Therapien ist jedoch die Schonung des gesunden umliegenden Gewebes ein großes Problem. Die Betrachtung gesunder Zellen ist daher unumgänglich. Insbesondere Immunzellen, die mit Tumorzellen interagieren und einen großen Einfluss auf das Tumorwachstum haben, sollte besondere Beachtung geschenkt werden (vgl. Kapitel 8).

Interaktionen mit der Mikrogliazelle

8.1. Einleitung

In diesem Kapitel wird das Zusammenspiel von Tumorzellen und Mikrogliazellen/Makrophagen beschrieben und simuliert. Solche mathematischen Modelle für die Beschreibung von Interaktionen zwischen Tumor- und Immunzellen wurden schon vermehrt berichtet und diskutiert (z.B. [63, 74, 134] und Referenzen darin). In diesen Untersuchungen wurden die natürlichen Killerzellen des angeborenen Immunsystems und die zytotoxischen T-Lymphozyten des adaptiven Immunsystems betrachtet. Allerdings sind diese Arten von Zellen nur sporadisch im Gehirn vorhanden [61]. Stattdessen muss, um Tumoren des zentralen Nervensystems realitätsnah zu modellieren, zusätzlich zur Tumorprogression die Interaktionen mit den Mikrogliazellen und Makrophagen (MG/MP) simuliert werden [16].

Im Zentralnervensystem wirken die Mikrogliazellen voll kompetent immunologisch (vgl. Abschnitt 2.3). MG nehmen jede Veränderung des Gehirns wahr, auch die Entwicklung eines Tumors. Die Antwort auf solch eine Veränderung ist zunächst durch morphologische Veränderungen vom ruhenden zum amöboiden Zustand der MG charakterisiert. Die Aktivierung erfolgt durch Tumorsignale, die vom Tumor ausgesandt werden und einen chemotaktischen Effekt auf die MG ausüben. Die Mikrogliazelle kann zwei Phänotypen aufweisen: Die M1-MG können Tumorzellen töten und die T-Lymphozyten aktivieren. Dagegen ist die M2-MG antiinflammatorisch und ist vermehrt in der Tumormasse zu finden [30, 88].

Die Auswirkungen der Immunzellen sind immens. Die Mikrogliazellen/Makrophagen exprimieren Faktoren, die die Matrixmetalloproteinasen (vgl. Abschnitt 2.2.3.1) aktivieren. Dadurch wird die extrazelluläre Matrix schneller abgebaut und Tumorzellen sind somit invasiver [95, 152, 220]. Die M2-MG sind zudem inkompetent, eine Stimulation der

T-Zellen oder des adaptiven Immunsystems, zu induzieren [111,166]. Ein schematischer Verlauf der Mikrogliazellaktivierung sowie deren Wirkung ist in der Abb. 8.1 dargestellt. Mathematische Simulationen, die diese Auswirkungen sowie das Zusammenspiel von Tumor und Immunsystem aufgreifen, sind von großer Bedeutung. Sie können ein besseres Verständnis einbringen und einen Mehrwert für die Therapieentwicklung (z.B. Immuntherapie) geben. In diesem Kapitel wird ein neuer mathematischer Ansatz entwickelt, der eine bessere Beschreibung des Tumorwachstums liefert bei Berücksichtigung der Interaktionen zwischen Tumorzellen und infiltrierenden Mikrogliazellen/Makrophagen mit Phänotyp M2. Auf Grund dessen liegt der Fokus auf der Invasion und der Proliferation der Gliomzellen in Anwesenheit der MG. Experimentelle Daten basierend auf In-vitro-Untersuchungen von Sphäroidkultivierungen des SMA-560 muriner (von der Maus stammend) Gliomzelllinie wurden in das mathematische Modell eingebracht. Darüber hinaus wurden bezüglich der Immunantwort auf Sphäroide der murinen Gliomzelllinie GL261 2011 publizierte Daten aus der Literatur eingebunden [220].

Der wesentliche Beitrag dieses Kapitels liegt in der erstmaligen Entwicklung eines Modells, das die Immunantwort auf Tumorwachstum im Hirn unter Berücksichtigung der Mikroumgebung beschreibt. Für das mikroskopische Tumorwachstum wird gemäß Kapitel 7 ein hybrides Modell verwendet, das die kontinuierliche Nährstoffkonzentration, Dichte der EZM sowie die diskrete Verteilung der Tumorzellen berücksichtigt. Zusätzlich müssen auch die Signale, die von den Gliomzellen ausgesendet werden (TS, kurz für Tumorsignale), auf Basis einer PDE modelliert, und die individuellen Zellen des Immunsystems abgebildet werden.

Im ersten Abschnitt wird das neue Modell formal eingeführt. Ein qualitativer Vergleich zwischen den Simulationsergebnissen und den experimentellen Daten wird im ersten Teil des Abschnitts 8.3 gegeben. Anschließend werden die In-vitro- und In-silico-Experimente jeweils bezüglich der Auswirkungen auf die Invasion und die Proliferation der Tumorzellen in Abschnitt 8.3.2 bzw. 8.3.3 dargestellt. Die Analyse der Ergebnisse erfolgt in Abschnitt 8.4. Abschließend werden in Abschnitt 8.5 Schlussfolgerungen gezogen und ein Ausblick gegeben.

8.2. Methoden

Der in dieser Arbeit verwendete mathematische Ansatz für die Progression des Tumors basiert auf einem hybriden Modell, das die Invasion und Proliferation individueller Tumorzellen unter Berücksichtigung der Mikroumgebungsfaktoren: der Nährstoffe und der extrazellulären Matrix nachbilden. Die mittels partieller Differentialgleichungen formalisierten Komponenten der einzelnen Faktoren sind in Kapitel 7 ausführlich beschrieben. Die Gitterkonfiguration ist dem Abschnitt 4.1 zu entnehmen.

Für die Distribution der aMG über die Zeit wird ähnlich zum Abschnitt 6.4 eine partielle Differentialgleichung aufgestellt. Zum einen wird für die mit g bezeichneten aktivierten MG eine zufällige Bewegung (Diffusion) angenommen mit einer Stromdichte der Form $\mathbf{j}_{MGzuf} = -D_g \nabla g$. Die MG/MP folgen dem stärksten Konzentrationsgradienten der Signale, die vom Tumor ausgesandt werden. D.h., sie durchleben eine chemotakti-

8.2. Methoden

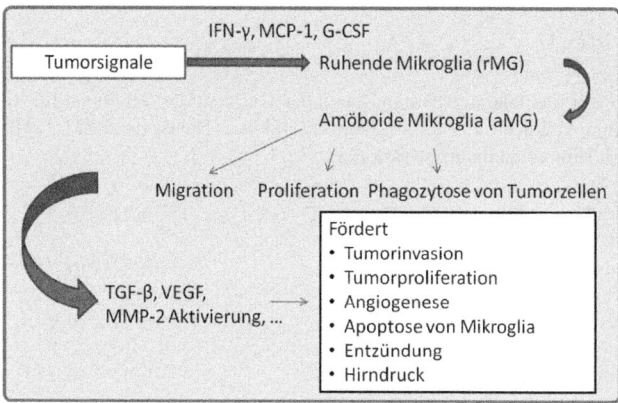

Abb. 8.1.: Immunsystemaktivierung und seine Folgereaktionen für einen Hirntumor.

sche Bewegung in Abhängigkeit der Tumorsignale s. Zu diesen Zweck wird ein Fluss $\mathbf{j}_{MGchemo} = \chi \cdot (g\lambda s)$ angenommen, wobei der Chemotaxis-Parameter λ einen konstanten Wert aufweist. Somit ergibt sich

$$\frac{\partial g}{\partial t} + \nabla \cdot (\mathbf{j}_{MGzuf} + \mathbf{j}_{MGchemo}) = 0.$$

Die Beschreibung der MG/MP-Konzentration sieht dann folgendermaßen aus:

$$\frac{\partial g(\mathbf{x},t)}{\partial t} = \nabla \cdot (D_g(\mathbf{x})\nabla g(\mathbf{x},t)) - \lambda \nabla \cdot (g(\mathbf{x},t)\nabla s(\mathbf{x},t)).$$

Die daraus resultierende Migrationsrichtung der Mikrogliazellen wird durch Diskretisierung der PDE erreicht (vgl. Abschnitt 8.2.1). Für die Beschreibung der Tumorsignale s wird ebenfalls eine PDE aufgestellt. Die TS, bestehend aus Zytokinen wie z.B. TGF-β und G-CSF, diffundieren mit einer Diffusionskonstante D_s und werden von Tumorzellen mit einer Rate β_s produziert. Ähnlich zu anderen Proteinen werden die TS zudem mit einer Rate α_s abgebaut. Die vollständige Darstellung der Tumorsignale ergibt sich somit zu

$$\frac{\partial s(\mathbf{x},t)}{\partial t} = \nabla \cdot (D_s \nabla s(\mathbf{x},t)) - \alpha_s s(\mathbf{x},t) + \beta_s c(\mathbf{x},t).$$

Die Distribution der extrazellulären Matrix unterscheidet sich gegenüber der Beschreibung in den vorherigen Kapiteln (Gl. (6.6)). Die aktivierte MG kann ab einem gewissen Zeitpunkt (wenn sie den M2-Phänotyp annimmt) indirekt ebenfalls die EZM abbauen, indem sie MMP aktiviert. Demzufolge wird ein neuer Aufnahmeparameter α_{fg} für die Beschreibung der EZM-Konzentration eingeführt und der Einfluss der MG in den Degradationsausdruck eingebracht. Die PDE für die Dichte der EZM f ergibt sich dann

zu
$$\frac{\partial f(\mathbf{x},t)}{\partial t} = -\alpha_{fg} f(\mathbf{x},t)(c(\mathbf{x},t) + g(\mathbf{x},t)) + \beta_f f(\mathbf{x},t)(1 - f(\mathbf{x},t)).$$

Insgesamt gilt das folgende System partieller Differentialgleichungen für die Beschreibung der Tumorzelldichte c, Nährstoffkonzentration u, Dichte der EZM f, Mikrogliazelldichte g und Tumorsignalkonzentration s:

$$\frac{\partial c}{\partial t} = \nabla \cdot (D_c \nabla c) - \chi \nabla \cdot (c \nabla u) + \rho \nabla \cdot (c \nabla f) \qquad \text{in } \Omega \times (0,T], \qquad (8.1\text{a})$$

$$\frac{\partial u}{\partial t} = \nabla \cdot (D_u \nabla u) - \alpha_u u c \qquad \text{in } \Omega \times (0,T], \qquad (8.1\text{b})$$

$$\frac{\partial f}{\partial t} = -\alpha_{fg} f(c + g) + \beta_f f(1 - f) \qquad \text{in } \Omega \times (0,T], \qquad (8.1\text{c})$$

$$\frac{\partial g}{\partial t} = \nabla \cdot (D_g \nabla g) - \lambda \nabla \cdot (g \nabla s) \qquad \text{in } \Omega \times (0,T], \qquad (8.1\text{d})$$

$$\frac{\partial s}{\partial t} = \nabla \cdot (D_s \nabla s) - \alpha_s s + \beta_s c \qquad \text{in } \Omega \times (0,T], \qquad (8.1\text{e})$$

mit Randbedingungen

$$\partial c/\partial n = 0, \quad \partial f/\partial n = 0, \quad \partial g/\partial n = 0, \quad \partial s/\partial n = 0 \qquad \text{auf } \Gamma \times (0,T],$$
$$\partial u/\partial n = 0 \qquad \text{auf } \Gamma_N \times (0,T],$$
$$u = 1 \qquad \text{auf } \Gamma_D \times (0,T],$$

und Anfangswerten

$$c = c_0, \quad u = u_0, \quad f = f_0, \quad g = g_0, \quad s = s_0, \quad \forall\, x \in \Omega,\ t = 0.$$

Dabei sind D_c, D_u, D_g und D_s Diffusionskoeffizienten und χ, λ die chemotaktischen, bzw. ρ der haptotaktische Parameter. Als Verbrauchsraten werden α_u, α_f und α_s bezeichnet, β_f stellt die Aufbaurate dar. Die Produktionsrate der TS wird mit β_s gekennzeichnet.

Die initiale Anzahl an MG und Tumorzellen wird je nach Experiment variiert (vgl. Abschnitt 8.3). Die Anfangsbedingungen für die Nährstoffe und für die EZM sind dem Abschnitt 6.3 bzw. 6.4 zu entnehmen. Die Anfangskonzentration der TS ist durch die Lösung von Gl. (8.1e) mit $\partial s/\partial t = 0$ und $c = c_0$ gegeben.

8.2.1. Entdimensionalisierung und numerische Berechnung

Um das Modell zu vereinfachen und um charakteristische Größen zu ermitteln, werden die Modellgleichungen des Gleichungssystems (8.1) entdimensionalisiert. Dabei werden die Variablen und Parameter umskaliert und entdimensionalisiert, sodass sich alle berechneten Größen in einer äquivalenten Größenordnung im Bereich [0,1] befinden. Tab. 8.1 gibt einen Überblick über alle Parameter und Variablen, die im Zusammenhang mit der MG benutzt werden. Für eine detaillierte Berechnung der übrigen Werte des reinen Tumorwachstumsmodells sei auf Kapitel 6 und Kapitel 7 sowie Tab. 6.1, Tab. 6.2, bzw. Tab. 7.1 verwiesen.

8.2. Methoden

Tab. 8.1.: Variablen und Modellparameter im Zusammenhang mit der Mikroglia, die in dem hybriden Modell verwendet werden: Parameter, ihre Beschreibung, Einheit und Formel für den entsprechenden dimensionslosen Parameter ($\hat{x}$) sowie dessen absoluter Wert.

Par.	Beschreibung	Einheit	Formel von $\hat{x}$	Wert von $\hat{x}$
g	Mikrogliazellen	Zellen cm^{-3}	g/g_o	$0-1$
s	Tumorsignalkonzentration	M cm^{-3}	s/s_o	$0-1$
D_g	Diffusionskoeffizient der MG	cm^{2}s^{-1}	$\tau D_g/L^2$	10^{-5}
λ	chemotaktischer Koeff. der MG	cm^{2}s^{-1}g^{-1}	$\tau\lambda s_o/L^2$	$0,1$
D_s	Diffusionskoeffizient der TS	cm^{2}s^{-1}	$\tau D_s c_o/L^2$	$0,075$
α_s	Verbrauchsrate der TS	s^{-1}	$\tau\alpha_s$	0
β_s	Produktionsrate der TS	s^{-1}	$\tau\beta_s c_o/s_o$	$0,1$
α_{fg}	Degradationsrate der EZM	nM^{-1}s^{-1}	$\tau c_o \alpha_{fg}$	$0,019/0,008$
Par.	Beschreibung			Wert
s_{act}	dimensionslose, kritische Schwelle der TS für rMG			$0,08$
θ_t	kritische Zeitpunkt der MG für M2-Phänotyp			abhängig von Nährstoffkonzentration
-	Zellgröße			$10\,\mu m$
-	Dauer des Zellzyklus			$20\,h$

Die Parameter D_s, β_s, α_s aus der TS-Gl. (8.1e) sind sehr aufwändig mit speziellem Versuchsaufbau aus In-vitro-Experimenten zu gewinnen. Deshalb wurden initial zunächst aus [89] Werte für ein Enzym entnommen, das ebenfalls von Tumorzellen abgesondert wird. Auf diese Weise wird eine biologisch plausible Größenordnung für den Wert dieser Parameter erhalten. Anschließend wurde der jeweils genaue Wert im Rahmen einer Parameterschätzung und unter Variation von θ_t bestimmt, da damit eine wechselseitige Beeinflussung vorliegt (vgl. Abschnitt 8.3). Die resultierenden dimensionslosen Parameter sind $\hat{D}_s = 0,075$, $\hat{\beta}_s = 0,1$ und $\hat{\alpha}_s = 0$. Einfachheitshalber wird nachfolgend nur von Variation der Variablen θ_t gesprochen. Für den Diffusionskoeffizienten der aktivierten MG wird der gleiche Wert wie für die Tumorzellen benutzt, d.h. $\hat{D}_g = \hat{D}_c = 10^{-5}$. Der chemotaktische Parameter der MG ist ebenfalls analog zu den Tumorzellen gewählt $\hat{\lambda} = \hat{\chi} = 0,26$. Der EZM-Abnahmeparameter wird in Abschnitt 8.3 geschätzt. Der Zelldurchmesser der MG liegt im Bereich $10-20\,\mu m$ [128]. Um die Gitterkonfiguration aus Abschnitt 4.1 sowohl für Tumorzellen als auch für MG zu verwenden, wird die Größe der Mikrogliazellen entsprechend der Größe der Tumorzellen zu $10\,\mu m$ gewählt.

Um die numerischen Lösungen des Gleichungssystems (8.1) zu berechnen, wird zunächst die Gleichung für die Tumorzelldichte (8.1a) und die Beschreibung der aktivierten MG-Dichte (8.1d) wie in Abschnitt 4.2 beschrieben mithilfe finiter Differenzen gelöst, um eine bevorzugte Bewegungsrichtung der Zellen zu erhalten. Ähnliche Berechnungen wurden in Abschnitt 6.7 für die Tumorzellbewegung durchgeführt. Für die Berechnung der Nährstoffkonzentration (8.1b) sowie der Tumorsignalkonzentration (8.1e) wird die Methode der finiten Elemente benutzt (s. Abschnitt 4.3). Aufgrund der diskret-kontinuierlichen Interaktionen in jedem Zeitschritt müssen die PDEs im stationären Zustand gelöst werden. Für die Lösung der EZM-Gl. (8.1c) werden explizite Euler-Vorwärts-Differenzen (s. Abschnitt 6.7) verwendet.

8.2.2. Algorithmus

Für jeden Zeitschritt und jede zufällig gewählte Tumorzelle wird der Pfad aus Abb. 7.2 (Abschnitt 7.2.3) durchlaufen. Der Pfad für die MG ist in Algorithmus 1 gezeigt. In jedem Zeitschritt werden alle rMG und alle aMG in einer Liste gespeichert und anschließend daraus zufällig und nacheinander ausgewählt. Für eine ruhende Mikrogliazelle wird die Tumorsignalkonzentration überprüft, um zu entscheiden, ob die MG in den aktivierten Zustand übergeht und als aMG markiert wird. Dies ist der Fall, wenn eine kritische Konzentration der TS s_{act} an der Position der rMG erreicht ist. Wird eine aMG aus der Liste gewählt, so kann sie für eine Dauer von 20 h proliferieren [121]. Die aMG teilt sich jedoch nur falls genügend Platz vorhanden ist, d.h. wenn sich eine freie Gitterzelle in der Nachbarschaft mit Radius eins oder zwei befindet. Die Reaktion der aMG hängt von ihrem Alter und der Besetzung der Nachbarelemente ab. Sind alle belegt, tritt die aMG in einen Ruhezustand ein, was der G_0-Phase des Zellzyklus entspricht. Wie für die Tumorzellen (s. Abschnitt 7.2.1) wird angenommen, dass jede aMG fähig ist, eine andere benachbarte Zelle der gleichen Größe auf einen freien Gitterpunkt zu verschieben, wenn in der Nachbarschaft mit Radius zwei eine freie Stelle vorhanden ist.

Als Nächstes wird überprüft, ob der kritische Zeitpunkt θ_t für eine aMG erreicht ist. Falls das der Fall ist, wechselt die Zelle in den M2-Phänotyp und kann zu Gunsten des Tumors wirksam werden. Dieser Zeitpunkt hängt von der Nekrose ab, denn wenn der Nährstoffkonzentrationswert so niedrig ist, dass Tumorzellen nekrotisch werden, herrscht Hypoxie. Die MG ändern ihren Phänotyp bevorzugt unter ebensolchen hypoxischen Verhältnissen [216]. Ab diesem Zeitpunkt wird die Tumorproliferation gefördert [95]. Im Modell werden zu diesem Zweck kürzere Proliferationszeiten der Tumorzellen angenommen. Da in der Literatur keine Werte zu finden sind, werden Simulationsergebnisse mit experimentellen Daten verglichen, um eine Abschätzung für die Proliferationszeiten zu bekommen (Abschnitt 8.3.3.2). Nach der Phänotypänderung kann die aMG zusätzlich durch die Aktivierung der MMP-2 die EZM indirekt abbauen. Dies wird durch Gl. (8.1c) abgebildet. Bevor die nächste Mikrogliazelle zufällig aus der Liste mit den restlichen rMG und aMG gewählt wird, kann sie in Richtung der höheren TS-Konzentration migrieren. Hierbei kann ebenfalls eine benachbarte, nicht-nekrotische Zelle verschoben werden.

8.3. Experimente

Ziel der in diesem Abschnitt vorgestellten Experimente ist es, sowohl qualitative als auch quantitative Aussagen über das Modell zu treffen. Zunächst wird die Plausibilität der Simulationsergebnisse anhand eines Vergleichs mit In-vitro-Aufnahmen gezeigt

8.3. Experimente

Algorithmus 1 Pseudocode für den vorgestellten Algorithmus.
1: für jede zufällig gewählte MG Zelle
2:   **if** (MG == rM) & ($s > s_{act}$) **then**
3:     MG $\leftarrow$ aM
4:   **else**(MG == aM)
5:     **if** (Alter(aM) < Alter für Proliferation) **then**
6:       Alter(aM)++
7:     **else**(Alter(aM) == Alter für Proliferation)
8:       **if** freier Platz in der Nachbarschaft, Radius 1 **then**
9:         aM $\rightarrow$ teilt sich
10:       **else if** freier Platz in der Nachbarschaft, Radius 2
11:         aM $\rightarrow$ schiebt eine Zelle
12:         aM $\rightarrow$ teil sich
13:       **else**
14:         aM $\rightarrow$ ruhend
15:       **end if**
16:     **end if**
17:   **if** (t > θ_t) **then**
18:     – kleinere Dauer für den Zellzyklus der Tumorzellen
19:     – MDE-Produktion auch von MG Zellen
20:   **end if**
21:   aM migriert in Richtung des höheren s
22: **end if**

(Abschnitt 8.3.1). Um die Parameter zu schätzen und um das mathematische Modell zu validieren, werden als Nächstes experimentelle Daten für die beiden Hauptprozesse der Tumorzellen betrachtet: Wachstum (Proliferation, Abschnitt 8.3.3) und Invasion (Migration in das umliegende Gewebe, Abschnitt 8.3.2).

8.3.1. Qualitativer Vergleich

Für den Vergleich zwischen In-vitro- und In-silico-Daten wird das Protokoll von Kees et al. [117] verwendet. Dabei werden als Kokultur bezeichnete Kultivierungen mit unterschiedlichen Zelltypen verwendet, um die Interaktionen zwischen diesen herauszufinden. Kees verwendet eine Kokultur humaner, primärer Glioblastom-Zelllinien NCH82 bestehend aus 10^6 Zellen/ml. Die Mikrogliazellen wurden in einer flüssigen Kollagenmatrix suspendiert ($2,5 \times 10^5$ Zellen/250 µl) und in den Kammern einer 8-Loch-Platte verteilt. Die Tumorzellsphäroide à 25-µl-Tropfen (d.h. $2,5 \times 10^4$ Zellen) wurden anschließend jeweils in den Kammern hinzugefügt. Nach zwei Wochen wurde TO-PRO-3 (1 µM; Invitrogen) hinzugefügt, um tote Zellen zu identifizieren. Die Ergebnisse sind in Abb. 8.2 dargestellt.

Aufgrund der beschränkten Rechenkapazität wird in-silico ein 25:1-Verhältnis der Anzahl der Zellen in-vitro gegenüber in-silico angenommen. Für eine qualitative Auswer-

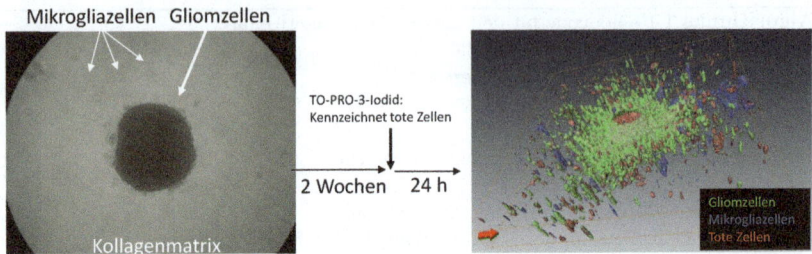

Abb. 8.2.: In-vitro-Ergebnisse: Kokultur eines Gliomsphäroids mit Zusatz von MG in einer Kollagenmatrix ($t = 15$ Tage). Mikroskopieaufnahme der initialen Bedingung (links) und 3D Darstellung der Ergebnisse (Amira Software). MG (blau) umranden den Glioma-Sphäroid (grün) oder sammeln sich um abgestorbene Zellen (rot).

tung hat eine Reduktion der Zellen bei entsprechend skaliertem Verhältnis zwischen Tumor und MG keinen Einfluss (s. Abschnitt 8.3.2.3). Für die mathematische Implementierung werden initial 1000 Tumorzellen angenommen und 10000 MG in das Gebiet verteilt und somit ein äquivalentes Verhältnis wie in den In-vitro-Experimenten von Kees et al. erzielt. Für die Simulationen werden Blutgefäße an allen Rändern angenommen, um die gute Nährstoffversorgung in-vitro wiederzugeben. Abb. 8.3 zeigt die Ergebnisse der Simulationen: Der Tumor nach 40 Iterationsschritten (20 h) ist in Abb. 8.3(a) dargestellt, wobei eine Nährstoffversorgung durch Blutgefäße am Randbereich Γ des Gebietes Ω angenommen wird (vgl. Abb. 8.3(d)). Die TS und EZM für den gleichen Iterationsschritt sind in Abb. 8.3(b) und (c) illustriert. Für einen späteren Zeitpunkt $t = 190$ h ergeben sich die Resultate in Abb. 8.3(e)-(h) und für $t = 340$ h $\approx$ 14 Tage sind die Distributionen der Zellen, TS, EZM und Nährstoffe in Abb. 8.3(i)-(l) zu sehen. Der Vergleich mit in-vitro gewonnenen Daten (Abb. 8.2) erlaubt eine qualitative Gegenüberstellung der Ergebnisse.

In den simulierten Ergebnissen (Abb. 8.3(i)) ist zu sehen, dass der Tumor nach $t = 340$ h auf ein Vielfaches seiner ursprünglichen Größe angewachsen ist und sich ein nekrotischer Kern (gelb) aufgrund von Nahrungsmangel gebildet hat. Das Absterben in der Mitte des Tumors kann auch in-vitro beobachtet werden (Abb. 8.2): Die umliegenden Zellen verbrauchen die zur Verfügung stehende Glukose und Sauerstoff, sodass nur wenige Nährstoffe zum Tumorkern diffundieren können. Die EZM wird von den Tumorzellen abgebaut (Abb. 8.3(c), (g)) und zu einem späteren Zeitpunkt ebenfalls von den amöboiden MG degradiert (Abb. 8.3(k)), was anhand der hellroten, im Gebiet verteilten Bereiche zu erkennen ist. Die Tumorzellen (Abb. 8.3(a), (e) und (i)) migrieren losgelöst von der Tumorhauptmasse durch die Matrix in das umliegende Gebiet, was ebenfalls in Abb. 8.2 beobachtet werden kann. Zum Zeitpunkt $t = 190$ h sind aMG zu sehen (Abb. 8.3(e)), die von den Tumorsignalen (Abb. 8.3(f)) erreicht wurden. Zum späteren Zeitpunkt (Abb. 8.3(i)), wird die chemotaktische Attraktion der TS sichtbar, indem die

8.3. Experimente

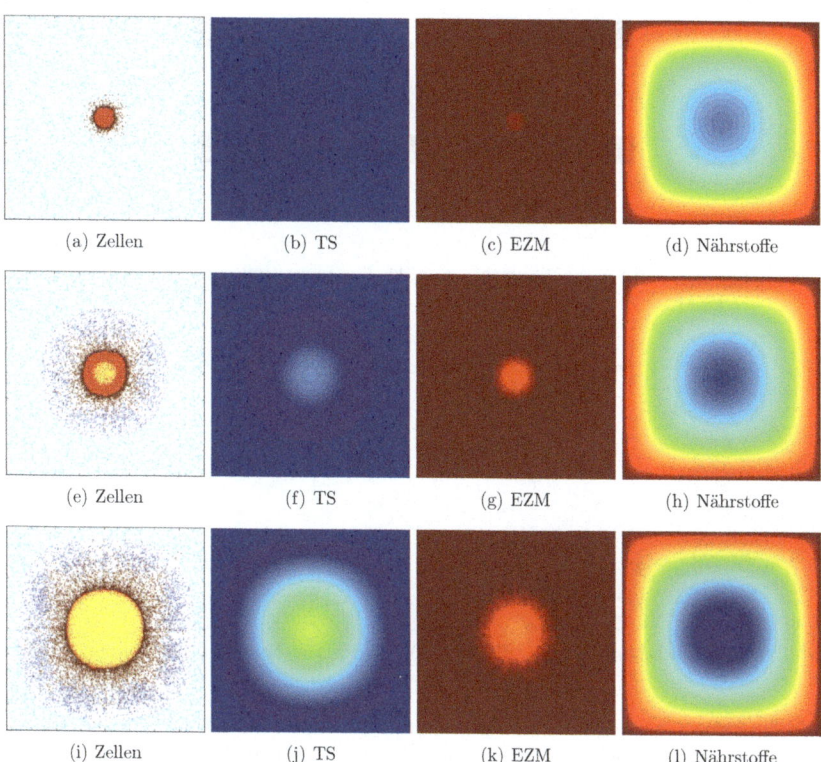

Abb. 8.3.: Simulationsergebnisse: Zellverteilung, Konzentration der TS, Dichte der EZM und Nährstoffdistribution (Blutgefäße an allen Ränder platziert) zu den Zeitpunkten $t = 50\,\text{h}$, $t = 190\,\text{h}$ und $t = 340\,\text{h}$ (v.o.n.u.). Für die Tumorzellen repräsentiert gelb nekrotisches Gewebe, hellrot markierte Zellen befinden sich im Ruhezustand und dunkelrot entspricht aktiven Zellen, d.h. proliferierenden und migrierenden Tumorzellen. Die rMG sind in hellblau dargestellt und die aMG in dunkelblau. Die Kolorierung der TS-Konzentration, der EZM-Dichte und der Nährstoffkonzentration sind aus Abb. 8.4 zu entnehmen.

aMG in Richtung des Tumors migrieren (Abb. 8.3(i)).

Um das Verhalten der rMG und aMg über die Zeit zu untersuchen, wurde die jeweilige Anzahl über die Zeit dargestellt Abb. 8.5 links. Bevor die kritische TS-Konzentration s_{act} erreicht wird, ist die Anzahl der rMG und der gesamten MG identisch und konstant. Bis zu diesem Zeitpunkt sind die aMG nicht vorhanden, da sie erst aktiv werden,

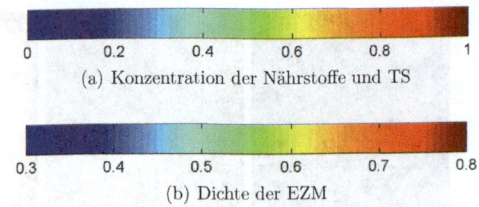

Abb. 8.4.: Farbskala für die Nährstoff- und TS-Konzentration sowie für die Dichte der EZM.

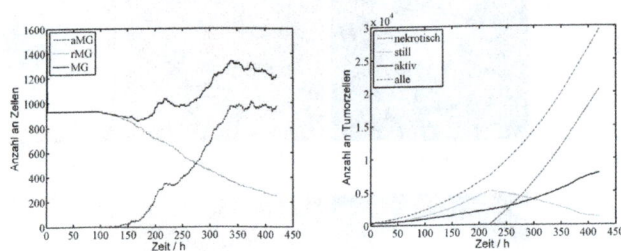

Abb. 8.5.: Anzahl der Mikrogliazellen (links) und der Tumorzellen (rechts) über die Zeit.

nachdem eine Läsion oder ein Tumor wahrgenommen wurden. D.h. nachdem s_{act} an der jeweiligen Stelle wo sich die MG befindet, erreicht wird. Diese Aktivierung kann nach 100 h festgestellt werden und entsprechend nehmen die rMG ab. Die Abnahme der rMG bzw. die Zunahme der aMG erfolgt proportional zueinander, jedoch nicht stetig. Der Grund dafür ist, dass die Tumorzellen während der Proliferation oder Migration die Mikrogliazellen zerstören können. Die Platzierung der Tochterzellen oder der Tumorzelle selbst bei der Migration erfolgt wie in Abschnitt 7.2.1 beschrieben. D.h., nur nekrotisches Material kann nicht von Tumorzellen ersetzt werden. Wenn innerhalb der Nachbarschaft mit Radius zwei keine freien Plätze vorhanden sind, dann wird die MG eliminiert und ihre Stelle durch eine Tumorzelle eingenommen. Aus diesem Grund ist der Verlauf der Kurven in der Abb. 8.5 links nicht monoton steigend. Die Anzahl der gesamten MG steigt insgesamt über die Zeit aufgrund der Proliferationsmöglichkeit der aktivierten MG (vgl. Abschnitt 8.2.2).

Um die Frage zu beantworten, ob die MG einen Einfluss auf den einzelnen Status der Tumorzellen ausübt, werden die Anzahl der nekrotischen, der stillen, der aktiven und aller Tumorzellen in Abb. 8.5 rechts über die Zeit dargestellt. Die einzelnen Verläufe sind ähnlich zu den in Abschnitt 7.4.1, wo das Tumorwachstum ohne Interaktionen mit dem Immunsystem behandelt worden ist. Es kann davon ausgegangen werden, dass die

MG nur einen Einfluss auf den Anstieg der Anzahl an Tumorzellen haben und nicht auf dem grundsätzlichen Verlauf der einzelnen Status.

8.3.2. Invasion

In diesem Abschnitt soll die Invasion von Tumorzellen unter dem Einfluss des Immunsystems untersucht werden. Durch In-vitro-Experimente kann der Einfluss der Mikrogliazellen/Makrophagen bei unterschiedlicher Konzentration gezeigt werden (Abschnitt 8.3.2.1). Die Zellkulturen werden ausgewertet (Abschnitt 8.3.2.2) und in der In-silico-Umgebung eingearbeitet, um eine ähnliche Situation wiederzugeben (Abschnitt 8.3.2.3). Zu diesem Zweck werden Parameter geschätzt und das Modell angepasst.

8.3.2.1. SMA-560 Sphäroidkultur und Invasionsuntersuchungen

Migration von Gliomzellen in An- oder Abwesenheit von Mikrogliazellen wurde mithilfe von Invasionsexperimenten von Sphäroiden in einer Kokultur [117] untersucht. Sphäroide aus murinen Gliomzellen wurden, wie unten beschrieben, erzeugt und sowohl in Kollagenmatrizen eingebettet, die MG beinhalten als auch in Matrizen ohne MG für die Kontrollmessungen.

Für die Tumorsphäroid-Herstellung wurden SMA-Zelllinien bestehend aus 10^6 Zellen/ml des kompletten Wachstumsmedium (cDMEM; DMEM (Abkürzung für engl. Dulbecco's Modified Eagle's Medium) mit 10 % fetalem Kälberserum, Glutamine 2 mM, Gentamycin 50 µg/ml) zubereitet. 25 µl der Zellsuspension (d.h. $2,5 \times 10^4$ Zellen) wurden auf eine 10 cm große Petrischale in einer Tropfenform platziert. SMA-Tropfen wurden für vier Tage bei 37 °C, 5 % CO_2 und 95 % Luftfeuchtigkeit (Standardbedingungen für Zellkulturen) inkubiert. Die generierten SMA-Sphäroide wurden in Gewebekulturschüsseln mit cDMEM (zuvor mit 2 % PBS/Agar beschichtet) platziert und 48 h bei Standardbedingungen inkubiert. Primäre Kulturen der murinen Mikrogliazellen wurden dann geerntet. 400 µl der flüssigen Kollagen mit Mikrogliazellen (Kollagen ohne MG für Kontrollmessungen) wurden in Löcher (Wells) einer 24-Loch-Platte verteilt. SMA-Sphäroide wurden sofort in der Mitte der Kollagenmatrix hinzugefügt (vgl. Abb. 8.6). Nach 15 Minuten Polymerisation wurde die Matrix mit 400 µl cDMEM überdeckt und für 4 Tage bei Standardbedingungen für Zellkulturen inkubiert.

Die Invasion der Zellen wurde mit einem Keyence Mikroskop bei vierfacher Vergrößerung analysiert. Dazu wurden Mikroskopaufnahmen der Wells nach 5 h–6 h, definiert als Tag 0 der Inkubation, und alle nachfolgenden 24 h der Inkubation, definiert als Tag 1 bis Tag 4, gemacht (Abb. 8.8). Um den Invasionsbereich der Tumorzellen zu bestimmen, wurden die folgenden Messungen durchgeführt: Es wurde der Durchmesser des Sphäroides und des invasiven Rands bemessen, um die Ausbreitungsrate zu bestimmen. Hierzu wurden für jedes Well vier unterschiedliche Messungen bei $0°/45°/90°/135°$ durchgeführt (vgl. Abb. 8.7)

Die Lösungen wurden in Pixel gemessen und als „protocol data units" (p.d.u.) bezeichnet. Diese Angaben wurden von Biologen gemacht und in diese Arbeit übernommen. Es wird die zelluläre Membran der am weitesten gelegenen Zelle des invasiven Randes des

8. Interaktionen mit der Mikrogliazelle

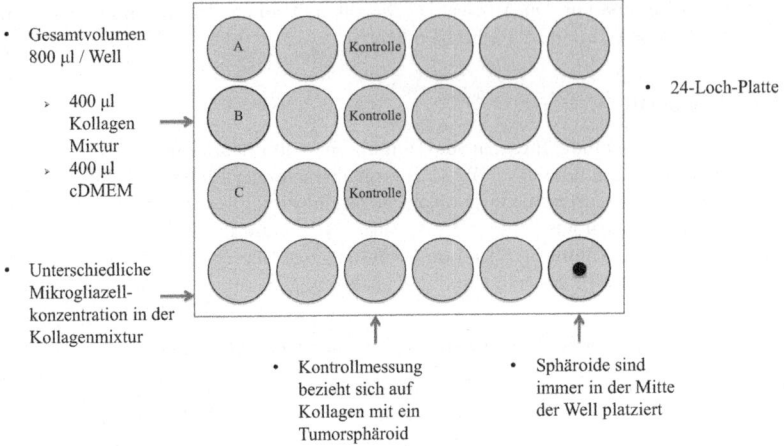

- Gesamtvolumen 800 µl / Well
  - 400 µl Kollagen Mixtur
  - 400 µl cDMEM

- 24-Loch-Platte

- Unterschiedliche Mikrogliazellkonzentration in der Kollagenmixtur

- Kontrollmessung bezieht sich auf Kollagen mit ein Tumorsphäroid
- Sphäroide sind immer in der Mitte der Well platziert

Abb. 8.6.: Sphäroidkulturen in einer 24-Loch-Platte.

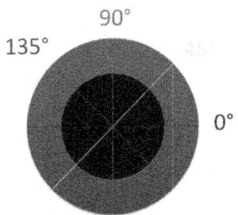

Abb. 8.7.: Bestimmung der Ausbreitungsrate durch Messung des Durchmessers eines Tumorsphäroids (schwarz) und des invasiven Rands (grau) unter verschiedenen Winkeln.

Sphäroides fixiert und als Grenze für die Bestimmung des Durchmessers verwendet. Der Durchschnitt der Invasionsdurchmesser mit Standardabweichung den Zeitpunkten $t = 1$, 2, 3, 4 Tage abzüglich des Durchmessers des Sphäroidkerns am Tag 0 sind in Abb. 8.10(a) aufgetragen. Es wurden die folgenden Experimente durchgeführt (Abb. 8.6):

- SMA-Sphäroide in Abwesenheit von Mikrogliazellen: drei Experimente mit drei Wiederholungen;

- SMA-Sphäroide in Anwesenheit der Mikrogliazellen: ein Experiment mit je drei Wiederholungen für unterschiedliche Mengen an MG.

8.3. Experimente

Um die statistische Signifikanz des Unterschieds des mittleren Invasionsdurchmessers bei Anwesenheit von MG gegenüber ohne MG zu untersuchen, wurde ein Studentscher t-Test (Zweistichproben-t-Test) durchgeführt und gegen die Nullhypothese, dass Variationen der MG Konzentrationen keine Veränderung des invasiven Verhaltens der Tumorzellen hervorrufen, getestet.

8.3.2.2. In-vitro-Ergebnisse

Viele Gruppen [95, 117, 152, 174, 220] haben herausgefunden, dass unbehandelte MG die Migrationskapazität der Gliomzellen beeinflussen. Um den Einfluss der MG-Dichte auf diesen Effekt zu beurteilen, wurde die Invasion der SMA in Anwesenheit von drei unterschiedlichen Dichten der MG analysiert. Dabei wurden Dichten gewählt, welche einem fünf-, zehn- bzw. zwanzigfachen Anstieg im Vergleich zu der initialen Anzahl an Tumorzellen des SMA-Sphäroids ($2,5 \times 10^4$ Zellen) entsprechen. Demzufolge wurden $1,25 \times 10^5 / 2,5 \times 10^5 / 5 \times 10^5$ Mikrogliazellen per Sphäroid gesät.

Wie in Abb. 8.8 und quantitativ in Abb. 8.10 zu sehen ist, steigt die Invasionsrate der SMA signifikant nach 48 h bei den Versuchen mit einer zehnfachen Menge an MG im Vergleich zu den Kontrollbedingungen (SMA in Abwesenheit von MG).

Tatsächlich wurde ein signifikanter Anstieg der Invasionsrate für zehnfache MG (Signifikanzniveau von $0,05 - 0,001$) an drei von vier Zeitpunkten festgestellt (Tab. 8.2). Die Tumorinvasion mit MG bei fünffacher Menge zeigt einen ähnlichen Trend (Abb. 8.10(a)), aber die Nullhypothese kann nicht abgelehnt werden (Tab. 8.2). MG bei zwanzigfacher Menge haben im Gegensatz dazu keinen statistisch signifikanten Effekt auf die Invasion der SMA-Zellen.

Tab. 8.2.: P-Werte der In-vitro-Invasionsergebnisse. Signifikante Werte sind dick dargestellt.

Tag	SMA & 5×MG	SMA & 10×MG	SMA & 20×MG
1	0,074	**0,0007**	**0,007**
2	0,806	0,273	0,891
3	**0,006**	**0,030**	0,281
4	0,176	**0,031**	0,233

8.3.2.3. In-silico-Experimente und Ergebnisse

Um eine vergleichbare Situation für die In-silico-Modelle wie für die In-vitro-Experimente zu erhalten, wurden $10^4 / 2 \times 10^4 / 4 \times 10^4$ MG zufällig über das Gebiet Ω verteilt und eine

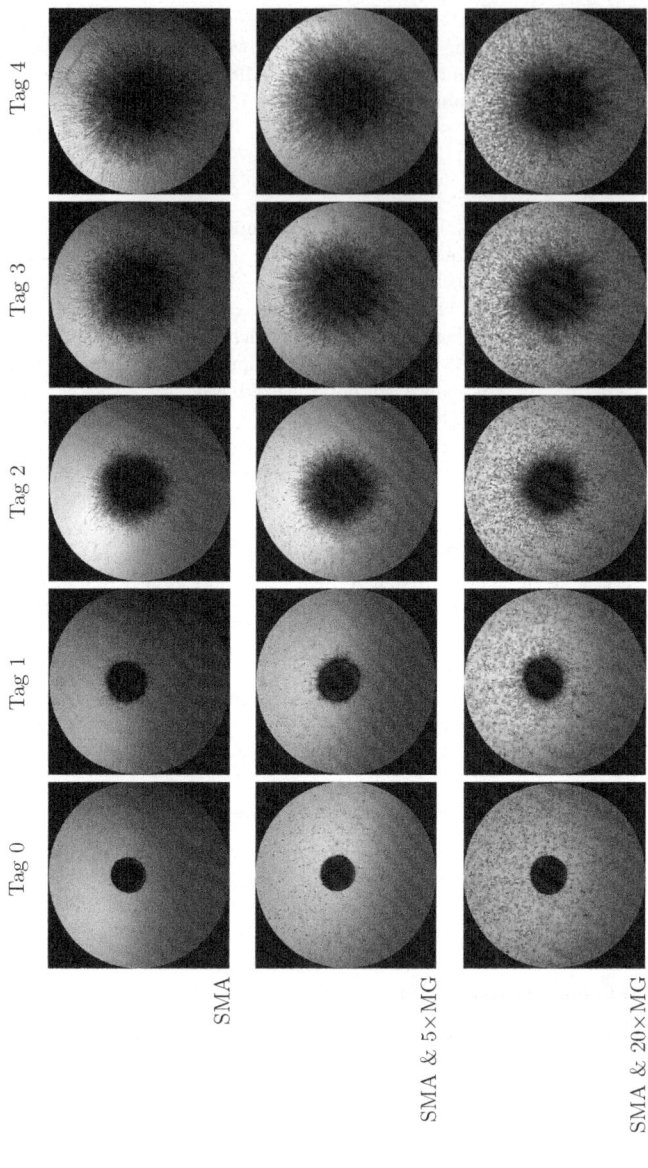

Abb. 8.8.: Unterschiedliche Mikrogliazelldichten beeinflussen die SMA-Sphäroidinvasion. Repräsentative Abbildungen der SMA-Sphäroidinvasion ohne MG (Kontrolle) sowie in Anwesenheit von zehn- bzw. 20-fach höherer MG-Zelldichte.

8.3. Experimente

Gruppe bestehend aus 2000 Tumorzellen als Anfangsbedingung in die Mitte von Ω gesetzt. Im Vergleich zu der Anzahl an Tumorzellen lag somit eine fünf-, zehn- bzw. zwanzigfach höhere MG-Konzentration vor. Diese Verhältnisse sind nicht identisch mit denen der In-vitro-Experimente (Abschnitt 8.3.2.1). Aufgrund der Berechnungskomplexität wurde eine geringere Absolutzahl an Zellen für die Modellierung verwendet. Allerdings ist das Verhältnis der Zellen (MG zu Tumor) gleich, sodass eine Vergleichbarkeit gewährleistet ist.

Dies wurde empirisch bewiesen, indem die initiale Anzahl an Zellen (Tumor und MG) des In-vitro-Systems durch unterschiedliche Faktoren herunterskaliert wurde. Es wurden die Faktoren acht, zehn und 12,5 verwendet, wobei das Verhältnis Tumorzellen/MG von 1/5 konstant gehalten wurde. So wurden z.B. beim dem Faktor acht 3125 Tumorzellen (gegenüber 25000 Tumorzellen in-vitro) und 15625 MG initial in der In-silico-Umgebung benutzt. Für alle drei Skalierungsfaktoren wurden Simulationen durchgeführt. Die Ergebnisse sind für jeden der drei Skalierungsfaktoren in Abb. 8.9(a) gezeigt.

Diese Skalierungen scheinen keinen Effekt auf das Wachstumsprofil auszuüben, lediglich auf den Anstieg, d.h. auf die Wachstumsrate. Dies kann dadurch erklärt werden, dass mehr Tumorzellen mehr TS absondern, was zu einer schnelleren Aktivierung der MG führt. Infolgedessen wächst der Tumor schneller, je mehr Tumorzellen initial vorhanden sind, d.h., je kleiner der Skalierungsfaktor ist. Um diese Aussage weiter zu quantifizieren, wurden Verzögerungszeiten berechnet, wobei $\Delta t_1 = 18\,\text{h}$ für Skalierungsfaktor 10 im Vergleich zum Faktor 8 und $\Delta t_2 = 38{,}5\,\text{h}$ für Skalierungsfaktor 12,5 im Vergleich zu Faktor 8. Die Ergebnisse der Tumorzellanzahlen über die Zeit unter Berücksichtigung der Verzögerungszeiten sind in Abb. 8.9(b) dargestellt. Hier kann ein identisches Verhalten der Tumorzellen beobachtet werden. Insgesamt kann somit festgehalten werden, dass solange das Verhältnis Gliomzellen/MG beibehalten wird, ist eine Skalierung der Anzahl der verschiedenen Zellen für die In-silico-Implementierung einwandfrei möglich.

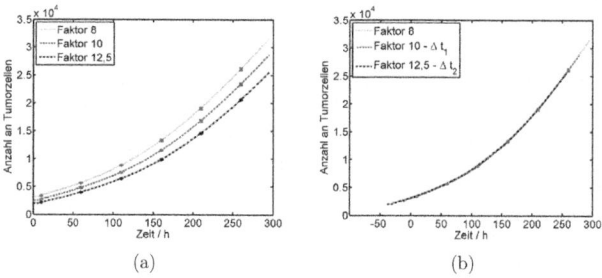

Abb. 8.9.: In-silico-Ergebnisse. (a) Durchschnittszahl der Tumorzellen mit zugehöriger Standardabweichung über die Zeit bei unterschiedlichen Skalierungsfaktoren (8, 10 und 12,5). (b) Kennlinien aus (a) berechnet mit entsprechenden Zeitverzögerungen.

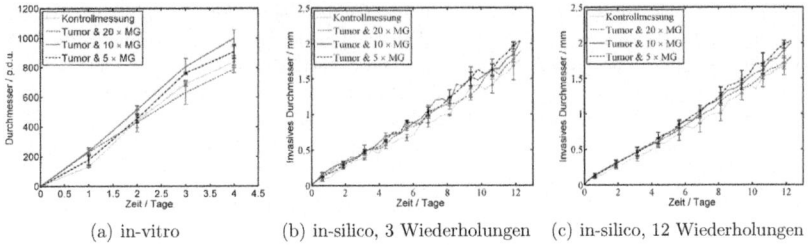

(a) in-vitro (b) in-silico, 3 Wiederholungen (c) in-silico, 12 Wiederholungen

Abb. 8.10.: Quantifizierung der Invasion: Die Durchschnittswerte des invasiven Durchmessers über die Zeit. Die Balken geben die Standardabweichung an.

Simulationen mit Blutgefäßen an allen vier Rändern wurden durchgeführt, um die gute Nährstoffversorgung der In-vitro-Situation nachzuahmen. Entsprechend den In-vitro-Experimenten wurden die Simulationen drei Mal wiederholt. Es wurde $\theta_t = 250\,\text{h}$ für den Zeitpunkt gewählt, bei dem die MG von einem ruhenden zu einem aktiven Phänotyp übergeht. Dieser Wert entspricht den Beobachtungen in den In-vitro-Experimenten (s. Abschnitt 8.3.3). Zudem wurde der EZM-Degradationsparameter α_f variiert, da dieser für die Ausprägung der Tumorzellinvasion verantwortlich und nicht aus der Literatur bekannt ist. Die Ergebnisse zeigen einen Unterschied für die Intensität der Degradation zu den Zeiten vor MG-Aktivierung und für die Zeitpunkte, an denen die Mikrogliazellen/Makrophagen indirekt die EZM abbauen. Dementsprechend wird der dimensionslose Parameter $\alpha_{fg} = 0,019$ gewählt, bevor MG involviert sind und $\alpha_{fg} = 0,008$ ab dem Zeitpunkt der MG-Aktivierung.

Die resultierenden Invasionsdurchmesser mit zugehöriger Standardabweichung sind in Abb. 8.10 gezeigt und wurden gemäß Abschnitt 8.3.2.1 bestimmt. Ein klarer Trend kann beobachtet werden, was auf eine ansteigende Wachstumsrate der Tumorzellen in der Anwesenheit der MG hindeutet.

Die Menge an Mikrogliazellen scheint keinen besonderen Effekt auf den Durchmesser des Tumors zu haben. Die sehr großen Standardabweichungen lassen vermuten, dass die wahrscheinlichkeitsbedingte Modellierung bei drei Wiederholungen nicht adäquat wiedergegeben ist. Um die Vermutung zu überprüfen, wurden 12 Simulationen durchgeführt. Die Ergebnisse sind in Abb. 8.10(c) illustriert, wobei ein ähnlicher Trend zu den In-vitro-Experimenten mit statistisch relevanten Unterschieden der Invasion mit/ohne MG (Tab. 8.3) beobachtet werden kann.

8.3.3. Proliferation

Ähnlich zum vorherigen Abschnitt 8.3.2 werden In-vitro- und In-silico-Experimente durchgeführt. Dieser Teil ist jedoch der Proliferation der Tumorzellen gewidmet, wobei der Einfluss der MG/MP auf das Tumorwachstum unter Zuhilfenahme von Literaturexperimenten erforscht wird. Diese werden zunächst vorgestellt (Abschnitt 8.3.3.1) und

8.3. Experimente

Tab. 8.3.: P-Werte der In-silico-Invasionsergebnisse. Signifikante Werte sind dick dargestellt.

Tag	SMA & 5×MG	SMA & 10×MG	SMA & 20×MG
1	0,154	0,117	0,085
4	0,131	**0,049**	0,086
10,5	0,087	0,166	0,822
12	**0,042**	0,110	0,620

anschließend in die Modelle eingebaut (Abschnitt 8.3.3.2).

8.3.3.1. Veröffentlichte Daten

Zhai et al. [220] haben Kokulturen muriner Gliome und MG verwendet, um die Effekte, die Mikroglia- und Tumorzellen aufeinander ausüben, zu charakterisieren. In einem MG-Gliom Experiment wurden 5×10^4 Mikrogliazellen in einem Medium für 48 h eingepflanzt, bevor 2×10^4 Gliomzellen der Zelllinie GL261 in die Mitte des gleichen Well hinzugefügt wurden. Die Experimente wurden drei Mal wiederholt und die jeweiligen Zellen über einen Zeitraum von fünf Tagen gezählt. Die Wachstumsrate des Tumors kultiviert mit der MG war am fünften Tag 15,3 % höher als bei alleiniger Kultivierung der Gliomzellen. Zum selben Zeitpunkt haben die Experimente einen annähernd 11/12,5-fachen Anstieg der Anzahl an Tumorzellen allein/in Kokultur gezeigt. Außerdem haben die Versuche ergeben, dass die Entfernung der Mikrogliazellen/Makrophagen die Gliomprogression hemmt.

8.3.3.2. In-silico-Experimente und Ergebnisse

Um eine vergleichbare Situation für die In-silico-Modelle wie für die In-vitro-Experimente zu erhalten, wurden 5000 MG zufällig über das Gebiet Ω verteilt und eine Gruppe bestehend aus 2000 Tumorzellen als Anfangsbedingung in die Mitte von Ω gesetzt. Das Verhältnis von 5/2 (MG/Tumorzellen) wurde beibehalten, indem die Anzahl an Zellen durch den Faktor 10 dividiert wurde. Wie im Abschnitt 8.3.2.3 beschrieben, muss beachtet werden, dass die Zeit, die für die Aktivierung der MG benötigt wird, gegenüber der In-vitro-Umgebung zunimmt. Es werden Blutgefäße an allen vier Rändern angenommen, um den experimentellen Versuchen möglichst nahe zu kommen. Aufgrund der probabilistischen mathematischen Modellierung (s. Abschnitt 5.2 und 6.7) wurden die Experimente 100 Mal wiederholt.

Variationen von θ_t und der Proliferationszeiten von Tumorzellen wurden für $s > s_{act}$ durchgeführt. Plausible Ergebnisse wurden unter der Annahme einer Dauer des Zellzyklus von 7 h für Tumorzellen in der inneren Proliferationszone und 12 h für invasive Tumorzellen erzielt. Ein kleinerer Wert als 7 h für die Zellzyklusdauer ist nicht realistisch. Zusätzlich wurde für die hier angenommene gute Nährstoffversorgung ein Wert von $\theta_t = 128$ h als plausibler Zeitpunkt für die Veränderung des Phänotypes der MG zu

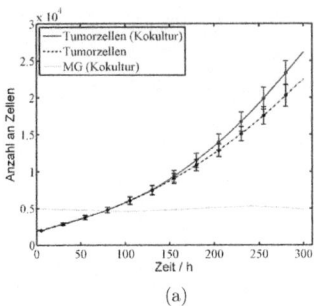 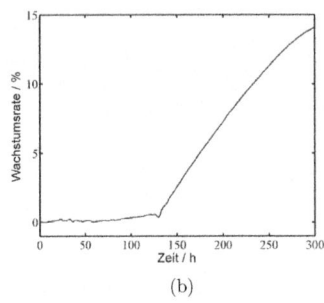

(a)   (b)

Abb. 8.11.: In-silico-Ergebnisse. (a) Durchschnittszahl der Tumorzellen (und MG) allein oder in Kokultur über die Zeit. Die Balken geben die Standardfehler an. (b) Die durchschnittliche Wachstumsrate der Tumorzellen in einer Kokultur im Vergleich zu Tumorzellen allein.

einem tumorwachstumfördernden Phänotyp herausgefunden. Diese Wahl entspricht den Beobachtungen aus In-vitro-Experimenten [220] und entspricht dem Zeitpunkt zu dem die Hypoxie beginnt, d.h. zu dem erste Tumorzellen nekrotisch werden. Die resultierende Anzahl an Zellen über die Zeit mit zugehörigem Standardfehler sind in Abb. 8.11(a) gezeigt. In Abb. 8.11(b) sind Wachstumsraten in Prozent angegeben. In Abb. 8.11(a) sind am Anfang der Simulation ähnliche Verläufe der Wachstumsraten zu beobachten. Nach dem Übergang der aMG zum M2-Phänotyp ($\theta_t = 128\,\text{h}$) ist die Tumorwachstumskurve in der Kokultur steiler. Dies kann auch in Abb. 8.11(b) beobachtet werden. Zum Zeitpunkt $t = 128\,\text{h}$ ist eine scharfe Beugung der Wachstumskurve sichtbar, was auf das Erreichen der kritischen Zeitschwelle θ_t deutet. Die Simulationsergebnisse für die Zellen, TS, EZM und Nährstoffe zum Zeitpunkt $t = 350\,\text{h}$ sind in Abb. 8.12 gezeigt.

8.4. Diskussion

In diesem Kapitel konnte gezeigt werden, dass das im Rahmen dieser Arbeit neu entwickelte Modell zur Beschreibung der Interaktion zwischen Tumor und Immunsystem, genauer gesagt zwischen Gliomzellen und den Immunzellen des Gehirns, plausible und realistische Ergebnisse liefert. Der simulierte Aufbau des Tumors bestehend aus einem nekrotischen Kern und umrandet von lebenden, durchaus auch weit migrierenden Gliomzellen, sowie die Präsenz der Mikrogliazellen um den Tumor, konnten durch Experimente [117] bestätigt werden.

Des Weiteren können zwei Hauptaussagen durch In-vitro- und In-silico-Experimente gemacht werden:

1. Mikrogliazellen fördern die Invasion der Tumorzellen,

2. Mikrogliazellen fördern die Proliferation der Tumorzellen.

8.4. Diskussion

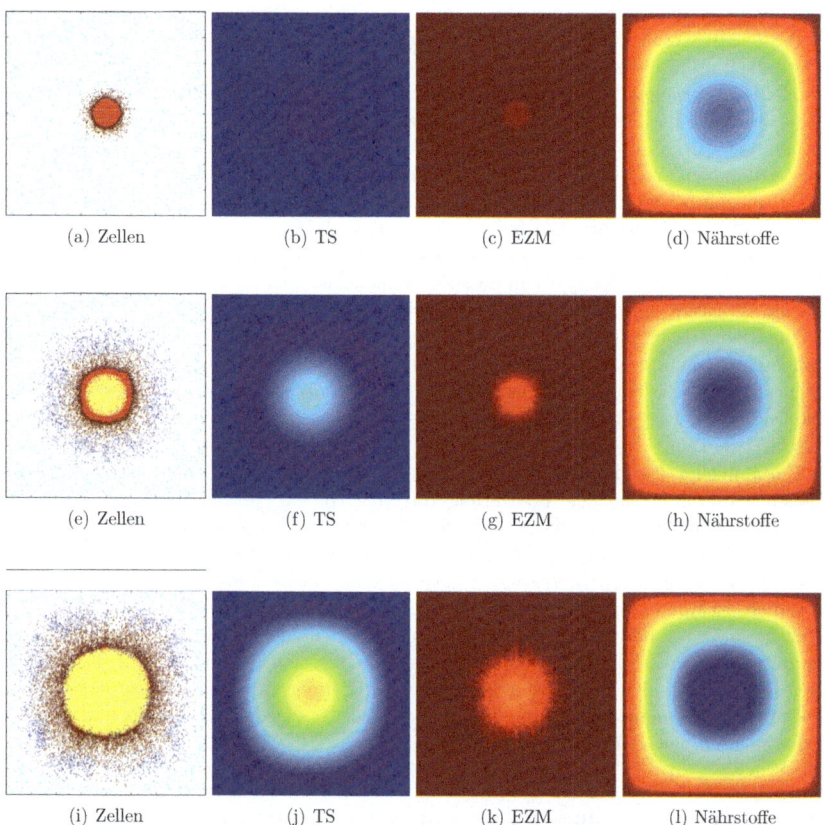

Abb. 8.12.: Simulationsergebnisse: Zellverteilung, Konzentration der TS, Dichte der EZM und Nährstoffdistribution mit Blutgefäßen an allen Rändern platziert zu den Zeitpunkten $t = 50\,\text{h}$, $t = 190\,\text{h}$ und $t = 340\,\text{h}$ (v.o.n.u.). Die Färbung ist wie in der Abb. 8.4 gegeben.

Diese zwei Aussagen werden nachfolgend näher diskutiert.

8.4.1. Mikrogliazellen fördern die Gliominvasion

Invasion ist ein komplexes Phänomen, das die Bewegung der Zellen, Proliferation und Sterberate beinhaltet, aber auch die Rate, die angibt, wie schnell die Zellen das Sphäroid verlassen. In diesen Untersuchungen wurden In-vitro-Daten verwendet, die die Zellbeweglichkeit repräsentieren, um die entsprechenden Parameterwerte in das mathematische Modell einzubringen. In diesen Invasionassay findet eine Proliferation der SMA-Zellen statt, aber es ist schwer zu ermitteln, ob dieser Parameter von der Anwesenheit der MG beeinflusst wird. Zelltod kann in der Mitte des Sphäroides infolge von Nährstoffmangel beobachtet werden (z.B. [117]). Dieser Vorgang ist jedoch wahrscheinlich nicht durch die Mikrogliazellen beeinträchtigt, da sich die MG weit vom Tumorzentrum entfernt befinden. Vorläufige Beobachtungen haben gezeigt, dass die Rate, die angibt wie schnell die Zellen das Sphäroid verlassen, ebenfalls nicht von der Präsenz der MG beeinflusst ist. Es kann also festgehalten werden, dass die Migrationsdaten (Abschnitt 8.3.2.1) korrekt die Invasionskapazität der Gliomzellen nachweisen und können deshalb zuverlässig für das mathematische Modell verwendet werden. Während die erzielten Daten aus Experimenten bei zehnfacher Menge an MG sowie, etwas geringer ausgeprägt, bei fünffacher Menge an MG die Pro-Migrationsaktivität der MG auf Gliomzellen bestätigen, zeigen die Daten, generiert mit der höchsten Dichte an MG (zwanzigfach), keinen signifikanten Effekt (vgl. Tab. 8.2).

Ein ähnlicher Trend wurde in-silico beobachtet (Abschnitt 8.3.2.3). In diese Simulationen wurde aufgrund der Aktivierung von MG/MP ein zusätzlicher Abbauterm der EZM eingebaut. Erwartungsgemäß würden MG mit einer höheren Dichte (zwanzigfach) das Tumorwachstum und die Tumorinvasion aufgrund einer vermehrt abgebauten EZM noch stärker fördern. Die In-vitro- und in geringerem Maße die In-silico-Daten unterstützen diese Erwartung nicht. Eine mögliche Erklärung ist, dass durch eine stark erhöhte Anzahl an MG in der unmittelbaren Umgebung des Tumorsphäroids ein sterischer Hinderungseffekt ausgeübt und somit mechanisch die Invasion verhindert wird. Eine hohe MG-Dichte kann aber auch die gegenseitige Aktivierung ansetzten und zu einem M1-Phänotyp der Immunzellen führen. Diese Erklärungen sind jedoch spekulativ und müssen experimentell bewiesen werden.

8.4.2. Mikrogliazellen fördern die Gliomproliferation

Es wurden quantitative Evaluierungen des Tumorzellverhaltens mit und ohne Berücksichtigung der Immunzellen über die Zeit durchgeführt und mit In-vitro-Experimenten verglichen. Die In-vitro-Experimente in Anbetracht des Tumorwachstums in Abhängigkeit der Mikrogliazellen (in einer Kokultur) und allein [220] zeigen einen Zusammenhang zwischen Proliferationsrate der Tumorzellen und Anwesenheit der MG. Für Kokulturexperimente hat Zhai et al. [220] einen Anstieg der Tumorzellanzahl von 15,3 % am Tag 5 beobachtet (vgl. Abb. 8.11(a)). Für die In-silico-Ergebnisse wurden nur 0,9869 % mehr Zellen zu diesem Zeitpunkt ($t = 5$ Tage) gezählt. Der vergleichsweise geringe Anstieg wird durch die unterschiedliche initiale Anzahl an Zellen in der Modellierungsumgebung und in den In-vitro-Experimenten verursacht (vgl. Abschnitt 8.3.2.3). Eine kleine Anzahl an Tumorzellen sondert eine bestimmte Menge an Zytokinen innerhalb einer gegebenen Zeitdauer ab. Diese ist bei geringerer Zellzahl niedriger als bei einer höheren Anzahl an Tumorzellen. Dadurch erhöht sich die Zeitdauer, bis die TS-Konzentration s_{act} für Aktivierung der MG erreicht wird. An Tag 12,5 ist die Anzahl an Tumorzellen um das 11-fache gestiegen für die Modellierung des Tumors allein und um das 12,5-fache für den Tumor in einer Kokultur. Diese Zahlen stimmen mit den Anstiegswerten der Zelllinie GL261 an Tag 5 überein. Zum Zeitpunkt $t = 12,5$ Tage wird ein durchschnittlicher Anstieg von 14,49 % des modellierten Tumors beobachtet. Diese Ergebnisse weisen darauf hin, dass das In-silico-Modell die publizierten Experimente richtig reproduziert und dass Mikrogliazellen/Makrophagen das Tumorwachstum fördern. Darüber hinaus muss die Zeit für eine zehnfach größere Zellpopulation mit dem Faktor 2,5 multipliziert werden, um dieselben Ergebnisse zu erhalten, d.h. es besteht keine Linearität.

Abb. 8.12 zeigt die Simulationsergebnisse der raum-zeitlichen Entwicklung der Studie zu den Zeitpunkten $t = 50$ h, $t = 190$ h und $t = 340$ h. In Abb. 8.12(e) und (i) kann eine größer werdende Tumormasse mit einem wachsenden nekrotischen Kern (gelb) aufgrund von Nährstoffmangel beobachtet werden. Außerdem migrieren die Tumorzellen losgelöst von der Tumorhauptmasse durch die extrazelluläre Matrix hindurch in das umliegende Gewebe. Dieses Verhalten wird ebenfalls in-vitro (vgl. Abb. 8.8 und [95,117,151,174,220]) beobachtet. Zunächst befinden sich die MG im Ruhezustand (Abb. 8.12(a)). Zu einem späteren Zeitpunkt migrieren die aktivierten MG dem TS-Gradienten entgegen, demzufolge befinden sie sich in der Nachbarschaft des Tumors (Abb. 8.12(e) und (i), dunkelblau). Diese Beobachtung wurde ebenfalls in einer In-vitro-Studie [220] gemacht: Die Dichte der MG/MP in den tumorösen Bereichen ist höher als im normalen Hirngewebe. In Abb. 8.12(b), (f) und (j) sind die Tumorsignale abgebildet, die ebenfalls außerhalb des Tumorbereiches diffundieren, da sie durch Tumorzellen produziert werden. Die EZM ist durch invasive Tumorzellen und zusätzlich durch aktivierte MG abgebaut (vgl. Abb. 8.12(g), (k)). In Abb. 8.12(d) ist die Nährstoffkonzentration zum Zeitpunkt $t = 50$ h zu sehen. Die hohe Verbrauchsrate der Tumorzellen kann in den Abb. 8.12(h) und (l) insbesondere in der Mitte des Gebietes beobachtet werden.

8.5. Schlussfolgerungen

In diesem Kapitel wurde ein kontinuierlich-stochastisches Modell vorgestellt, das die frühe Wachstumsphase eines Glioblastoms in Wechselwirkung mit Immunzellen in zwei Raumdimensionen betrachtet. Im Gegensatz zu anderen Arbeiten (z.B. [54, 134, 157, 172]), die vermehrt die Auswirkungen der natürlichen Killerzellen und des adaptiven Immunsystems auf einen Tumor modellieren, werden hier die Immuneffektorzellen des zentralen Nervensystems betrachtet, um ein auf Gliome angepasstes Problem zu behandeln. Das Modell ist insgesamt stark vereinfacht, vernachlässigt die Betrachtung von einzelnen Signalstoffen, die von Tumoren ausgesandt werden oder die Zytokine, die die MG produziert. Nichtsdestoweniger lassen sich in den Simulationsergebnissen die Hauptcharakteristiken der Tumor-Immunsystem-Interaktionen klar reproduzieren.

Das eingeführte Modell reproduziert die Zellanordnung, die in der Literatur [152] beschrieben ist und das Verhalten individueller Zellen, das experimentell bestätigt wurde (vgl. Abb. 8.8 und Ergebnisse in [117]). Die Ergebnisse zeigen die große Bedeutung der Mikrogliazellen/Makrophagen in Gliomen. Die MG fördern das Wachstum und die Invasion der Tumorzellen. Dies konnte durch In-vitro-Experimente gezeigt und durch In-silico-Simulationen reproduziert werden. In zukünftigen Arbeiten kann das Modell erweitert werden. Zunächst muss erforscht werden, inwiefern die Phänotypänderung der MG/MP innerhalb des Aktivierungsprozesses das Tumorwachstum beeinflusst. Dies ist schwer in das Modellierungsframework zu integrieren, da der Wechsel zwischen M1- und M2-Phänotyp noch nicht vollständig biologisch erforscht wurde [30, 166]. Des Weiteren können, neben der Integration von Apoptose, ebenfalls therapeutische Ansätze modelliert werden, wie z.B. Immuntherapie [62, 77]. Die realistische Wiedergabe eines Therapiemodells kann nicht nur einen enormen Nutzen für die Mediziner bedeuten, sondern idealerweise auch die Entwicklung einer individuell auf den Patienten angepassten Therapiestrategie hervorbringen.

9 Weitere Modellierungsansätze

Als Erweiterung des in dieser Arbeit vorgestellten Wachstumsmodells kann zukünftig beispielsweise das vaskuläre Tumorwachstum betrachtet werden. Hierbei muss der Prozess der Angiogenese [83, 84] berücksichtigt werden. Eine Simulation dieser Neubildung von Kapillaren ist in Abb. 9.1 zu sehen, wo ein bereits existierendes Blutgefäß am unteren Rand des Gebietes angenommen wird. Sechs Endothelzellen, von denen die Neubildung der Kapillaren ausgeht, sind initial am unteren Rand des Gebietes gesetzt. Als Attraktant gelten die Tumorangiogenesefaktoren (TAF), die vom Tumor (angenommen in der Mitte des Gebietes) ausgesendet werden. Die Simulation wurde nach dem Modell von Anderson und Chaplain [7] implementiert. Dieses stellt den Grundstein für die Angiogenesemodellierung vieler anderer Arbeiten (z.B. [39, 46, 49, 193, 222]) dar, in denen das Modell erweitert oder leicht verändert wurde.

Zusätzliche Erweiterungen für die Modellierung sind jedoch auch in der avaskuläre Wachstumsphase möglich. In diesem Kapitel werden zwei Beispiele für solche Ansätze gezeigt. Zum einen wird in Abschnitt 9.1 die Einbindung des auf dem linearquadratischen Ansatz basierenden Strahlentherapie-Modell betrachtet. Zum anderen führt Abschnitt 9.2 ein neues Multiskalenmodell ein, in dem ein Netzwerksystem aus der molekularen Ebene die Entscheidungen über die Zellprozesse Migration, Proliferation und Ruhezustand erzeugt.

9.1. Strahlentherapie

Patienten, die unter malignen Tumoren leiden, haben eine schlechte Prognose. Ein völlig unbehandelten, bösartiger Tumor führt innerhalb weniger Wochen zum Tod. Derzeitiger Standard bei der Behandlung eines Glioblastoms ist zunächst ein neurochirurgischer Eingriff mit dem Ziel der Resektion. Eine vollständige Entfernung des Tumors ist aufgrund

112 9. Weitere Modellierungsansätze

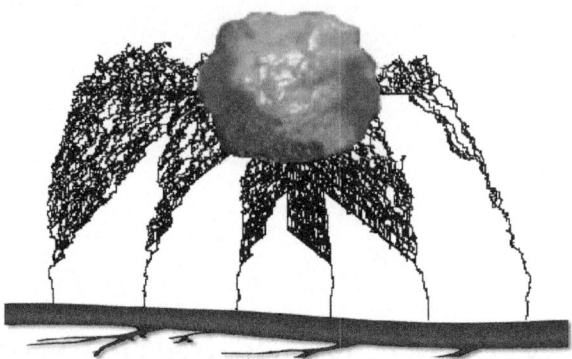

Abb. 9.1.: Modellierung der Entstehung neuer Kapillaren infolge der vom Tumor ausgesendeten Attraktanten.

der stark invasiven Eigenschaft unmöglich. Durch nachfolgende Strahlentherapie und in den meisten Fällen zusätzlich unterstützende Chemotherapie wird die Überlebenszeit des Patienten auf 12 bis 18 Monate verlängert [45, 90, 154, 178]. Diese kombinierte Behandlung soll eine Abtötung aller, relativ strahlenresistenter Gliomzellen erlauben. Da einzelne Tumorzellen mithilfe der typischen medizinischen Bildgebungsmodalitäten nicht sichtbar gemacht werden können (vgl. Abb. 2.1), ist der Erfolg der Therapie zunächst schwer einschätzbar. Erst durch die Entstehung eines Rezidivs, das häufig erst mehrere Monate nach der Therapie auftritt, ist die Existenz weiterer Tumorzellen nachweisbar. Mathematische Modellierungsansätze, die angeben können, wo sich wahrscheinlich das Rezidiv bilden wird, können bei der Therapieplanung von großem Nutzen sein und die Überlebenszeit der Patienten verlängern. Um solch ein Modell zu entwickeln, muss zunächst der Effekt der Therapie durch Simulationen abgebildet werden.

In diesem Abschnitt wird zunächst eine kurze Einführung in die Strahlentherapie gegeben (Abschnitt 9.1.1), wobei dem interessierten Leser z.B. [104] als weiterführende Literatur empfohlen wird. Anschließend werden die verwendeten Methoden erläutert (Abschnitt 9.1.2), deren Ergebnisse in Abschnitt 9.1.3 gezeigt und diskutiert. Abschließend werden in Abschnitt 9.1.4 die Schlussfolgerungen und ein kurzer Ausblick gegeben.

9.1.1. Einführung in die Strahlentherapie

Die Grundlage für die Strahlentherapie legte Wilhelm Conrad Röntgen 1895 mit der Veröffentlichung seiner Entdeckung „Einer neuen Art Strahlen" [175], die der Physiker damals als X-Strahlen bezeichnete. Erst Jahre später wurden Strahlen auch für die medizinische Diagnose und Therapie eingesetzt.

Strahlentherapie basiert auf ionisierender Strahlung, wobei die physikalische Grundla-

9.1. Strahlentherapie

ge die Übertragung von Energie auf biologisches Gewebe darstellt. Die Energiedosis ist die absorbierte Energie der ionisierenden Strahlung pro Masseeinheit [104]. 1925 definierte Hermann Behnken die Dosiseinheit Röntgen (auch rad genannt von engl.: radiation absorbed dose) als Einheit. Heute wird die SI-Einheit Gray (Gy) verwendet. Ein Gray entspricht einem Joule pro Kilogramm oder auch 100 rad.

Die Folgen einer Bestrahlung sind intrazelluläre Veränderungen, die zu Schädigungen, zur Erholung oder zum Zelltod führen. Änderungen lassen sich an der Kern- und Zellmembran, an den Zellorganellen, aber auch der DNS, in der die gesamte Erbinformation einer Zelle gespeichert ist, feststellen [155]. Die wichtigsten durch ionisierende Strahlung ausgelösten DNS-Schäden sind Basenschäden, Basenverluste, oder Einzel- und Doppelstrangbrüche. Diese Schäden können durch enzymatische Reparaturvorgänge, z.B. Ligasen und Nukleasen, wieder behoben werden [97]. Die Reparaturen sind jedoch oft fehlerhaft, was wiederum zu Mutationen führt. Nicht oder fehlerhaft reparierte Doppelstrangbrüche sind die wichtigsten Mechanismen, die bei der Strahlentherapie ausgenutzt werden, da sie oft zum Zelltod führen. Diese Art von Zelltod wird Apoptose genannt. Dies ist der programmierte Zelltod, der im Gegensatz zur Nekrose (vgl. Abschnitt 2.2.3.3) aufgrund irreparabler Schädigung eintritt. Die Strahlen, die zum Tod der Zelle führen, werden letale Treffer genannt, während reparable Schädigungen einer Zelle als subletale Treffer bezeichnet werden.

Verschiedene Tumoren weisen unterschiedliche Empfindlichkeiten gegenüber ionisierter Strahlung auf. Empfindliche Tumoren sind z.B. Seminome oder Lymphome, resistent sind dagegen bösartige Tumoren wie z.B. maligne Gliome. Dies spiegelt sich auch in den Strahlendosen wider, die zur Behandlung der verschiedenen Tumoren verwendet werden müssen.

Die wichtigsten Einflussfaktoren, die auf der zellulären Ebene das Überleben der Zellen nach Bestrahlung beeinflussen, sind Sauerstoffkonzentration, Strahlenart und Zellzyklusphase. Am empfindlichsten sind Zellen während der G_2-Phase und der Mitose (vgl. Abb. 2.3). In der G_1-Phase befindliche Zellen sind weniger strahlenempfindlich, am strahlenresistentesten ist die S-Phase [104].

Die Modellierung des Tumorwachstums kann mit einer bestimmten Wahrscheinlichkeit eine Vorhersage der raum-zeitlichen Entwicklung des Tumors treffen und somit betroffene Geweberegionen für eine Therapie besser eingrenzen. Die mathematische Modellierung des Effektes der Strahlentherapie auf das Tumorwachstum wurde bereits zahlreich publiziert [59,60,79,113,173]. In [59,60] wird ein drei-dimensionales Modell der Tumorprogression vorgestellt. Neben einer makroskopischen Beschreibung des Tumorwachstums anhand des Zellzyklus, wird ebenfalls der Einfluss der Strahlentherapie betrachtet. Der Schwerpunkt wird dabei auf die Variation der Radiosensitivität in Abhängigkeit von der Zellzyklusphase gelegt. Eine Beschreibung des diffusen Charakters des Tumors wird dagegen nicht vorgenommen. Das in [173] vorgestellte Modell beschreibt die Progression des Tumors auf Basis einer Reaktions-Diffusionsgleichung. Die unterschiedliche Motilität von Krebszellen innerhalb der grauen bzw. der weißen Hirnmasse wird hierbei mittels eines anisotropen Diffusionskoeffizienten integriert. Zusätzlich wird der Effekt einer Strahlentherapie auf makroskopischer Ebene eingeführt. Diese Modelle vereinfachen jedoch drastisch die komplexen Vorgänge auf der mikroskopischen und molekularen Ebene.

Kirkby et al. zeigen in [119] eine eindimensionale Modellierung der zellzyklusbasierenden Strahlentherapieeffekte auf mikroskopischer Ebene, ohne jedoch Mikroumgebungsfaktoren zu berücksichtigen. In [150] wird ein stochastisches Therapiemodell vorgestellt, das den Fokus auf die Teilung der Stammzellen legt.

Im Rahmen dieser Arbeit wurde ein mathematischer Ansatz zur Modellierung des Einflusses von Radiotherapie auf die Progression primärer Hirntumoren entwickelt. Das hybride Wachstumsmodell (vgl. Kapitel 7) basiert auf Einflüssen aus der Mikroumgebung des Tumors, d.h. auf der Nährstoffkonzentration sowie der Dichte der extrazellulären Matrix. Der Therapieeffekt mittels Bestrahlung wird durch ein linear-quadratisches Modell analog zu Borkenstein [32] beschrieben. Dieses ermöglicht die Quantifizierung des Bestrahlungseffekts verschiedener Fraktionierungsschemata. Zusätzlich erlaubt die Integration der Zellzyklusphasen in das Wachstumsmodell eine Abbildung der Variabilität der Radiosensitivität einzelner Zellen.

9.1.2. Methoden

Das Wachstumsmodell basiert auf einem mikroskopischen, hybriden Ansatz. Eine detaillierte Beschreibung der einzelnen Prozesse des Tumorwachstumsmodells sind in den Kapiteln 6 und 7 ausführlich dargelegt. Zur mathematischen Beschreibung der Strahlentherapie wird das linear-quadratische (LQ-)Modell genutzt. Dieses wurde von Douglas und Fowler im Jahr 1976 eingeführt [65]. Seitdem wird es als Grundlage für die Modellierung verwendet [32,60,173]. Der Verlauf der Überlebensfraktion ist jedoch schon 1956 durch In-vitro-Versuche gezeigt worden [165]. Die Überlebensrate wurde als Quotient der Zellpopulation nach Bestrahlung und der Zellpopulation vor Bestrahlung empirisch berechnet. Ein durchschnittlicher Verlauf der gewonnenen Zellkulturdaten zeigt die Überlebenskurve in Abb. 9.2. Die Überlebensfraktion ist hier logarithmisch gegen die linear aufgetragene Energiedosis dargestellt. Es lassen sich zwei Kurvenanteile unterscheiden: Im Anfangsbereich der Kurve bei einer kleinen Dosis zeigt sich eine sogenannte Schulter. Zu höheren Dosen hin zeigt sich im halblogarithmischen Plot ein linearer Abfall. Diese Dosis-Effekt-Kurve wird aufgrund dieses charakteristischen Verlaufs auch Schulterkurve genannt.

Die mathematische Beschreibung der Überlebensrate S in Abhängigkeit von der Dosis D setzt sich dann aus einen linearen und einem quadratischen Term zusammen:

$$S(D) = e^{\alpha D + \beta D^2}, \tag{9.1}$$

wobei α und β die Parameter der linearen Komponente bzw. der quadratischen Komponente sind. Beide Parameter beschreiben die Radiosensitivität des Gewebes: α beschreibt die nicht-reparablen Schäden und β die reparablen Schäden. Ein Kernparameter ist darüber hinaus der Quotient α/β. Ein hoher Wert, z.B. der Wert 10 für den Glioblastom, steht für früh-reagierendes Gewebe. Ein kleiner Wert von z.B. $1,5-2,5$ für Hirngewebe steht für spät-reagierendes Gewebe.

Untersuchungen haben gezeigt, dass die Strahlensensitivität mit dem Zellzyklus variiert [104]. Um dieses Phänomen im linear-quadratischen Modell abzubilden, werden für

9.1. Strahlentherapie

die verschiedenen Zellphasen unterschiedliche α und β Werte angenommen. Für die Phasen G_1, M und G_2 gilt eine ähnliche Sensibilität und es werden jeweils dieselben Werte α_P und β_P verwendet. Des Weiteren wird zwischen der Phase S (Parameter α_S, β_S) und G_0 (Parameter α_G, β_G) unterschieden.

Die Wahl der Länge einzelner Zellzyklusphasen hängt von der Proferationszeiten ab. In Abschnitt 7.2.1 wurden die Proliferationszeiten für Tumorzellen beschrieben. Es besteht eine Abhängigkeit zwischen der Dauer des Zellzyklus und der Umgebung, wobei die Proliferationszeit für invasive Zellen 13 h beträgt und andernfalls 8 h. Die Zellzyklusphasen DNS-Synthese und Mitose weisen eine konstante Länge von 2 h bzw. 1 h auf (vgl. Abschnitt 2.2.3.2). Die Dauer der Vorbereitungsphasen sind variabel, wobei die G_1-Phase ungefähr die Hälfte der gesamten Zellzyklusdauer beträgt. Demzufolge wird für die Zellen mit einer Proliferationszeit von 8 h eine 4 h dauernde G_1-Phase gewählt. Für die G_2-Phase wird eine Stunde gewählt, sodass die Summe der Dauer der einzelnen Phasen eine Gesamtdauer von acht Stunden ergibt. Für die Tumorzellen mit 13 h Proliferationszeit werden 6,5 h für die G_1-Phase und 3,5 h für die G_2-Phase gewählt. Eine Übersicht der Dauer der einzelnen Zellzyklusphasen ist in Tab. 9.1 gegeben.

Tab. 9.1.: Dauer der Zellzyklusphasen für Tumorzellen in einer invasiven und in einer proliferierenden Zone.

Phase	Dauer / h (invasive Zellen)	Dauer / h (nichtinvasive Zellen)
G_1	6,5	4
S	2	2
G_2	3,5	1
M	1	1

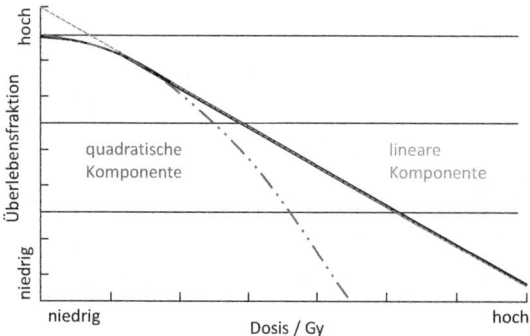

Abb. 9.2.: Linear-quadratisches Modell.

Um die zwei Hauptarten der Schädigungen der Zellen (letal und subletal) durch die Bestrahlung zu simulieren, werden zwei Wahrscheinlichkeitsfunktionen eingeführt. Diese sind auf Basis des linear-quadratischen Modells berechnet:

$$P_{lh} = 1 - \exp[-(\alpha D + \beta D^2)], \tag{9.2}$$
$$P_{slh} = 1 - \exp[-\beta D^2]. \tag{9.3}$$

Um festzustellen, ob die Zelle letal, subletal oder nicht getroffen wurde, wird eine Zufallszahl z ∈ [0, 1] generiert. Es werden anschließend die folgenden drei Fälle unterschieden:

1. Gilt $0 \leq z < P_{lh}$, wurde die Tumorzelle letal getroffen.

2. Gilt $P_{lh} \leq z < P_{lh} + P_{slh}$, wurde die Zelle subletal getroffen.

3. Gilt $P_{lh} + P_{slh} \leq z$, wurde die Zelle nicht getroffen.

Tritt der erste Fall ein, so wird angenommen, dass die Schäden der Zelle, insbesondere der DNS, sehr groß sind und die Reparatur nicht vollständig erfolgen kann. Durch die Beschädigungen der Zelle wird der programmierte Zelltod eingeleitet und die Zelle kann als apoptotisch angenommen werden. Ist der Wert der Zufallszahl jedoch in dem Bereich [P_{lh}, $P_{lh}+P_{slh}$), so haben die Strahlen nur kleine Zellschäden hervorgerufen, die repariert werden können. Dieser Reparaturvorgang kann bis zu sechs Stunden dauern [32]. Deshalb wird angenommen, dass eine subletal getroffene Zelle ab dem Zeitpunkt des Treffers, innerhalb von sechs Stunden wieder vollständig repariert ist. Während dieser Zeit kann die Zelle weder migrieren noch proliferieren. Schließlich kann eine Tumorzelle überhaupt nicht von den Strahlen getroffen werden. In diesem Fall überlebt die Zelle und durchläuft den Pfad des in Abb. 7.2 beschriebenen Algorithmus.

9.1.3. Ergebnisse und Diskussion

In diesem Abschnitt werden unterschiedliche Simulationen durchgeführt, um den Effekt der Strahlentherapie auf einen avaskluären Tumor zu untersuchen. Hierzu wird ein Therapieplan benutzt, der auch in der Realität bei Gliompatienten Verwendung findet [173]. Es werden innerhalb von sechs Wochen fünf Tage therapiert und zwei Tage, meist das Wochenende, zur Erholung des gesunden Gewebes therapiefrei gehalten. Die Therapie erfolgt verteilt, um den Effekt der Abtötung des Tumors zu vergrößern und das normale, gesunde Hirngewebe zu schonen. Diese Aufteilung der Gesamtdosis heißt Fraktionierung. Es werden einzelne kleinere Dosen pro Fraktion gegeben, damit sich die in Abb. 9.2 gezeigte Anfangsverteilung der Schulterkurve wiederholen kann. Der Nutzen der Fraktionierung besteht darin, dass die bessere Erholungsfähigkeit der gesunden Zellen gegenüber den Tumorzellen ausgenutzt wird. Insgesamt kann somit eine größere Abtötung der früh-reagierende Zellen erfolgen. Die Gesamtdosis der Therapie ist abhängig von mehrere Faktoren. Die wichtigsten sind Tumorentität, -größe und -lokalisation, wobei für Hirntumoren üblicherweise eine Gesamtdosis von 60 Gy verwendet wird [104]. Die

9.1. Strahlentherapie

Tab. 9.2.: Parameterbelegung im Bestrahlungsmodell von unterschiedlich strahlensensitiven Tumoren.

Parameter	strahlensensibel / Gy^{-1}	strahlenresisten / Gy^{-1}
α_P	0,6	0,3
α_S	0,5	0,2
α_G	0,4	0,1
α/β	10	10

einzelnen Bestrahlungseinheiten werden bei 30 Tagen Bestrahlung mit 2 Gy pro Fraktion durchgeführt. In der Praxis werden für kleinere Tumoren oder bei einer schwierigeren Lokalisation kleinere Dosen verwendet. Deshalb wird in den Simulationen eine Dosis von 1 Gy pro Fraktion realisiert. Die Werte für α und β werden analog zu Dionysiou et al. [60] gewählt (Tab. 9.2).

Für alle Experimente wird die Gitterkonfiguration aus Abschnitt 4.1 verwendet und ein Anfangstumor bestehend aus 441 Zellen angenommen (vgl. Abb. 6.4 rechts). Zunächst werden Simulationen mit Parametern entsprechend einem resistenten Tumor (vgl. Tab. 9.2) und einer Dosis von $D = 1$ Gy pro Fraktion durchgeführt. Die Therapie startet am Tag vier. In Abb. 9.3 sind die Ergebnisse für drei Zeitpunkte bei Positionierung der Blutgefäße an allen Rändern zu sehen. Zum Zeitpunkt $t = 25$ h hat die Therapie noch nicht begonnen und der Tumor ist noch relativ klein (Abb. 9.3(a)). Zum selben Zeitpunkt ist die Dichte der EZM kaum abgebaut (Abb. 9.3(b)) und die Nährstoffkonzentration so hoch, dass noch keine Hypoxie auftritt. Zum nächsten Zeitpunkt hat die Therapie bereits seit ungefähr sechs Tagen begonnen und es sind viele letal getroffene Zellen (grün) sichtbar (Abb. 9.3(d)). Die subletalen Treffer sind schwer zu erkennen, weil diese Beschädigungen innerhalb von sechs Stunden repariert werden. Demzufolge sind sie jeweils nur für einen kurze Zeitraum sichtbar. Auf einen solch kleinen Tumor haben die subletalen Treffer bei diesem Therapieplan keine großen Auswirkungen. Nur bei einer Mehrfachbestrahlung innerhalb eines Tages wären deren Folgen sichtbar. Zum letzten Zeitpunkt sind viele Tumorzellen durch Apoptose gestorben, es gibt jedoch immer noch viele lebende Zellen (Abb. 9.3(g)). In der EZM (Abb. 9.3(h)) sind einzelne Stellen um das Zentrum herum stärker abgebaut. Durch die Bestrahlung kann der Tumor nicht so stark anwachsen gegenüber dem Verhalten ohne Therapie (Abb. 9.5). Die Nährstoffkonzentration zum Zeitpunkt $t = 450$ h ist insbesondere in der Mitte stark verbraucht und kann die Tumorzellen nicht mehr mit genügend Sauerstoff und anderen Nährstoffen versorgen. Folglich sterben die Zellen ebenfalls aufgrund von Nekrose (Abb. 9.3(g)).

Um die einzelnen Status der Zellen über die Zeit zu untersuchen, wird die Anzahl der nekrotischen, stillen und aktiven Tumorzellen sowie deren Gesamtanzahl in Abb. 9.6 aufgetragen. Es wird jeweils das fraktionierte Einwirken der Strahlentherapie aus dem Kurvenverlauf ersichtlich. Insbesondere der gesamte Tumor und die Anzahl aktiver Zellen spiegeln die einzelnen Fraktionen deutlich wider. Nach 96 h, wenn die Therapie beginnt, nimmt die Anzahl an Zellen ab und steigt dann wieder bis zur nächsten Bestrahlung.

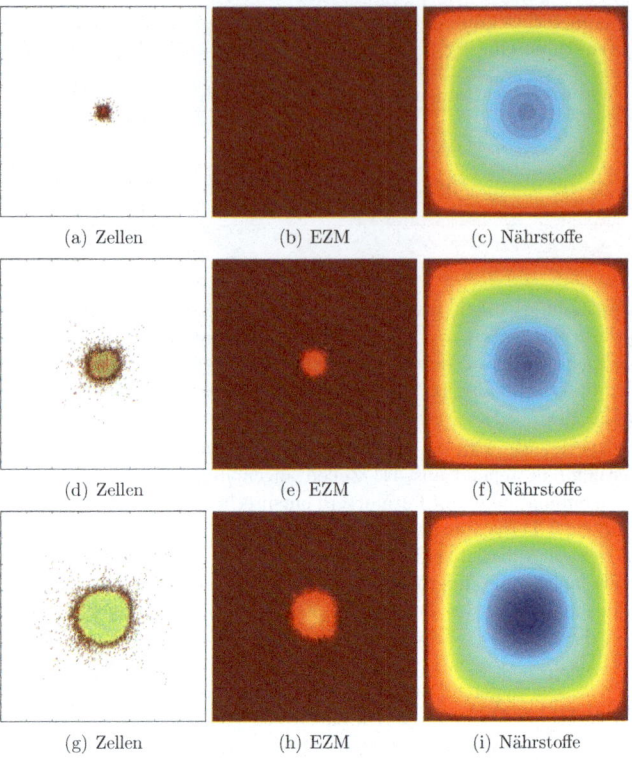

Abb. 9.3.: Simulationsergebnisse für einen resistenten Tumor mit einer Bestrahlungsdosis von 1 Gy pro Fraktion mit Therapiebeginn am Tag 4: Die Zellverteilung, die Dichte der EZM und die Nährstoffdistribution mit Blutgefäßen an allen Rändern zu den Zeitpunkten $t = 25\,\text{h}$, $t = 250\,\text{h}$ und $t = 450\,\text{h}$ (v.o.n.u.). Für die Tumorzellen repräsentiert gelb nekrotisches Gewebe, hellrot markierte Zellen befinden sich im Ruhezustand und dunkelrot entspricht aktiven Zellen, d.h. proliferierenden und migrierenden Tumorzellen. Die letale Treffer sind in grün dargestellt und die subletale Treffer in türkis. Die Kolorierung der EZM-Dichte und der Nährstoffkonzentration sind aus Abb. 9.4 zu entnehmen.

Gut sichtbar sind ebenfalls die Wochenenden, an denen die Behandlung pausiert wird und der Graph entsprechend einen steileren und längeren Anstieg aufweist. Die sich im Ruhezustand befindlichen Zellen sind in geringerem Maß von der Bestrahlung betroffen. Deren Verlauf erfolgt jedoch ebenfalls aufgrund der Bestrahlung nicht monoton. Die Ne-

9.1. Strahlentherapie

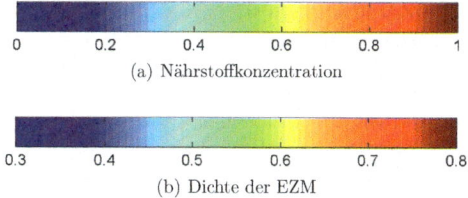

(a) Nährstoffkonzentration

(b) Dichte der EZM

Abb. 9.4.: Farbskala für die Nährstoffkonzentration sowie für die Dichte der EZM.

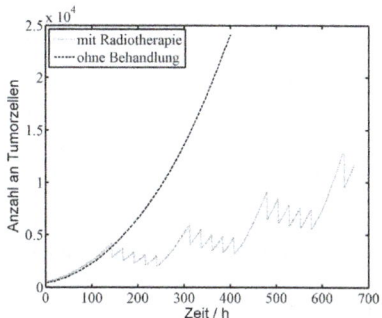

Abb. 9.5.: Verlauf eines Tumors über die Zeit mit und ohne Strahlentherapie.

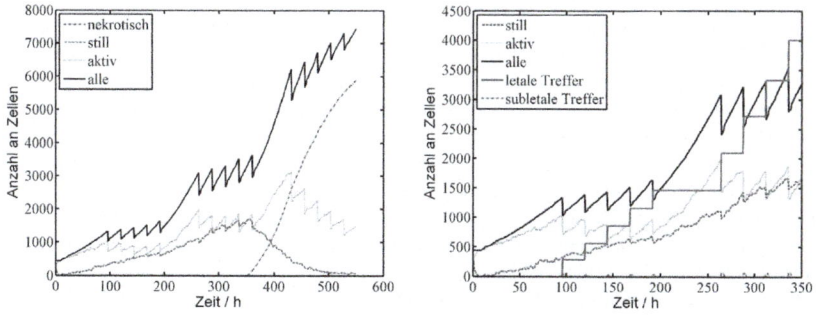

Abb. 9.6.: Anzahl der Zellen in verschiedenen Zuständen der Simulationen in Abb. 9.3. Rechts: Ausschnitt mit zusätzlicher Anzahl der subletalen und der letalen Treffer.

krose, die ungefähr zum Zeitpunkt $t = 350\,\text{h}$ beginnt, übt einen größeren Effekt auf die stillen Zellen aus. Diese befinden sich in der Mitte des Gebietes und sterben bei Hypoxie bzw. allgemein bei Nährstoffmangel. Ein Ausschnitt der Verläufe mit der Anzahl der letalen und subletalen Treffer ist in Abb. 9.6 rechts dargestellt. Hier wird der treppenartige Bestahlungseffekt sichtbar: Die Anzahl apoptotischer Zellen, die infolge von letalen Treffern gestorben sind, steigt bei jeder Bestrahlung an. Zwischen den einzelnen Fraktionen und in den behandlungsfreien Tagen ist die Anzahl an letalen Treffer konstant. In dieser Ansicht (Abb. 9.6 rechts) sind die subletalen Treffer sichtbar. Diese sind nach jeder Einzelbestrahlung sichtbar und werden sechs Stunden später, nach der Reparatur, als gesunde Tumorzellen dargestellt.

Darüber hinaus wurden Simulationen mit Parametern für ein sensitiven Tumor durchgeführt (vgl. Tab. 9.2). Dabei wird eine Dosis von $D = 2\,\text{Gy}$ pro Einzelbestrahlung verwendet und Tag vier als Startpunkt für die Therapie gesetzt. Abb. 9.7 stellt die Simulationsergebnisse für die Zellverteilungen über die Zeit dar. Die erste Aufnahme zeigt den Tumor kurz nach der ersten Bestrahlungseinheit. Es sind viele apoptotische Zellen vorhanden, die Tumorzellen sind jedoch ebenfalls gut sichtbar. Bis zum Zeitpunkt $t = 300\,\text{h}$ schrumpft der Tumor und es sind nur noch einzelne lebende Tumorzellen sichtbar. 100 h später ist die Anzahl der Tumorzellen wieder höher. Das ist damit zu klären, dass sich nicht nur gesundes Gewebe zwischen den Bestrahlungsfraktionen erholt, sondern auch der Tumor. Unmittelbar nach der Bestrahlung schrumpft der Tumor bis auf wenige Tumorzellen. Bis zur nächsten Einheit können sich aufgrund der hohen Proliferationsrate der Gliomen mehrere Zellen teilen. Zum letzten Zeitpunkt ($t = 600\,\text{h}$) ist der Tumor bis auf eine einzige Zelle abgetötet.

Für dieses Experiment wurde ebenfalls die Anzahl der Zellen mit verschiedenen Zuständen über die Zeit dargestellt (Abb. 9.8). In dieser Darstellung wird deutlich, dass die Therapie insbesondere am Anfang den Tumor stark reduziert. Die letalen Treffer nehmen mit der Zeit ab. Der maximale Wert für den Gesamttumor erreicht fast 1400 Zellen. In dem vorherigen Experiment mit $D = 1\,\text{Gy}$ und strahlenresistenten Parametern waren es nahezu 7500 Zellen. Dazu muss beachtet werden, dass der Tumor in der Simulation mit $D = 2\,\text{Gy}$ innerhalb von ungefähr zwei Wochen nahezu abgetötet wird.

Es wurden Variationen des Bestrahlungsplanes durchgeführt, indem die Dosis mit 1 Gy und 2 Gy variiert wurde, die Parameter wurden sowohl für einen sensitiven als auch für einen resistenten Tumor gewählt und der Startpunkt für die Therapie wurde entweder am Tag 4 oder am Tag 6 vorgenommen. Die Ergebnisse für die über 75 Simulationen gemittelte Gesamtzahl lebender Tumorzellen ist in Abb. 9.9 über die Zeit illustriert. In dieser Darstellung kann beobachtet werden, dass die meisten resistenten Tumorzellen bei einer Dosis von 1 Gy pro Einzelbestrahlung überleben. Deren Anzahl nimmt über die Zeit stark zu, unabhängig vom Anfangszeitpunkt der Behandlung. Im mittleren Bereich sind vier dicht beieinander liegende Graphen zu sehen, wobei sich jeweils zwei stark ähneln. Der Verlauf für einen sensitiven Tumor, initial bestrahlt am Tag 6 mit 1 Gy sieht dem Verlauf für einen resistenten Tumor, initial bestrahlt ebenfalls am Tag 6, jedoch mit 2 Gy pro Fraktion sehr ähnlich. Bei den beiden anderen Kurvenverläufen fängt die Therapie am Tag 4 an, wobei zum einen ein sensitiver Tumor mit je 1 Gy bestrahlt

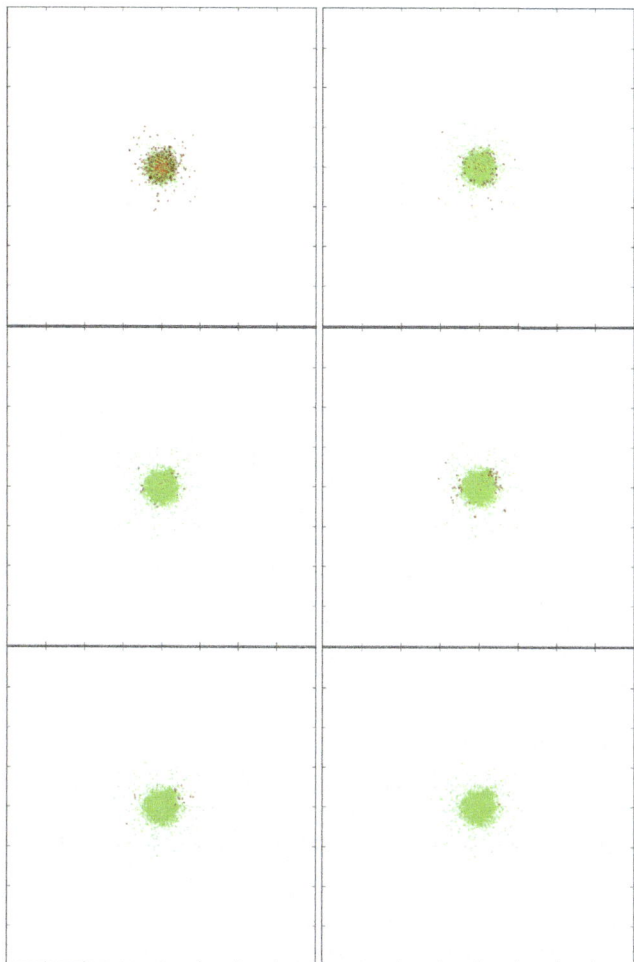

Abb. 9.7.: Simulationsergebnisse für ein sensitiven Tumor mit einer Bestrahlungsdosis von 2 Gy pro Fraktion mit Therapiebeginn am Tag 4: Die Zellverteilung zu den Zeitpunkten $t = 100\,\mathrm{h}$, $t = 200\,\mathrm{h}$, $t = 300\,\mathrm{h}$, $t = 400\,\mathrm{h}$, $t = 500\,\mathrm{h}$ und $t = 600\,\mathrm{h}$ (von links oben nach rechts unten). Die Farbkodierung ist wie in Abb. 9.3 gegeben.

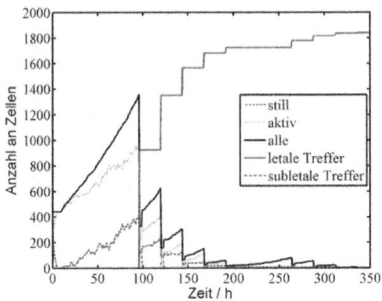

Abb. 9.8.: Anzahl der Zellen in verschiedenen Zuständen der Simulation in Abb. 9.7.

wird und zum anderen ein resistenter Tumor mit 2 Gy pro Fraktion bestrahlt wird. Bei beiden Konfigurationspaaren wird deutlich, dass bei einem eher resistenten Tumor die doppelte Dosis notwendig ist, um eine ähnliche Wirkung, wie bei einen sensitiven Tumor zu erzielen.

Die zwei letzten Konfigurationen sehen bezüglich der Abtötung des Tumors am vielversprechendsten aus. Diese sind mit Parametern für einen sensitiven Tumor durchgeführt worden und es wurden 2 Gy für die Einzeldosis angenommen. Zur besseren Visualisierung ist die Anzahl der Zellen für diese beiden Fälle zusätzlich in Abb. 9.10 illustriert. Es wird deutlich, dass unabhängig davon, ob die Therapie zwei Tage später anfängt, der Tumor abgetötet wird. Schon nach der ersten Bestrahlungswoche ist der Tumor um ein Vielfaches geschrumpft.

9.1.4. Schlussfolgerungen

In diesem Kapitel wurde ein mathematisches Modell entwickelt, welches die Effekte der Strahlentherapie auf das Wachstum eines Glioms in der Anfangsphase repräsentiert. Für die Modellierung zellulärer Wachstumsprozesse wurden Migration, Proliferation sowie Tod oder Stillstand individueller Tumorzellen in Abhängigkeit von der Nährstoffkonzentration und der extrazellulären Matrix berücksichtigt. Die Effekte der strahlentherapeutischen Behandlung basieren auf dem linear-quadratischen Modell [32, 60, 173], wobei zwischen letal und subletal getroffenen Tumorzellen differenziert wird. Darüber hinaus erlaubt das Modell die Variation der Radiosensitivitäten in Abhängigkeit von der Zellzyklusphase [60].

Das hier eingeführte Modell zeigt Simulationen, die das durch die Literatur beschriebene [155] und experimentell bestätigte Verhalten individueller Tumorzellen [165] abbilden. Bei Variation unterschiedlicher Parameter, wie zum Beispiel der Dosis pro Fraktion oder der Parameter für die Radiosensitivität, werden unterschiedliche Wachstumskurven des Tumors erhalten. Insbesondere für sensitive Tumoren kann bei möglichst frühe Behandlung (Tag 4 oder 6) ein Tumor erfolgversprechend therapiert werden. Für einen eher

9.1. Strahlentherapie

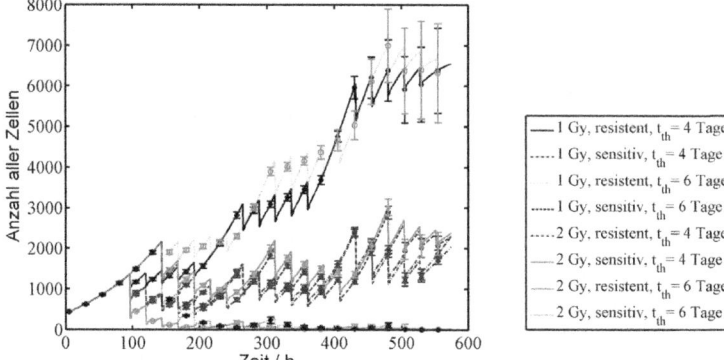

Abb. 9.9.: Durchschnittliche Anzahl der Zellen verschiedener Zustände, gemittelt über 75 Simulationen. Die Balken geben die Standardfehler an.

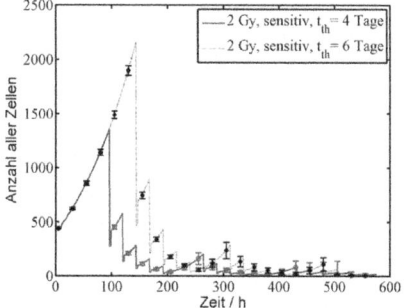

Abb. 9.10.: Durchschnittliche Anzahl der Tumorzellen gemittelt über 75 Simulationen für eine Strahlentherapiedosis von 2 Gy bei unterschiedliche Zeitpunkten für den Therapiebeginn. Die Balken geben die Standardfehler an.

resistenten Tumor, wie das Glioblastom, sind Behandlungen, die nur Strahlentherapie beinhalten nur mäßig erfolgreich. Zusätzlich müssen häufig chemotherapeutische Maßnahmen hinzugenommen werden. Die Einbindung der Chemotherapie ist eine zukünftige mögliche Erweiterung des Modells, um den derzeitiger Standard bei der Behandlung eines Glioblastoms zu repräsentieren.

Zudem können bei der Strahlentherapie weitere Prozesse in die Modellierung aufgenommen werden. Eine Möglichkeit ist die Variation der Therapieplanung. Neben der klassischen täglichen Behandlung sind mehrere Fraktionen an einem Tag möglich. Diese Art der Therapieplanung wird Hyperfraktionierung genannt. Sie ist bei einer besonders hohen Gesamtdosis gefordert, um durch die Reduktion der Dosis pro Einzelbestrahlung das spätreagierende, gesunde Gewebe besser zu schonen. Ein weiterer Prozess, der in der Modellierung aufgenommen werden kann, ist der Sauerstoffeffekt. Hierunter wird die Resistenz des Tumors gegenüber Radio- und Chemotherapie bei mangelnder Sauerstoffversorgung verstanden [72, 217].

Insgesamt zeigt das vorgestellte zelluläre Mikroumgebungsfaktoren beinhaltende Strahlentherapiemodell repräsentative Ergebnisse. Bei bestimmten Parametern und Behandlungsbeginn, zeigen die Simulationen erfolgversprechende Ergebnisse für die Tumorbekämpfung. Neben der Erweiterung dieses Modells in Form eines Multiskalen-Ansatzes steht ein Vergleich zu Patientenhistologien und In-vitro-Experimenten zur Quantifizierung der Ergebnisse aus. Ein derartiger Vergleich erfordert die Integration und Schätzung patientenindividueller Parameter und eine detailgetreue Modellierung der in-vivo und in-vitro vorliegenden Mikroumgebung. Dies stellt einen zentralen Forschungsschwerpunkt zukünftiger Arbeiten dar.

9.2. Multiskalenmodellierung

Die Entwicklung eines Tumors findet auf mehreren Ebenen gleichzeitig statt. Diese Ebenen, auch Skalen genannt, sind von unterschiedlicher Größenordnung. Im Zusammenhang mit der Tumormodellierung werden für gewöhnlich drei Skalen unterschieden [215]: die molekulare, die mikroskopische und die makroskopische Ebene. Um die Größenordnung einer Skala abzuschätzen, werden Angaben zu den betrachteten Stoffen angegeben. Auf der molekularen Ebene werden die Proteinkonzentrationen und -interaktionen innerhalb einer einzelnen Zelle untersucht. In der sub-/molekularen Ebene werden Atome bzw. Proteine betrachtet, deren Größe im Bereich 10^{-12}-10^{-9} m liegt [2]. Die mikroskopische Ebene betrachtet mehrere Zellen. Die Größenordnung einer Zelle liegt im Mikrometer-Bereich, d.h. 10^{-6} m. Auf der makroskopischen Ebene sind die Datengrößen der Simulationsergebnisse mit klinischen Bildgrößen vergleichbar. Das gesamte Körperteil bzw. Organ ist von ungefähr 10^{-3} m, wird auf dieser Skala dargestellt und wird deshalb auch Organebene genannt.

Zusätzlich zu diesen drei Ebenen werden zwischen unterschiedlichen Bereichen innerhalb einer Ebene unterschieden. Stoffkonzentrationen außerhalb der Zellen werden z.B. getrennt von den intrazellulären Prozessen oder Stoffkonzentrationen beschrieben. Bezüglich der Konzentrationen kann allgemein auch von einer Clusterebene gesprochen werden [215].

Mathematische Modellierungsansätze betrachten häufig die Modellierung einer räumlich abgetrennten Ebene. Dies hat zur Folge, dass möglicherweise relevante Prozesse einer anderen Ebene nicht betrachtet werden und es so zum Verlust von Informationen kommen kann. Vermehrt werden Multiskallenmodelle erforscht, wobei die Herausforderung darin besteht, die unterschiedlichen Ebenen zusammenzuführen.

In der vorliegenden Arbeit wird ein Multiskalenmodell entwickelt, das die mikroskopi-

9.2. Multiskalenmodellierung

sche Ebene mit molekularen Interaktionen koppelt. Zunächst wird eine kurze Einführung in die Multiskalenmodellierung gegeben (Abschnitt 9.2.1). Danach werden die in dieser Arbeit verwendeten Methoden erläutert (Abschnitt 9.2.2). Deren Ergebnisse werden anschließend in Abschnitt 9.2.3 aufgeführt und diskutiert, bevor in Abschnitt 9.2.4 die Schlussfolgerungen und ein Ausblick gegeben werden.

9.2.1. Einführung in die Multiskalenmodellierung

Vermehrt werden Multiskalenmodelle eingeführt. Das Themengebiet Tumormodellierung bietet schon eine Vielzahl an Arbeiten in diesem Bereich an. Sun et al. [193] modelliert z.B. die Bioreaktion und Diffusion der kapillaren Wachstumsfaktoren auf der makroskopischen Ebene, wobei die Entwicklung, Verzweigung und Anastomose der Kapillaren auf der zellulären Ebene stattfinden. Eine solche Kopplung kann auch als hybrides Modell bezeichnet werden. Die Begriffe sind jedoch noch nicht etabliert und je nach Autor unterschiedlich interpretiert. Deroulers et al. [58] beschreiben die Migration auf zellulärer und makroskopischer Ebene für Tumoren. Multiskalenansätze, die diese zwei Ebenen miteinander verbinden, sind eher selten. Die einzigen etablierten Arbeiten in diesem Bereich sind z.B. kontinuierliche Modelle mit funktionalen Parametern [130] oder adaptive, hybride Ansätze [129]. Wohingegen die Kopplung der molekularen und der mikroskopischen Ebene vermehrt im Fokus der Forschung steht. Diese Art von Modellen sind allerdings derzeit zu rechenintensiv, um damit einen kompletten Tumor und dessen Umgebung auf der makroskopischen Ebene zu simulieren [56].

Alarcón et al. [2] präsentieren in ihrer Arbeit ein Modell, das drei Ebenen koppelt. Die Ebenen sind nicht im klassischen Sinn definiert, sondern stellen unterschiedliche Prozessgebiete dar. Zum einen gibt es das intrazelluläre Gebiet, wobei hier die Produktion des TAF-Signalstoff VEGF, die Apoptose und der Zellzyklus eingeführt werden. Zum anderen existiert die zelluläre Ebene, in der Tumorzellen, gesunde Zellen sowie die Sauerstoffkonzentration betrachtet werden. Zuletzt wird das vaskuläre Gebiet betrachtet, in dem der Blutfluss und die Vaskularisation stattfinden. Dieses Gebiet findet ebenfalls auf der mikroskopischen Ebene statt. Dieser Ansatz ist sehr komplex und berücksichtigt unterschiedliche und wichtige Aspekte. Allerdings werden Zell-Matrix-Interaktionen und der Prozess der Angiogenese vernachlässigt.

Athale et al. [13] zeigen ein Multiskalenmodell, das die zelluläre Ebene mit der Molekularen vereint. Hierzu wird das molekulare Interaktionsnetzwerk des EGF-Rezeptors (EGFR, membranständige Rezeptorproteinkinase, Abkürzung für engl. Epidermal Growth Factor Receptor) und sein Bindungsprotein TGF-α (Transformierender Wachstumsfaktor α) in ein agentenbasiertes Modell integriert, um eine Entscheidung über den Phänotyp einer Tumorzelle zu erhalten. Die Ausführung findet auf der mikroskopischen Ebene statt. Dieses Modell stellt die Grundlage der im Rahmen dieser Arbeit entwickelten Multiskalenansatz dar.

Als weiterführende Literatur wird der Übersichtsartikel von Zhang et al. [221] empfohlen, wobei der Fokus hier auf komplexen, agentenbasierten Modellen liegt. Für eine ausführliche Beschreibung der allgemeinen Multiskalenmodellierung sei auf den Artikel von Deisboeck et al. [56] oder das Buch von Deisboeck und Stamatakos [55] verwiesen.

In den nachfolgenden Abschnitten wird die Neuentwicklung eines Multiskalenmodells vorgestellt, das das avaskuläre Tumorwachstum auf mikroskopischer Ebene unter Berücksichtigung des molekularen Einflusses darstellt. Es wird eine kontinuierliche Darstellung angewendet, um die Ausbreitung der Nährstoffkonzentration zu simulieren und eine diskrete Methode, um die chemotaktische Platzierung der Zellen und die Nekrose zu modellieren. Das molekulare Netzwerk wird ähnlich zu Athale et al. [13] beschrieben und besteht aus einem System gewöhnlicher Differentialgleichungen. Mit Hilfe der Nährstoffkonzentration berechnet sich die Lösung des gewöhnlichen Gleichungssystems, das die Entscheidung für Migration, Proliferation und Ruhezustand der Zellen vorgibt.

9.2.2. Methoden

Für die Methoden auf der mikroskopischen Ebene werden größtenteils Komponenten verwendet, die in vorherigen Kapiteln vorgestellt wurden. Dazu gehören die in Kapiteln 6 beschriebene haptotaktische und chemotaktische Migration der Zellen sowie die in Kapitel 7 behandelte Proliferationsdauer, Platzierung der Zellen sowie deren Ruhezustand.

Im Gegensatz zu der rein mikroskopischen Modellierung, werden die Prozesse, die eine Zelle durchlaufen, von der Konzentrationsänderung der Proteine bestimmt. Diese werden in einem System von ODEs berechnet. Hierbei liegt das Hauptmerkmal auf dem Phänotypwechsel zwischen Migration und Proliferation. Es wird angenommen, dass nur einer der beiden Prozesse gleichzeitig auftreten kann. Da EGFR in der Entscheidung für Migration sowie Proliferation beteiligt ist, wird dessen Signalweg als Modellierungsgrundlage verwendet [13]. Bevor eine detaillierte Beschreibung der Phänotypentscheidung einer Tumorzelle gegeben wird, werden die Interaktionen auf der molekularen Ebene näher erläutert.

Molekulare Ebene Die Berechnungen auf dieser Ebene finden innerhalb einer Zelle statt. Um die natürlichen Interaktionen auf diese Ebene genauer wiedergeben zu können, wird die Zelle in Zonen unterteilt [13]. Zum einen wird zwischen Zellkern, Zytoplasma und Zellmembran unterschieden, zum anderen werden Unterzonen benötigt, um die Polarität der Zelle wiederzugeben. Diese sind die Himmelsrichtungen Nord, Ost, Süd und West. Eine schematische Darstellung zeigt Abb. 9.11.

Der Fluss der Moleküle zwischen den Nachbarschaftszonen werden durch Masseerhaltungssätze dargestellt (vgl. Abb. 9.11). Dazu wird in jeder der vier Unterzonen das Proteininteraktionsnetzwerk berechnet. Dieses besteht aus einem Gleichungssystem mit 14 gewöhnlichen Differentialgleichungen. Sie geben die Veränderung der Proteinkonzentration über die Zeit mit Produktions- und Degradationsrate, sowie positiver und negativer Rückkopplung an. Das Gleichungssystem ist eine vereinfachte Darstellung des EGFR-Signalwegs. Dieser beinhaltet unter anderem das extrazelluläre Protein TGF-α, Enzyme wie das PLC-γ (Phospholipase C) sowie Glukose. Für eine ausführliche Beschreibung der einzelnen Proteine, deren Interaktionen sowie der entsprechenden Gleichungen mit ihren Parametern wird auf die Arbeit von Athale et al. [13] verwiesen.

9.2. Multiskalenmodellierung

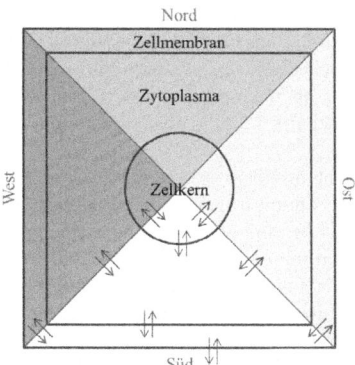

Abb. 9.11.: Schematische Einteilung einer Tumorzelle: Die Zelle wird in Zonen (Zellkern, -membran und Zytoplasma) unterteilt. Die unterschiedlich eingefärbten Dreiecke entsprechen, wie gekennzeichnet, den Unterzonen „Nord", „Ost", „Süd" und „West". Die Pfeile geben die Interaktionen zwischen den einzelnen Komponenten der Südzone sowie mit denen der Zonen „West" bzw. „Ost" wieder.

Nach der Berechnung des Gleichungssystems wird entschieden, welcher Phänotyp die Zelle haben wird. Migration tritt ein, falls die Veränderung der PLC-γ-Konzentration über die Zeit den Schwellwert σ_{PLC} überschreitet. Ist dagegen der Schwellwert noch nicht erreicht, so wird die Konzentration des TGF-α-EGFR darauf geprüft, ob der Wert über dem Schwellwert σ_{EGFR} liegt, und falls das der Fall ist, wird der Phänotyp Proliferation vom molekularen System ausgegeben. Athale et al. [13] fügen eine Limitierung der Zellteilungsrate basierend auf der Gompertz-Kurve ein. Auf diese harte, ad hoc gewählte Randbedingung wird in dem hier vorgestellten Ansatz verzichtet. Als dritte Möglichkeit gibt es den Zellphänotyp „Ruhezustand". Dieser tritt ein, falls keine der beiden vorherigen Bedingungen für Migration und Proliferation in Kraft tritt.

Als Eingabe benötigt das molekulare System die Glukosekonzentration aus dem extrazellulären Raum. Diese wird auf der mikroskopischen Ebene berechnet und dann für die Phänotypbestimmung einer Zelle dem molekularen Gleichungssystem übergeben. Die Prozesse, die auf der zellulären Ebene stattfinden, werden nachfolgend beschrieben.

Zelluläre Ebene Für Berechnungen der Umgebungsfaktoren sowie die Prozesse einzelner Zellen wird das zu betrachtende Gebiet mit einem Gitter versehen. Die Konfiguration hierzu ist dem Abschnitt 4.1 zu entnehmen.

Für jeden Zeitschritt wird die Dichte der extrazellulären Matrix sowie die Nährstoffkonzentration berechnet. Anschließend wird eine Tumorzelle gemäß Abschnitt 7.2.3 zufällig ausgewählt. Der relativ komplexe Pfad, den jede Tumorzelle durchläuft, ist zur besseren Übersicht im Algorithmus in Abb. 9.12 dargestellt. Zunächst wird die Wahrscheinlichkeit für den Zelltod P_{nek} aus Gl. (7.4) für die ausgewählte Tumorzelle berechnet. Ist diese höher als der Schwellenwert σ_{nec}, so wird die betrachtete Tumorzelle mit einer Wahrscheinlichkeit von 90 % als nekrotisch markiert, der Wert D_{hyp} als Diffusionskonstante für die Zelle (vgl. Abschnitt 6.2) und anschließend die nächste lebende Tumorzelle zufällig gewählt.

Ist die Zelle dagegen nicht in einem hypoxischem Bereich, so wird in der Nachbarschaft mit Radius eins und zwei nach freien Gitterknoten gesucht. Die Nachbarschaftswahl erfolgt wie in Kapitel 5 beschrieben. Um eine Suche nach freien Stellen innerhalb der Migration und Proliferation zu vermeiden, wird am Anfang die betrachtete Zelle als still markiert, falls alle Nachbarplätze belegt sind. Als Nächstes wird überprüft, ob der Zellzyklus der gewählten Tumorzelle acht bzw. dreizehn Stunden gedauert hat (vgl. Abschnitt 7.2.1). Ist die Zelle für die Teilung bereit, wird nach freien Stellen in der Nachbarschaft mit Radius eins oder zwei gesucht. Bei mehr als einer freien Stelle im Radius eins nimmt eine Tochterzelle die Stelle der Mutterzelle ein, die zweite Tochterzelle wird chemotaktisch an eine der freien Stellen gesetzt. Befinden sich nur in der Nachbarschaft mit Radius zwei freie Knoten, wird eine benachbarte Zelle auf den freien Knoten geschoben und die betrachtete Tumorzelle nimmt den frei werdenden Platz ein (vgl. Abschnitt 7.2.1). Falls die ausgewählte Tumorzelle nicht das Proliferationsalter erreicht hat, wird der Wert für die Nährstoffkonzentration an dieser Gitterposition dem molekularen Netzwerk übergeben und das oben beschriebene Gleichungssystem des EGFR-Signalwegs berechnet. In Abhängigkeit von der Lösung ergeben sich als Nächstes drei Möglichkeiten:

1. Migration: In diesem Fall wird die Tumorzelle haptotaktisch und chemotaktisch in Abhängigkeit von der EZM-Dichte und der Nährstoffkonzentration bewegt (vgl. Kapitel 6). Es existiert ebenfalls die Möglichkeit eine benachbarte Zelle zu verschieben, falls es nur freie Stellen in der Nachbarschaft mit Radius zwei gibt.

2. Proliferation: Für die Zellteilung wird der Zellzyklus aktiviert.

3. Ruhezustand: Die Tumorzelle wird als ruhend gekennzeichnet.

9.2.3. Ergebnisse und Diskussion

Für alle Experimente wird die Gitterkonfiguration aus Abschnitt 4.1 verwendet, ein Anfangstumor bestehend aus 441 Zellen angenommen (vgl. Abb. 6.4 rechts) und $\sigma_{nec} = 0,4$ gewählt.

Zunächst werden Simulationen mit einer guten Nährstoffversorgung durchgeführt, d.h. mit vier Blutgefäßen an den Rändern des Gebietes. Der Fokus in diesem Abschnitt stellt ähnlich zu der Arbeit von Athale et al. [13] die Migration dar. Der Parameter σ_{PLC} beschreibt die Migrationsschwelle und wurde in [13] dem Bereich $[1 \cdot 10^{-3}, 6 \cdot 10^{-3}]$ gewählt. Im Rahmen dieser Arbeit werden der minimale und der maximale Wert aus diesem Bereich sowie der mittlere Wert $\sigma_{PLC} = 3 \cdot 10^{-3}$ nM/s für Simulationen benutzt, um den Einfluss evaluieren zu können.

9.2. Multiskalenmodellierung

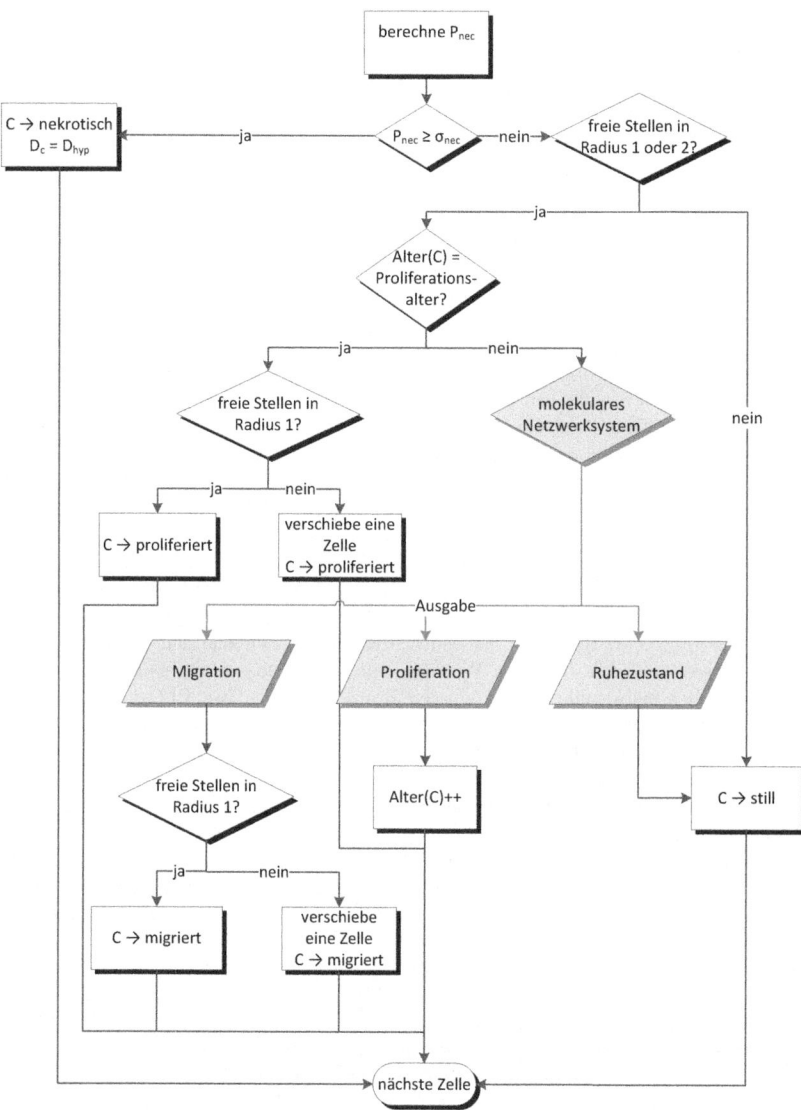

Abb. 9.12.: Algorithmus: In jedem Zeitschritt durchläuft jede zufällig gewählte Tumorzelle C diesen Pfad. Die grau unterlegte Prozesse finden auf der molekularen Ebene statt.

Die Simulationsergebnisse für die Zelldistributionen unter Verwendung der drei Migrationsparameter sind in Abb. 9.13 dargestellt. Es wird deutlich, dass der Tumor bei allen drei Bedingungen stark anwächst. Bei einem minimal gewählten Parameter σ_{PLC} ist die Migration der Tumorzellen viel ausgeprägter als bei den größeren Werten. Dieses Phänomen lässt sich zu allen Zeitpunkten erkennen. Für einen sehr großen Migrationsschwellwert ist der Ring von migrierenden und proliferierenden Tumorzellen sehr klein. Aufgrund der hoch angesetzten Schwelle können nur wenige Zellen migrieren. Dadurch gibt es für die Zellteilung nur eine geringe Anzahl an freien Stellen.

Für den Zeitpunkt $t = 350\,\text{h}$ wird ein großer nekrotischer Bereich sichtbar, der sich aufgrund von Nährstoffmangel entwickelt. Dieser Aufbau ist bei allen Variationen von σ_{PLC} zu sehen (Abb. 9.13(c), (g), (k)). Die durchschnittliche Gesamtzahl an Tumorzellen, gemittelt über drei Simulationen, ist in Abb. 9.14 links für die unterschiedlichen Migrationsparameter σ_{PLC} gegeben. In dieser Darstellung wird deutlich, dass das Tumorwachstum für alle drei Variationen einem ähnlichen Verlauf folgt. In der Mitte der Simulationszeit, d.h. zwischen $t = 250\,\text{h}$ und $t = 300\,\text{h}$ sind die größten Unterschiede bemerkbar. Der Tumor mit einem kleinen Migrationsparameter zeigt in diesem Bereich eine verringerte Anzahl an Tumorzellen, da mehr Zellen für die Migration als für die Proliferation gewählt werden. Genau umgekehrt weist die Kurve für die Simulation mit den Wert $\sigma_{PLC} = 6 \cdot 10^{-3}\,\text{nM/s}$ auf mehr proliferierende Zellen hin.

Der Einfluss der Variation von σ_{PLC} zeigt sich ausgeprägter im Verhältnis von Migration zu Proliferation. Dieses wird als der Durchschnitt über drei Simulationen in Abb. 9.14 rechts gezeigt. Es ist deutlich sichtbar, dass die Migrationsrate bei einem Wert $\sigma_{PLC} = 1 \cdot 10^{-3}\,\text{nM/s}$ am größten ist. Der Abstand zwischen dieser Kurve zur Kurve für $\sigma_{PLC} = 3 \cdot 10^{-3}\,\text{nM/s}$ ist deutlich größer als zwischen den Simulationen mit dem mittleren und dem höchsten Wert für den Migrationsparameter. Das lässt darauf schließen, dass insbesondere bei kleineren Konzentrationen von PLC-γ die Migration bevorzugt wird. Des Weiteren wird die Wichtigkeit von PLC-γ und für das Interaktionsnetzwerks deutlich. Dieser scheint sensitiver für Änderungen von σ_{PLC} im unteren Bereich des angegebenen Intervalls zu sein.

Die Verteilungen der Tumorzellen in Ruhephase und der nekrotischen Zellen sind in Abb. 9.15 illustriert. Die Anzahl stiller Zellen schwankt sehr stark über die Zeit. Der Grund dafür sind die drei Möglichkeiten, die die Tumorzellen haben, um in den Ruhezustand überzugehen: Zum einen, falls es Platzmangel gibt, zum anderen, falls die molekularen Interaktionen weder Migration noch Proliferation als Ergebnis ausgeben. Zuletzt wird eine Tumorzelle als still markiert, falls die Umgebungsfaktoren der Migration die bereits von der Zelle eingenommene Gitterposition favorisieren. Basierend auf diesen Möglichkeiten, wird eine regelmäßige Veränderung des Phänotyps einer Tumorzellen erreicht. Die nekrotischen Zellen zeigen einen monotonen Verlauf über die Zeit (Abb. 9.15 rechts), wobei aufgrund der unterschiedlichen Anzahl an Tumorzellen für variierende Migrationsparameter die Nekrose bei größerem σ_{PLC} früher beginnt.

Die Distributionen der Nährstoffkonzentration sowie die Dichte der EZM (Abb. 9.16) sind sehr ähnlich zu den in Kap. 7 gezeigten Darstellungen. Dies ist zu erwarten, da die Modellierung in beiden Fällen gleich vorgenommen wurde.

Des Weiteren wurden Simulationen mit variierender Anzahl und Platzierung von nähr-

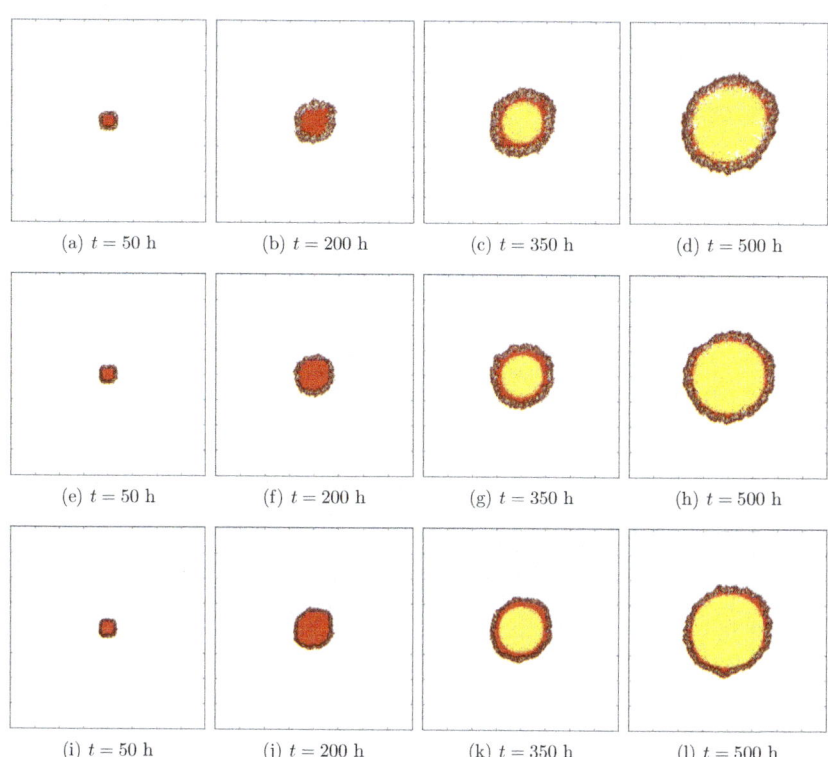

Abb. 9.13.: Zellverteilungen für $\sigma_{PLC} = 1 \cdot 10^{-3}\,\text{nM/s}$ (a)-(d), $\sigma_{PLC} = 3 \cdot 10^{-3}\,\text{nM/s}$ (e)-(h) und $\sigma_{PLC} = 6 \cdot 10^{-3}\,\text{nM/s}$ (i)-(l) zu unterschiedlichen Zeitpunkten. Für die Tumorzellen repräsentiert gelb nekrotisches Gewebe, hellrot markierte Zellen befinden sich im Ruhezustand und dunkelrot entspricht aktiven Zellen, d.h. proliferierenden und migrierenden Tumorzellen.

stoffliefernden Blutgefäßen durchgeführt. Die Ergebnisse zu den Zeitpunkten $t = 250\,\text{h}$ und $t = 500\,\text{h}$ sind in Abb. 9.17 gezeigt. Unabhängig von der Platzierung der Blutgefäße kann beobachtet werden, dass die Nekrose sich an den Stellen mit der niedrigsten Nährstoffkonzentration bildet. Die Tumorzellen migrieren mit gleichem Abstand zum Mittelpunkt, d.h. es sind keine einzelnen Zellen zu sehen, die sich individuell weiter weg von der Tumorhauptmasse in Richtung der Blutgefäße bewegen. Die Simulationen für den Zeitpunkt $t = 500\,\text{h}$ sind bereits sehr vorangeschritten. In der Realität würde das avasku-

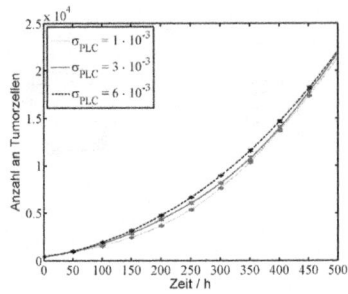 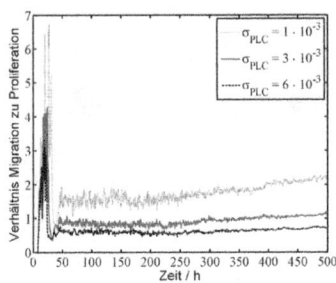

Abb. 9.14.: Anzahl an Tumorzellen (links) und Verhältnis von Migration zu Proliferation (rechts) für unterschiedliche σ_{PLC}, jeweils gemittelt über drei Simulationen. Die Balken geben die Standartabweichung an.

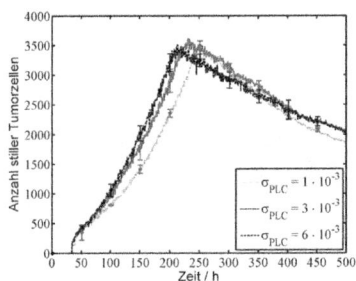 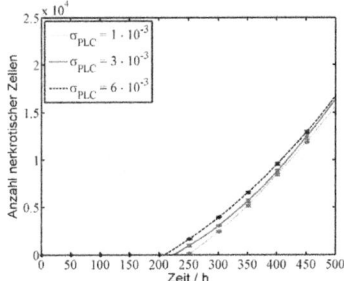

Abb. 9.15.: Anzahl an stillen Tumorzellen (links) und an nekrotischen Zellen (rechts) für unterschiedliche σ_{PLC}, jeweils gemittelt über drei Simulationen. Die Balken geben die Standartabweichung an.

läre Tumorwachstum aufgrund der Angiogenese in ein vaskuläres Wachstum übergehen. Nichtsdestoweniger erlauben die Experimente einen Einblick in diese Extremsituation und dienen dazu die Migration der Tumorzellen in solchen Fällen aufzugreifen.

9.2.4. Schlussfolgerungen

Das hier vorgestellte mathematische Modell beschreibt das avaskuläre Tumorwachstum auf mikroskopischer und auf molekularer Ebene. Es wird eine kontinuierliche Darstellung eingesetzt, um die Ausbreitung der Nährstoffe und die EZM zu simulieren. Eine gitterbasierte, diskrete Methode modelliert die Nekrose und führt die chemotaktisch-

9.2. Multiskalenmodellierung

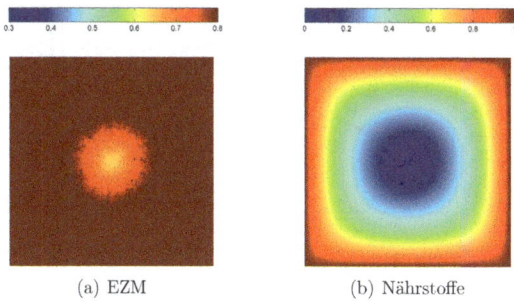

(a) EZM   (b) Nährstoffe

Abb. 9.16.: Simulationsergebnisse für $\sigma_{PLC} = 3 \cdot 10^{-3}$ nM/s zum Zeitpunkt $t = 500$ h: Dichte der EZM und Nährstoffdistribution mit Blutgefäßen an allen Ränder platziert.

haptotaktische Migration und Proliferation durch. Das molekulare Netzwerk besteht aus einem System gewöhnlicher Differentialgleichungen und wird mithilfe der Nährstoffkonzentration, die auf der mikroskopischen Ebene berechnet wird, gelöst. Die Ausgabe des ODE-Systems bestimmt den Zustand der Zelle.

Die Ergebnisse der Multiskalensimulationen stellen die zu erwartenden Zusammensetzungen eines Tumor dar. Er besteht aus einer nekrotischen Region, in der Nährstoffmangel herrscht, einer dünnen Schicht von Tumorzellen im Ruhezustand und einer äußeren Front migrierender und proliferierender Zellen. Des Weiteren zeigt das Modell die Abhängigkeit der Migrationsrate der Tumorzellen von der PLC-γ-Konzentration. Die Steigerung der Migrationsfähigkeit bei kleinerem PLC-γ ist ebenfalls in der Literatur beschrieben [159]. Die Proliferation dagegen wird von EGFR gesteuert. Gliome und insbesondere Glioblastome zeigen eine erhöhte Produktion von EGFR [98,103]. Dies hat eine erhöhte Proliferation des Tumors zur Folge [85, 98].

Insgesamt zeigt das vorgestellte Modell ein realistisches Tumorwachstum mit den typischen Gliomeigenschaften. Insbesondere wurden im Gegensatz zu der Arbeit von Athale et al. [13] zusätzliche Einflussfaktoren aus der Mikroumgebung für die chemotaktische Proliferation, Nekrose und haptotaktisch-chemotaktische Migration eingeführt. Dadurch wird die typische Bildung eines großen nekrotischen Gliomkerns insbesondere bei guter Nährstoffversorgung sichtbar.

Der Vergleich zu den ausschließlich auf mikroskopischer Ebene durchgeführten Simulationen (vgl. Kapitel 7) ist nur begrenzt möglich. Rein qualitativ kann beobachtet werden, dass der schichtartige Aufbau des Tumors übereinstimmt. Die migrierenden Tumorzellen sind dagegen weniger invasiv beim Multiskalenansatz. Dies hängt möglicherweise mit der Phänotypbestimmung der Zellen zusammen. Die Vorgaben des molekularen Netzwerks weisen der Tumorzelle nur einen der beiden Phänotypen Migration und Proliferation zu. Dies hat zur Folge, dass während des viel längeren Zellteilungsprozesses keine Migration

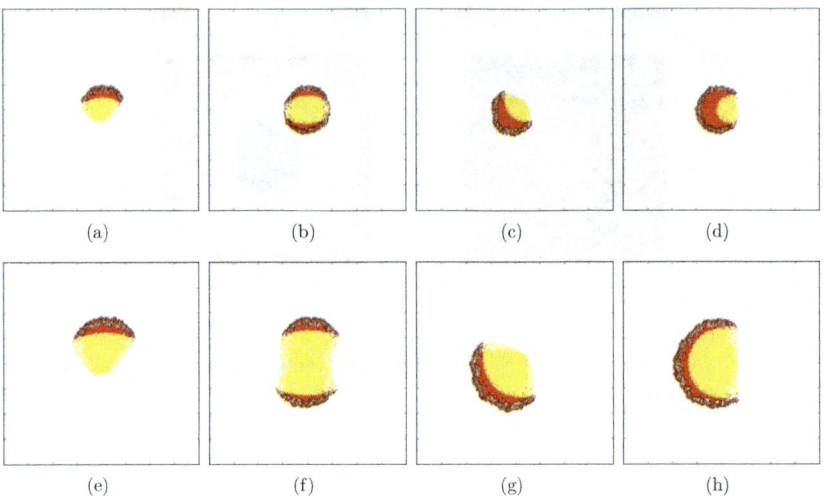

(a) (b) (c) (d)

(e) (f) (g) (h)

Abb. 9.17.: Zellverteilungen zum Zeitpunkt $t = 250\,\text{h}$ (a)-(d) und $t = 500\,\text{h}$ (e)-(h) für einen Blutgefäß am oberen Rand, für zwei am oberen und unteren Rand, für zwei benachbarte Blutgefäße und schließlich für drei Blutgefäße platziert am oberen, linken und unteren Rand des Gebietes. Die Färbung ist wie in der Abb. 9.13 gegeben. Der Migrationsparameter wurde mit $\sigma_{PLC} = 3\cdot 10^{-3}\,\text{nM/s}$ gewählt.

stattfindet. Giese et al. haben in den Arbeiten [91, 93] die Bevorzugung der Migration oder Proliferation je nach Platzierung der Zellen beschrieben. Dieses Phänomen wurde in der mikroskopischen Methode bereits eingebracht (Abschnitt 7.2.1).

Eine quantitative Auswertung des Multiskalenansatzes im Vergleich zu dem mikroskopischen Modell ist nicht möglich. Das Wachstum eines Glioms ist nicht vordefiniert und sehr vielfältig. Dadurch existiert keine Grundwahrheit, wogegen die Modellergebnisse getestet werden könnten. Die Frage, welche der beiden vorgestellten Methoden „bessere" ist, lässt sich somit nicht beantworten. Das invasive Verhalten der bösartigen Tumorzellen wird vom mikroskopischen Ansatz besser aufgegriffen. Für die Modellierung der Interaktionen zwischen Chemotherapeutika und Tumorzellen, ist die Simulation von Proteinen und deren Netzwerke jedoch unumgänglich. Je nach Zielsetzung liefern die jeweiligen Modelle somit unterschiedliche Vorteile.

Die Verknüpfung zu der molekularen Ebene erfolgte in diesem Abschnitt mit dem Fokus auf die Migration und Proliferation in Abhängigkeit vom molekularen Interaktionsnetzwerk des EGF-Rezeptors und sein Bindungsprotein TGF-α. Für zukünftige Arbeiten können weitere Proteinnetzwerke eingeführt werden. Godlewski et al. zeigen z.B. in ihrer Arbeit [94], dass MicroRNA miR-451 die Migration verringert, aber die Gliomzellproliferation fördert. Ein weiterer essentieller Schritt sind Multiskalenansätze, die die mikroskopische mit der makroskopischen Ebene koppeln, um den kompletten Tumor simulieren zu können.

10
Zusammenfassung und Ausblick

Im Rahmen dieser Arbeit wurde ein neuartiges Hirntumorwachstumsmodell vorgestellt, das im Gegensatz zu bisherigen Ansätzen nicht nur die Einflussfaktoren aus der Mikroumgebung betrachtet, sondern auch Interaktionen mit den Immunzellen des zentralen Nervensystems berücksichtigt.

Zunächst wurde ein neues Nachbarschaftsmodell für reguläre Gitter eingeführt, das die unrealistischen Muster in Abhängigkeit von einer bestimmten Wahl der Nachbarschaft verhindert. Der zufällige Wechsel zwischen den beiden verbreitetsten Nachbarschaften, *von Neumann* und *Moore*, wird mit einer Wahrscheinlichkeit von 0,5 simuliert. Die Ergebnisse dieser einfachen Methode zeigen erstmalig eine realistische Form und Größe des Tumors ohne zusätzlichen Rechenaufwand. Darüber hinaus ist die Methode für reguläre Gitter konzipiert, sodass die numerische Berechnung der Verteilung der kontinuierlichen Stoffe ebenfalls auf dem Gitter stattfinden kann. Die Verwendung von Nachbarschaften ist in vielen Gebieten verbreitet. In der Bildsegmentierung wird häufig die Nachbarschaft eines bestimmten Pixels betrachtet, um zu entscheiden, ob dieser zu dem zu segmentierenden Objekt gehört. Generell werden viele Bildbearbeitungsoperationen mittels Masken für eine bestimmte Nachbarschaft implementiert. Die in dieser Arbeit neu eingeführte Methode ist generisch für diese sowie alle anderen auf Gittern basierenden Verfahren einsetzbar.

Viele Prozesse tragen zur Invasion der Tumorzellen bei: die Diffusion, die haptotaktische Migration entlang des Gradienten der extrazellulären Matrix und die chemotaktische Bewegung in Richtung der höheren Nährstoffkonzentration. Die in-vitro gezeigte erhöhte Invasion bei Hypoxie konnte durch eine räumlich veränderliche Variation des Diffusionskoeffizienten wiedergegeben werden. Das Modell greift somit diesen Prozess auf einfache Weise auf und zeigt vergleichbare Ergebnisse zu den In-vitro-Experimenten.

Die neuartige Zusammenfügung der Faktoren für die Beschreibung der Tumorinvasion in eine gemeinsame Differentialgleichung, sowie die kontinuierliche Lösung der extrazellulären Einflussfaktoren zeigen plausible Resultate und sind mit in der Literatur beschriebenen In-vitro-Ergebnissen vergleichbar. Zudem wurde erstmalig der Migrationspfad einzelner Tumorzellen in verschiedenen Nährstoffumgebungen dargestellt.

Für das avaskuläre Tumorwachstum auf der mikroskopischen Ebene wurden alle relevanten Zellprozesse, Proliferation, Nekrose, Ruhezustand und Invasion behandelt. Der Einfluss der nährstoffliefernden Blutgefäße und die damit zusammenhängende Lebensdauer einer Zelle sowie die Dauer des avaskulären Wachstums wurden erläutert. Diese bilden die Basis für ein besseres Verständnis eines der Hauptmerkmale des Glioblastom, die Nekrose.

Das entwickelte Modell stellt das Wachstum maligner Hirntumoren dar. Durch vergleichsweise einfache Anpassungen können jedoch auch andere Tumoren reproduziert werden. Für Metastasen sind z.b. kleinere Diffusions- sowie Proliferationsraten zu wählen. Für Tumoren, die ein fingerförmiges Wachstum aufweisen, sind Adhäsionsinteraktionen einzubinden. Diese können für Zell-Zell-Kräfte mittels Nachbarschaftsbesetzungen ermittelt werden. Andere Ansätze, wie z.b. die Einbindung eines zusätzlichen Terms in der Gleichung für die Migration der Tumorzellen, sind ebenfalls denkbar.

Eine indirekte Modellierung der matrixdegradierenden Enzyme konnte zudem das invasive Verhalten der Tumorzellen besser aufgreifen bei gleichzeitig geringerem Rechenaufwand. Um eine noch schnellere Simulation durchzuführen, wäre die Implementierung einer effizienteren numerischen Methode für die Berechnung der Nährstoff- und der Tumorsignalkonzentration als die Finite-Elemente-Methode denkbar. Die Methode der finiten Differenzen stellt beispielsweise eine effiziente Methode dar, aber auch die Wahl der Programmierumgebung kann die Anzahl der Simulationen pro Zeitintervall erhöhen.

Die mathematische Modellierung von Tumorzellen in Interaktion mit Immunzellen des zentralen Nervensystems wurde im Rahmen dieser Arbeit erstmalig modelliert. In-vitro-Experimente, die Tumorsphäroide allein oder als Kokultur mit Mikrogliazellen in einer Kollagenmatrix behandeln, wurden durchgeführt, um realistische Parameter in die In-silico-Umgebung einzubringen und um das Modell zu quantifizieren. Die Experimente haben die aktuellen Erkenntnisse in der Literatur, dass Immunzellen das Gliomwachstum sowie dessen Invasion fördern, bestätigt. Dieses Verhalten konnte mittels der in dieser Arbeit vorgestellten Modellierung statistisch signifikant reproduziert werden. Durch die verschiedenen Daten aus den Kultivierung mit den Tumor allein und in Kokultur, konnte nicht nur das Tumor-Immunsystem-Modell, sondern auch das Tumorwachstumsmodell von Gliomen validiert werden. Die mathematischen Tumor-Immunsystem-Modellierungen zeigen somit einen bislang unbeachteten Einflussfaktor auf das Hirntumorwachstum. Dessen enorme Auswirkungen können mit Simulationen besser aufgegriffen werden. Zudem zeigen sie, dass Therapiemaßnahmen in Verbindung mit dem Immunsystem besondere Beachtung zukommen muss.

Die Effekte der Radiotherapie konnten durch Einbindung verschiedener Treffer-Möglichkeiten der Strahlung basierend auf dem linear-quadratischen Modell gezeigt werden. Durch Variation der Radiosensitivität in Abhängigkeit von der Zellzyklusphase konnte

10. Zusammenfassung und Ausblick

zudem auf die in der Literatur beschriebenen In-vitro-Beobachtungen eingegangen werden. Das vorgestellte Modell zeigt mit welchen Parametern die Tumorbekämpfung am erfolgversprechendsten ist. Nach der Validierung des Modells gegenüber In-vitro- oder In-vivo-Daten, könnten solche mathematische Strahlentherapieansätze bei der Planung helfen.

Ein weiterer Ansatz, der in diese Arbeit vorgestellt wurde, stellt die Einbindung von molekularen Proteininteraktionen in die mikroskopische Modellierungsumgebung dar. Die Ergebnisse zeigen einen realistischen Tumor, vergleichbar mit Simulationen des mikroskopischen Modells. Der eingeführte Multiskalenansatz ist allerdings Voraussetzung für die Modellierung chemotherapeutischer Reaktionen. Um die Simulation des derzeitigen Standards bei der Behandlung eines Glioblastoms zu vervollständigen, ist die Chemotherapie unumgänglich und sollte dementsprechend in weiterführenden Arbeiten realisiert werden.

Die vorgestellten Modellierungsansätze sind auch für andere biologische Prozesse einsetzbar. Für den Prozess der Angiogenese kann die haptotaktisch-chemotaktische Migration auf Endothelzellen übertragen werden. Hierbei stellt der haptotaktische Faktor ebenfalls die extrazelluläre Matrix dar und die Attraktanten wären die tumorangiogenetischen Faktoren. Eine Anpassung der Parameter ist hierfür selbstverständlich erforderlich. Des Weiteren können die Interaktionen zwischen Endometriosezellen und der extrazellulären Matrix simuliert werden. Allgemein kann jede Interaktion mit haptotaktischem und/oder chemotaktischem Einfluss bei entsprechend angepasster Parameterwahl mit der vorgestellten Methode simuliert werden. Es ist auch möglich, durch einen einfachen Vorzeichenwechsel bei der Haptotaxis zwei Chemoattraktanten zu berücksichtigen.

Insgesamt konnte in dieser Arbeit gezeigt werden, dass der mathematische Ansatz zur Modellierung von Tumorwachstum auf der zellulären Ebene unter Berücksichtigung der Mikroumgebung eine sichere Grundlage bildet, um ein besseres Verständnis für das Tumorwachstum zu erlangen und damit der Identifizierung potenziell erfolgreicher Behandlungsstrategien dient.

Abkürzungsverzeichnis

ABM	Agentenbasiertes Modell
aMG	amöboide Mikrogliazelle
CSF	Gehirn-Rückenmarks-Flüssigkeit (von engl.: cerebrospinal fluid)
DMEM	standardisiertes Nährmedium für die Zellkultur (von engl.: Dulbecco's Modified Eagle's Medium)
DNS	Desoxyribonukleinsäure
DTI	Diffusions-Tensor-Bildgebung (von engl.: Diffusion tensor imaging)
EGFR	membranständige Rezeptorproteinkinase (von engl. Epidermal Growth Factor Receptor)
EZM	Extrazelluläre Matrix
FEM	Finite Element Methode
FTCS	von engl.: Forward-Time Central-Space
G-CSF	Granulozyten-Kolonie stimulierende Faktor (von engl.: Granulocyte-Colony Stimulating Factor)
GBM	Glioblastom (von frühere med. Bez.: Glioblastoma multiforme)
MDE	Matrixdegradierende Enzyme
MG	Mikrogliazelle
MMP	Matrixmetalloproteinasen
MRT	Magnetresonanztomographie
MP	Makrophagen
NK	natürliche Killerzellen
ODE	Gewöhnliche Differentialgleichung (von engl.: Ordinary Differential Equation)

PDE	partielle Differentialgleichung (von engl.: Partial Differential Equation)
PLC	Phospholipase C
rMG	ruhende Mikrogliazelle
TAF	Tumorangiogenesefaktoren
TGF	Transformierender Wachstumsfaktor (von engl.: Transforming Growth Factor)
TS	Tumorsignale
ZA	Zelluläre Automat
ZAM	Zelladhäsionsmoleküle
ZNS	Zentralnervensystem

B
Literaturverzeichnis

[1] ABRAMOVITCH, R. ; MEIR, G. ; NEEMAN, M. : Neovascularization induced growth of implanted C6 glioma multicellular spheroids: magnetic resonance microimaging. In: *Cancer Research* 55 (1995), Nr. 9, S. 1956–1962

[2] ALARCÓN, T. ; BYRNE, H. M. ; MAINI, P. K.: A multiple scale model for tumour growth. In: *Multiscale Model Simulation* 3 (2005), Nr. 2, S. 440–475

[3] ALARCÓN, T. ; OWEN, M. ; BYRNE, H. ; MAINI, P. K.: Multiscale modelling of tumour growth and therapy: the influence of vessel normalisation on chemotherapy. In: *Computational and Mathematical Methods in Medicine* 7 (2006), Nr. 2-3, S. 85–119

[4] ALBERTS, B. ; BRAY, D. ; HOPKIN, K. ; JOHNSON, A. ; LEWIS, J. ; RAFF, M. ; ROBERTS, K. ; WALTER, P. : *Lehrbuch der Molekularen Zellbiologie*. 2. Auflage. Weinheim : Wiley-VCH, 2001

[5] ALTMAN, D. A.; ATKINSON, D. S. J. ; BRAT, D. J.: Best cases from the AFIP: glioblastoma multiforme. In: *Radiographics* 27 (2007), Nr. 3, S. 883–888

[6] ANDASARI, V. ; GERISCH, A. ; LOLAS, G. ; SOUTH, A. P. ; CHAPLAIN, M. A. J.: Mathematical modeling of cancer cell invasion of tissue: biological insight from mathematical analysis and computational simulation. In: *Journal of Mathematical Biology* 63 (2010), Nr. 1, S. 141–171

[7] ANDERSON, A. R. A.; CHAPLAIN, M. A. J.: Continuous and discrete mathematical models of tumor-induced angiogenesis. In: *Bulletin of Mathematical Biology* 60 (1998), Nr. 5, S. 857–900

[8] ANDERSON, A. R. A.; CHAPLAIN, M. A. J.; NEWMAN, E. L.; STEELE, R. J. C. ; THOMPSON, A. M.: Mathematical modelling of tumour invasion and metastasis. In: *Journal of Theoretical Medicine* 2 (2000), S. 129–154

[9] ANDERSON, A. R. A.; REJNIAK, K. A.; GERLEE, P. ; QUARANTA, V. : Modelling of cancer growth, evolution and invasion: bridging scales and models. In: *Mathematical Modelling of Natural Phenomena* 2 (2007), Nr. 3, S. 1–29

[10] ANDERSON, A. R. A.; REJNIAK, K. A.; GERLEE, P. ; QUARANTA, V. : Microenvironment driven invasion: a multiscale multimodel investigation. In: *Journal of Mathematical Biology* 58 (2009), Nr. 4-5, S. 579–624

[11] ANDERSON, A. R. A.: A hybrid mathematical model of solid tumour invasion: the importance of cell adhesion. In: *Mathematical Medicine and Biology* 22 (2005), Nr. 2, S. 163–186

[12] ARAUJO, R. P.; MCELWAIN, D. L. S.: A history of the study of solid tumour growth: the contribution of mathematical modelling. In: *Bulletin of Mathematical Biology* 66 (2004), Nr. 5, S. 1039–1091

[13] ATHALE, C. ; MANSURY, Y. ; DEISBOECK, T. S.: Simulating the impact of a molecular decision-process on cellular phenotype and multicellular patterns in brain tumors. In: *Journal of Theoretical Biology* 233 (2005), Nr. 4, S. 469–481

[14] AUBERT, M. ; BADOUAL, M. ; FÉREOL, S. ; CHRISTOV, C. ; GRAMMATICOS, B. : A cellular automaton model for the migration of glioma cells. In: *Physical Biology* 3 (2006), Nr. 2, S. 93–100

[15] BACH, H.-J. : Wie Krebszellen das zelluläre Immunsystem für ihre Zwecke nutzen! In: *Ärztezeitschrift für Naturheilverfahren* 47 (2006), Nr. 9, S. 596–600

[16] BADIE, B. ; SCHARTNER, J. : Role of microglia In glioma biology. In: *Microscopy Research and Technique* 54 (2001), Nr. 2, S. 106–113

[17] BECKER, S. ; HEYE, A. ; MANG, A. ; TOMA, A. ; SCHÜTZ, T. A. ; BUZUG, T. M.: A mathematical model of tumor progression and radiation therapy. In: *International Journal of Computer Assisted Radiology and Surgery, Proceedings of the 25th International Congress and Exhibition, Berlin, Germany* Bd. 6, 2011, S. S53–S54

[18] BECKER, S. ; MANG, A. ; SCHÜTZ, T. A.; TOMA, A. ; BUZUG, T. M.: A mathematical framework for modeling brain tumor progression and responses to radiation therapy. In: *Medizinische Physik, Wien, Österreich*, 2011, S. 35

[19] BECKER, S. ; MANG, A. ; SCHÜTZ, T. A.; TOMA, A. ; BUZUG, T. M.: A mathematical model of brain tumor and normal tissue responses to radiation therapy. In: *Book of Abstracts of the 8-th European Conference on Mathematical and Theoretical Biology, and Annual Meeting of the Society for Mathematical Biology, Cracow, Poland*, 2011, S. 88

[20] BECKER, S. ; MANG, A. ; TOMA, A. ; BUZUG, T. M.: Approximating tumor induced brain deformation using directly manipulated free form deformation. In: *IEEE International Symposium on Biomedical Imaging: From Nano to Macro, Rotterdam, Netherlands*, 2010, S. 85–88

[21] BECKER, S. ; MANG, A. ; TOMA, A. ; SCHÜTZ, T. A. ; BUZUG, T. M.: In-silico oncology: an approximate model of brain tumor mass effect based on directly manipulated free form deformation. In: *International Journal of Computer Assisted Radiology and Surgery* 5 (2010), Nr. 6, S. 607–622

[22] BECKER, S. ; POPP, K. ; MANG, A. ; SCHUETZ, T. A.; TOMA, A. ; DUNST, J. ; BUZUG, T. M. ; RADES, D. : A new mathematical model to simulate the progression of brain metastasis. In: *International Journal of Radiation Oncology* 84 (2012), Nr. 3S, S. S297–S298

[23] BECKER, S. ; POPP, K. ; MANG, A. ; SCHUETZ, T. A.; TOMA, A. ; DUNST, J. ; RADES, D. ; BUZUG, T. M.: A mathematical model to simulate the progression and treatment of brain metastasis. In: *Annual Meeting and Conference of the Society for Mathematical Biology, Knoxville, Tennessee, USA*, 2012, S. 31

[24] BECKER, S. ; POPP, K. ; SIEBERT, F.-A. ; MANG, A. ; SCHÜTZ, T. A.; TOMA, A. ; BUZUG, T. M. ; DUNST, J. : Computer-basierte Simulation von Tumorprogression und Strahlentherapie bei Hirntumoren. In: *Strahlentherapie und Onkologie* 187 (2011), S. 120

[25] BECKER, S. ; TOMA, A. ; MANG, A. ; SCHÜTZ, T. A. ; BUZUG, T. M.: Ein kontinuierlicher Ansatz zur nährstoffbasierten Modellierung von Tumorwachstum und Angiogenese. In: *Biomedical Engineering Journal* 55 (2010). http://dx.doi.org/BMT.2010.700. – DOI BMT.2010.700

[26] BECKER, S. ; MANG, A. ; TOMA, A. ; SCHÜTZ, T. A. ; BUZUG, T. M.: Modelling the progression of brain metastases. In: *Biomedical Engineering Journal* 57 (2012), Nr. Suppl. 1. http://dx.doi.org/10.1515/bmt-2012-4290. – DOI 10.1515/bmt-2012-4290

[27] BELL, H. S.; WHITTLE, I. R.; WALKER, M. ; LEAVER, H. A. ; WHARTON, S. B.: The development of necrosis and apoptosis in glioma: experimental findings using spheroid culture systems. In: *Neuropathology and Applied Neurobiology* 27 (2001), Nr. 4, S. 291–304

[28] BELLOMO, N. ; LI, N. K. ; MAINI, P. K.: On the foundations of cancer modelling: selected topics, speculations, and perspectives. In: *Mathematical Models and Methods in Applied Sciences* 18 (2008), Nr. 4, S. 593–646

[29] BIHAN, D. L.; MANGIN, J.-F. ; POUPON, C. ; CLARK, C. A.; PAPPATA, S. ; MOLKO, N. ; CHABRAIT, H. : Diffusion tensor imaging: concepts and applications. In: *Journal of Magnetic Resonance Imaging* 13 (2001), S. 534–546

[30] BISWAS, S. K.; SICA, A. ; LEWIS, C. E.: Plasticity of macrophage function during tumor progression: regulation by distinct molecular mechanisms. In: *The Journal of Immunology* 180 (2008), Nr. 4, S. 2011–2017

[31] BONDIAU, P.-Y. ; CLATZ, O. ; SERMESANT, M. ; MARCY, P.-Y. ; DELINGETTE, H. ; FRENAY, M. ; AYACHE, N. : Biocomputing: numerical simulation of glioblastoma growth using diffusion tensor imaging. In: *Physics in Medicine and Biology* 53 (2008), Nr. 4, S. 879–893

[32] BORKENSTEIN, K. : *Modeling and computer simulation of tumor growth and tumor response to radiotherapy.* Heidelberg, Combined Faculties in the Natural Sciences and Mathematics, Ruperto Carola University of Heidelberg, Diss., 2001

[33] BRAT, D. J.; PRAYSON, R. A.; RYKEN, T. C. ; OLSON, J. J.: Diagnosis of malignant glioma: role of neuropathology. In: *Journal of Neuro-Oncology* 89 (2008), S. 287–311

[34] BRAY, D. : *Cell Movements: From Molecules to Motility.* New York : Garland Publishing, 1992

[35] BRESCH, D. ; COLIN, T. ; GRENIER, E. ; RIBBA, B. ; SAUT, O. : Computational modeling of solid tumor growth: the avascular stage. In: *SIAM Journal on Scientific Computing* 32 (2010), Nr. 4, S. 2321–2344

[36] BÖTTGER, K. ; HATZIKIROU, H. ; CHAUVIERE, A. ; DEUTSCH, A. : Investigation of the migration/proliferation dichotomy and its impact on avascular glioma invasion. In: *Mathematical Modelling of Natural Phenomena* 7 (2012), Nr. 1, S. 105–135

[37] BUZUG, T. M.: *Computed Tomography: From Photon Statistics to Modern Cone-Beam CT.* Berlin/Heidelberg : Springer-Verlag, 2008

[38] BYRNE, H. ; DRASDO, D. : Individual-based and continuum models of growing cell populations: a comparison. In: *Journal of Mathematical Biology* 58 (2009), Nr. 4-5, S. 657–687

[39] CAI, Y. ; GULNAR, K. ; ZHANG, H. ; CAO, J. ; XU, S. ; LONG, Q. : Numerical simulation of tumor-induced angiogenesis influenced by the extra-cellular matrix mechanical environment. In: *Acta Mechanica Sinica* 25 (2009), Nr. 6, S. 889–895

[40] CARREL, A. ; BURROWS, M. T.: Cultivation in vitro of malignant tumors. In: *The Journal of Experimental Medicine* 5 (1911), Nr. 1, S. 571–575

[41] CARREL, A. ; BURROWS, M. T.: Cultivation of tissues in vitro and its technique. In: *The Journal of Experimental Medicine* 96 (1911), Nr. 1, S. 387

[42] CASCIARI, J. J.; SOTIRCHOS, S. V. ; SUTHERLAND, R. M.: Variations in tumor cell growth rates and metabolism with oxygen concentration, glucose concentration, and extracellular pH. In: *Journal of Cellular Physiology* 151 (1992), Nr. 2, S. 386–394

[43] CASTILLO, L. R. C.; TOMA, A. ; BUZUG, T. M. ; RÉGNIER-VIGOUROUX, A. : Pro- versus anti-tumor activities of microglia/macrophages: experimental and mathematical modeling approaches. In: *XI European Meeting on Glial Cells in Health and Disease*, 2013, S. T14–04A

[44] CASTRO, M. A. A.; KLAMT, F. ; GRIENEISEN, V. A.; GRIVICICH, I. ; MOREIRA, J. C. F.: Gompertzian growth pattern correlated with phenotypic organization of colon carcinoma, malignant glioma and non-small cell lung carcinoma cell lines. In: *Cell Proliferation* 36 (2003), Nr. 2, S. 65–73

[45] CHANDLER, K. L.; PRADOS, M. D.; MALEC, M. ; WILSON, C. B.: Long-term survival in patients with glioblastoma multiforme. In: *Neurosurgery* 32 (1993), Nr. 5, S. 716–720

[46] CHAPLAIN, M. A. J.: Mathematical modelling of angiogenesis. In: *Journal of Neuro-Oncology* 50 (2000), S. 37–51

[47] CHAPLAIN, M. A. J.; LACHOWICZ, M. ; SZYMAŃSKA, Z. ; WRZOSEK, D. : Mathematical modelling of cancer invasion: the importance of cell-cell adhesion and cell-matrix adhesion. In: *Mathematical Models and Methods in Applied Sciences* 21 (2011), Nr. 4, S. 719–743

[48] CHAPLAIN, M. A. J.; LOLAS, G. : Mathematical modelling of cancer cell invasion of tissue: the role of the urokinase plasminogen activation system. In: *Mathematical Models and Methods in Applied Sciences* 15 (2005), Nr. 11, S. 1685–1734

[49] CHAPLAIN, M. A. J.; MCDOUGALL, S. R. ; ANDERSON, A. R. A.: Mathematical modeling of tumor-induced angiogenesis. In: *Annual Review of Biomedical Engineering* 8 (2006), S. 233–257

[50] *Kapitel* Mathematical framework to model migration of cell population in extracellular matrix. In: CHAUVIERE, A. ; PREZIOSI, L. : *Cell mechanics. From single scale-based models to multiscale modeling*. Boca Raton, FL : CRC Press Publisher, 2010, S. 285–318

[51] CHO, S. Y.; KLEMKE, R. L.: Extracellular-regulated kinase activation and CAS/Crk coupling regulate cell mand suppress apoptosis during invasion of the extracellular matrix. In: *Journal of Cell Biology* 149 (2000), Nr. 1, S. 223–236

[52] CLATZ, O. ; SERMESANT, M. ; BONDIAU, P.-Y. ; DELINGETTE, H. ; WARFIELD, S. K.; MALANDAIN, G. ; AYACHE, N. : Realistic simulation of the 3D growth of brain tumors in MR images coupling diffusion with biomechanical deformation. In: *IEEE Transactions on Medical Imaging* 24 (2005), Nr. 10, S. 1334–1346

[53] COOPER, G. M.: *Elements of Human Cancer*. Boston : Jones and Bartlett Publishers, 1992 (Jones and Bartlett series in biology)

[54] DE PILLIS, L. G.; MALLET, D. G. ; RADUBSKAYA, A. E.: Spatial tumor-immune modeling. In: *Computational and Mathematical Methods in Medicine* 7 (2006), Nr. 2-3, S. 159–176

[55] DEISBOECK, T. S.; STAMATAKOS, G. S.: *Chapman & Hall/Crc Mathematical and Computational Biology Series*. Bd. 34: *Multiscale Cancer Modeling*. Boca Raton : Taylor & Francis Inc, 2010

[56] DEISBOECK, T. S.; WANG, Z. ; MACKLIN, P. ; CRISTINI, V. : Multiscale cancer modeling. In: *Annual Review of Biomedical Engineering* 13 (2011), S. 127–155

[57] DEISBOECK, T. S.; ZHANG, L. ; YOON, J. ; COSTA, J. : In silico cancer modeling: is it ready for prime time? In: *Nature Clinical Practice Oncology* 6 (2009), Nr. 1, S. 34–42

[58] DEROULERS, C. ; AUBERT, M. ; BADOUAL, M. ; GRAMMATICOS, B. : Modeling tumor cell migration: from microscopic to macroscopic models. In: *Physical Review E* 79 (2009), Nr. 3. http://dx.doi.org/10.1103/PhysRevE.79.031917. – DOI 10.1103/PhysRevE.79.031917

[59] DIONYSIOU, D. D.; STAMATAKOS, G. S.; UZUNOGLU, N. K. ; NIKITA, K. S.: A computer simulation of in vivo tumour growth and response to radiotherapy: new algorithms and parametric results. In: *Computers in Biology and Medicine* 36 (2006), Nr. 5, S. 448–464

[60] DIONYSIOU, D. D.; STAMATAKOS, G. S.; UZUNOGLU, N. K.; NIKITA, K. S. ; MARIOLI, A. : A four-dimensional simulation model of tumour response to radiotherapy in vivo: parametric validation considering radiosensitivity, genetic profile and fractionation. In: *Journal of Theoretical Biology* 230 (2004), S. 1–20

[61] DIX, A. R.; BROOKS, W. H.; ROSZMAN, T. L. ; MORFORD, L. A.: Immune defects observed in patients with primary malignant brain tumors. In: *Journal of Neuroimmunology* 100 (1999), Nr. 1-2, S. 216–232

[62] D'ONOFRIO, A. : A general framework for modeling tumor-immune system competition and immunotherapy: mathematical analysis and biomedical inferences. In: *Physica D* 208 (2005), Nr. 3-4, S. 220–235

[63] D'ONOFRIO, A. : Metamodeling tumor-immune system interaction, tumor evasion and immunotherapy. In: *Mathematical and Computer Modelling* 47 (2008), Nr. 5-6, S. 614–637

[64] DORMANN, S. ; DEUTSCH, A. : Modeling of self-organized avascular tumor growth with a hybrid cellular automata. In: *In Silico Biology* 2 (2002), Nr. 3, S. 393–406

[65] DOUGLAS, B. G.; FOWLER, J. F.: The effect of multiple small doses of X rays on skin reactions in the mouse and a basic interpretation. In: *Radiation Research* 66 (1976), S. 401–426

[66] *Kapitel* Polymer and Cell Dynamics - Multiscale Modelling and Numerical Simulations. In: DRASDO, D. : *On selected individual-based approaches to the dynamics in multicellular systems*. Basel : Birkhäuser, 2003, S. 169–203

[67] DRASDO, D. ; HÖHME, S. : Individual-based approaches to birth and death in avascular tumors. In: *Mathematical and Computer Modelling* 37 (2003), Nr. 11, S. 1163–1175

[68] DRASDO, D. ; HÖHME, S. : A single-cell-based model of tumor growth in vitro: monolayers and spheroids. In: *Physical Biology* 2 (2005), Nr. 3, S. 133–147

[69] DRASDO, D. : Coarse graining in simulated cell populations. In: *Advances in Complex Systems* 8 (2005), Nr. 2, S. 319–363

[70] DRASDO, D. ; HOEHME, S. ; BLOCK, M. : On the role of physics in the growth and pattern formation of multi-cellular systems: what can we learn from individual-cell based models? In: *Journal of Statistical Physics* 128 (2007), Nr. 1-2, S. 287–345

[71] DRÉAU, D. ; STANIMIROV, D. ; CARMICHAEL, T. ; HADZIKADIC, M. : An agent-based model of solid tumor progression. In: *1st International Conference on Bioinformatics and Computational Biology, New Orleans, LA, USA*. Berlin/Heidelberg : Springer-Verlag, 2009 (BICoB '09), S. 187–198

[72] DURAND, R. E.: Radioprotection by WR-2721 in vitro at low oxygen tensions: implications for its mechanisms of action. In: *British Journal of Cancer* 47 (1983), Nr. 3, S. 387–92

B. Literaturverzeichnis

[73] EFFERTH, T. : *Molekulare Pharmakologie und Toxikologie*. Berlin/Heidelberg : Springer-Verlag, 2006

[74] EFTIMIE, R. ; BRAMSON, J. L. ; EARN, D. J.: Interactions between the immune system and cancer: a brief review of non-spatial mathematical models. In: *Bulletin of Mathematical Biology* 73 (2011), Nr. 1, S. 2–32

[75] EIKENBERRY, S. E.; SANKAR, T. ; PREUL, M. C.; KOSTELICH, E. J.; THALHAUSER, C. J. ; KUANG, Y. : Virtual glioblastoma: growth, migration and treatment in a three-dimensional mathematical model. In: *Cell Proliferation* 42 (2009), Nr. 4, S. 511–528

[76] EINSTEIN, A. : Über die von der molekularkinetischen Theorie der Wärme geforderte Bewegung von in ruhenden Flüssigkeiten suspendierten Teilchen. In: *Annalen der Physik* 322 (1905), Nr. 8, S. 549–560

[77] ELISHMERENI, M. ; KHEIFETZ, Y. ; SONDERGAARD, H. ; OVERGAARD, R. V. ; AGUR, Z. : An integrated disease/pharmacokinetic/pharmacodynamic model suggests improved interleukin-21 regimens validated prospectively for mouse solid cancers. In: *PLoS Comput Biol* 7 (2011), Nr. 9, S. e1002206. http://dx.doi.org/10.1371/journal.pcbi.1002206. – DOI 10.1371/journal.pcbi.1002206

[78] ENDERLING, H. ; CHAPLAIN, M. A. J.; ANDERSON, A. R. A. ; VAIDYA, J. : A mathematical model of breast cancer development, local treatment and recurrence. In: *Journal of Theoretical Biology* 246 (2007), Nr. 2, S. 245–259

[79] ENDERLING, H. ; PARK, D. ; HLATKY, L. ; HAHNFELDT, P. : The importance of spatial distribution of stemness and proliferation state in determining tumor radioresponse. In: *Mathematical Modelling of Natural Phenomena* 4 (2009), Nr. 3, S. 117–133

[80] ENTSCHLADEN, F. ; DRELL, T. L.; LANG, K. ; JOSEPH, J. ; ZAENKERC, K. S.: Tumour-cell migration, invasion, and metastasis: navigation by neurotransmitters. In: *The Lancet Oncology* 5 (2004), Nr. 4, S. 254–258

[81] FERREIRA JR., S. C.; MARTINS, M. L. ; VILELA, M. J.: A reaction-diffusion model for the growth of avascular tumor. In: *Physical Review E* 65 (2002), Nr. 2, S. 021907. http://dx.doi.org/10.1103/PhysRevE.65.021907. – DOI 10.1103/PhysRevE.65.021907

[82] FISHER, R. A.: The wave of advance of advantageous genes. In: *Annals of Eugenics* 7 (1937), Nr. 4, S. 353–369

[83] FOLKMAN, J. : Tumour angiogenesis: therapeutic implications. In: *The New England Journal of Medicine* 285 (1971), S. 1182–1186

[84] FOLKMAN, J. : The vascularization of tumors. In: *Scientific American* 234 (1976), S. 58–73

[85] FRAGUAS, S. ; BARBERÁN, S. ; CEBRIÀ, F. : EGFR signaling regulates cell proliferation, differentiation and morphogenesis during planarian regeneration and homeostasis. In: *Developmental Biology* 354 (2011), Nr. 1, S. 87–101

[86] FRIEDL, P. : Prespecification and plasticity: shifting mechanisms of cell migration. In: *Current Opinion in Cell Biology* 16 (2004), Nr. 1, S. 14–23

[87] FRIEDL, P. ; WOLF, K. : Tumour-cell invasion and migration: diversity and escape mechanisms. In: *Nature Reviews Cancer* 3 (2003), Nr. 5, S. 362–374

[88] GABRUSIEWICZ, K. ; ELLERT-MIKLASZEWSKA, A. ; LIPKO, M. ; SIELSKA, M. ; FRANKOWSKA, M. ; KAMINSKA, B. : Characteristics of the alternative phenotype of microglia/macrophages and its modulation in experimental gliomas. In: *PLoS ONE* 6 (2011), Nr. 8, S. e23902

[89] GERISCH, A. ; CHAPLAIN, M. A. J.: Mathematical modelling of cancer cell invasion of tissue: local and non-local models and the effect of adhesion. In: *Journal of Theoretical Biology* 250 (2008), Nr. 4, S. 684–704

[90] GHOSH, A. ; CHAUDHURI, S. : Microglial action in glioma: a boon turns bane. In: *Immunology Letters* 131 (2010), Nr. 1, S. 3–9

[91] GIESE, A. ; BJERKVIG, R. ; BERENS, M. E. ; WESTPHAL, M. : Cost of migration: invasion of malignant gliomas and implications for treatment. In: *Journal of Clinical Oncology* 21 (2003), Nr. 8, S. 1624–1636

[92] GIESE, A. ; WESTPHAL, M. : Glioma invasion in the central nervous system. In: *Neurosurgery* 39 (1996), Nr. 2, S. 235–250

[93] GIESE, A. ; LOO, M. A.; TRAN, N. ; HASKETT, D. ; COONS, S. W. ; BERENS, M. E.: Dichotomy of astrocytoma migration and proliferation. In: *International Journal of Cancer* 67 (1996), Nr. 2, S. 275–282

[94] GODLEWSKI, J. ; NOWICKI, M. O.; BRONISZ, A. ; NUOVO, G. ; PALATINI, J. ; LAY, M. D.; BROCKLYN, J. V.; OSTROWSKI, M. C.; CHIOCCA, E. A. ; LAWLER, S. E.: MicroRNA-451 regulates LKB1/AMPK signaling and allows adaptation to metabolic stress in glioma cells. In: *Molecular Cell* 37 (2010), Nr. 5, S. 620–632

[95] GRAEBER, M. B.; SCHEITHAUER, B. W. ; KREUTZBERG, G. W.: Microglia in brain tumors. In: *Glia* 40 (2002), Nr. 2, S. 252–259

[96] GUCK, J. ; LAUTENSCHLAGER, F. ; PASCHKE, S. ; BEIL, M. : Critical review: cellular mechanobiology and amoeboid migration. In: *Integrative Biology* 2 (2010), Nr. 11-12, S. 575–583

[97] GUTIN, P. H.: Corticosteroid therapy in patients with brain tumors. In: *National Cancer Institute Monograph* 46 (1977), S. 151–156

[98] HATANPAA, K. J.; BURMA, S. ; ZHAO, D. ; HABIB, A. A.: Epidermal growth factor receptor in glioma: signal transduction, neuropathology, imaging, and radioresistance. In: *Neoplasia* 12 (2010), S. 675–684

[99] HATZIKIROU, H. ; BASANTA, D. ; SIMON, M. ; SCHALLER, K. ; DEUTSCH, A. : Go or Grow: the key to the emergence of invasion in tumour progression? In: *Mathematical Medicine and Biology* 29 (2012), Nr. 1, S. 49–65

[100] HATZIKIROU, H. ; DEUTSCH, A. : Cellular automata as microscopic models of cell migration in heterogeneous environments. In: *Current Topics in Developmental Biology* 81 (2008), S. 401–434

[101] HATZIKIROU, H. : Lattice-gas cellular automata models for the analysis of cancer invasion. Dresden, Fakultät Mathematik und Naturwissenschaften, Technische Universität Dresden, Diss., 2009

[102] HAUGH, J. M.; WELLS, A. ; LAUFFENBURGER, D. A.: Mathematical modeling of epidermal growth factor receptor signaling through the phospholipase C pathway: mechanistic insights and predictions for molecular interventions. In: *Biotechnology and Bioengineering* 70 (2000), Nr. 2, S. 225–238

[103] HEIMBERGER, A. B.; SUKI, D. ; YANG, D. ; SHI, W. ; ALDAPE, K. : The natural history of EGFR and EGFRvIII in glioblastoma patients. In: *Journal of Translational Medicine* 3 (2005). http://dx.doi.org/10.1186/1479-5876-3-38. – DOI 10.1186/1479–5876–3–38

[104] HERRMANN, T. ; BAUMANN, M. ; DÖRR, W. ; STREHLOW, K. : *Klinische Strahlenbiologie - kurz und bündig*. 4. Auflage. München : Urban & Fischer bei Elsev, 2006

[105] HEYE, A. ; BECKER, S. ; MANG, A. ; SCHÜTZ, T. A.; TOMA, A. ; BUZUG, T. M.: A continuous model of tumour progression and radiotherapy. In: *Biomedical Engineering Journal* 56 (2011), Nr. Suppl. 1. http://dx.doi.org/10.1515/BMT.2011.420. – DOI 10.1515/BMT.2011.420

[106] HEYE, A. ; BECKER, S. ; MANG, A. ; SCHÜTZ, T. A.; TOMA, A. ; BUZUG, T. M.: Ein kontinuierlicher Ansatz zur Modellierung von Tumorwachstum und Strahlentherapie. In: *Bildverarbeitung für die Medizin, Lübeck, Deutschland*. Berlin/Heidelberg : Springer-Verlag, 2011, S. 384–388

[107] HIDDEMANN, W. ; BARTRAM, C. R.: *Die Onkologie: Teil 1: Epidemiologie - Pathogenese - Grundprinzipien der Therapie*. Berlin/Heidelberg/New York : Springer-Verlag, 2009 (Teil 1)

[108] HOGEA, C. ; BIROS, C. D. G.: An image-driven parameter estimation problem for a reaction-diffusion glioma growth model with mass effects. In: *Journal of Mathematical Biology* 56 (2008), Nr. 6, S. 793–825

[109] HOGEA, C. S.; MURRAY, B. T. ; SETHIAN, J. A.: Simulating complex tumor dynamics from avascular to vascular growth using a general level-set method. In: *Journal of Mathematical Biology* 53 (2006), Nr. 1, S. 86–134

[110] HOMANN, K. : *Abbreviated List of Quanities, Units and Symbols in Physical Chemistry*. Oxford : Blackwell Scientific, 1987 (Iupn Series)

[111] HUSSAIN, S. F.; YANG, D. ; SUKI, D. ; ALDAPE, K. ; GRIMM, E. ; HEIMBERGER, A. B.: The role of human glioma-infiltrating microglia/macrophages in mediating antitumor immune responses. In: *Neuro-oncology* 8 (2006), Nr. 3, S. 261–279

[112] JEON, J. ; QUARANTA, V. ; CUMMINGS, P. T.: An off-lattice hybrid discrete-continuum model of tumor growth and invasion. In: *Biophysical Journal* 98 (2010), Nr. 1, S. 37–47

[113] JONES, B. ; DALE, R. G.: Mathematical models of tumour and normal tissue response. In: *Acta Oncologica* 38 (1999), Nr. 7, S. 883–893

[114] KANDUC, D. ; MITTELMAN, A. ; SERPICO, R. ; SINIGAGLIA, E. ; SINHA, A. A.; NATALE, C. ; SANTACROCE, R. ; CORCIA, M. G. D.; LUCCHESE, A. ; DINI, L. ; PANI, P. ; SANTACROCE, S. ; SIMONE, S. ; BUCCI, R. ; FARBER, E. : Cell death: apoptosis versus necrosis. In: *International Journal of Oncology* 21 (2002), Nr. 1, S. 165–170

[115] KANSAL, A. R.; TORQUATO, S. ; HARSH IV, G. R.; CHIOCCA, E. A. ; DEISBOECK, T. S.: Simulated brain tumor growth dynamics using a three-dimensional cellular automaton. In: *Journal of Theoretical Biology* 203 (2000), Nr. 4, S. 367–382

[116] KANSAL, A. R.; TORQUATO, S. ; IV, G. R. H.; CHIOCCA, E. A. ; DEISBOECK, T. S.: Cellular automaton of idealized brain tumor growth dynamics. In: *BioSystems* 55 (2000), Nr. 1-3, S. 119–127

[117] KEES, T. ; LOHR, J. ; NOACK, J. ; MORA, R. ; GDYNIA, G. ; TÖDT, G. ; ERNST, A.; RADLWIMMER, B. ; FALK, C. S.; HEROLD-MENDE, C. ; RÉGNIER-VIGOUROUX, A.: Microglia isolated from patients with glioma gain antitumor activities on poly (I:C) stimulation. In: *Neuro-Oncology* 14 (2011), Nr. 1, S. 64–78

[118] KHAIN, E. ; SCHNEIDER-MIZELL, C. M.; NOWICKI, M. O.; CHIOCCA, E. A.; LAWLER, S. E. ; SANDER, L. M.: Pattern formation of glioma cells: effects of adhesion. In: *Europhysics Letters* 88 (2009), Nr. 2. http://dx.doi.org/10.1209/0295-5075/88/28006. – DOI 10.1209/0295–5075/88/28006

[119] KIRKBY, N. F.; BURNET, N. G. ; FARADAY, D. B. F.: Mathematical modelling of the response of tumour cells to radiotherapy. In: *Nuclear Instruments and Methods in Physics Research Section B: Beam Interactions with Materials and Atoms* 188 (2002), Nr. 1-4, S. 210–215

[120] KLEIHUES, F. ; LOUIS, D. N.; SCHEITHAUER, B. W.; RORKE, L. B.; REIFENBERGER, G.; BURGER, P. C. ; CAVENEE, W. K.: The WHO classification of tumors of the nervous system. In: *Journal of Neuropathology & Experimental Neurology* 61 (2002), Nr. 3, S. 215–25

[121] KNAPP, P. E.: The cell cycle of glial cells grown in vitro: an immunocytochemical method of analysis. In: *Journal of Histochemistry & Cytochemistry* 40 (1992), Nr. 9, S. 1405–1411

[122] KOLMOGOROV, A. ; PETROVSKII, I. ; PISCUNOV, N. : A study of the equation of diffusion with increase in the quantity of matter, and its application to a biological problem. In: *Byulletin Moskovskogo Ggosudarstvennyi Universiteta* 1 (1937), Nr. 6, S. 1–25

[123] KONUKOGLU, E. ; CLATZ, O. ; MENZE, B. H.; STIELTJES, B. ; WEBER, M.-A. ; MANDONNET, E. ; DELINGETTE, H. ; AYACHE, N. : Image guided personalization of reaction-diffusion type tumor growth models using modified anisotropic eikonal equations. In: *IEEE Transactions on Medical Imaging* 29 (2010), Nr. 1, S. 77–95

[124] KREX, D. ; KLINK, B. ; HARTMANN, C. ; DEIMLING, A. von; PIETSCH, T. ; SIMON, M. ; SABEL, M. ; STEINBACH, J. P.; HEESE, O. ; REIFENBERGER, G. ; WELLER, M.; SCHACKERT, G. : Long-term survival with glioblastoma multiforme. In: *Brain* 130 (2007), Nr. 10, S. 2596–2606

[125] LARSSON, S. ; THOMÉE, V. : *Partielle Differentialgleichungen und numerische Methoden.* Berlin/Heidelberg : Springer, 2005

[126] LEMKE, D. ; PFENNING, P.-N. ; SAHM, F. ; KLEIN, A.-K. ; KEMPF, T. ; WARNKEN, U.; SCHNOLZER, M. ; TUDORAN, R. ; WELLER, M. ; PLATTEN, M. ; WICK, W. : Costimulatory protein 4IgB7H3 drives the malignant phenotype of glioblastoma by mediating immune escape and invasiveness. In: *Clinical Cancer Research* 18 (2011), Nr. 1, S. 105–117

[127] LIANG, Z. P.; LAUTERBUR, P. C.: *Principles of magnetic resonance imaging: a signal processing perspective.* New York : SPIE Optical Engineering Press, 2000 (IEEE Press Series in Biomedical Engineering 4)

[128] LOHR, C. : *Calciumsignale in den Riesengliazellen des Blutegels Hirudo medicinalis L.* Kaiserslautern, Fachbereich Biologie, Universität Kaiserslautern, Diss., 1998

[129] LOWENGRUB, J. S.; FRIEBOES, H. B.; JIN, F. ; CHUANG, Y.-L. ; LI, X. ; MACKLIN, P.; WISE, S. M. ; CRISTINI, V. : Nonlinear modelling of cancer: bridging the gap between cells and tumours. In: *Nonlinearity* 23 (2010), Nr. 1, S. R1–R91

[130] MACKLIN, P. ; MCDOUGALL, S. ; ANDERSON, A. R. A.; CHAPLAIN, M. A. J.; CRISTINI, V. ; LOWENGRUB, J. : Multiscale modelling and nonlinear simulation of vascular tumour growth. In: *Journal of Mathematical Biology* 58 (2009), Nr. 4-5, S. 765–798

[131] MAHER, E. A.; FURNARI, F. B.; BACHOO, R. M.; ROWITCH, D. H.; LOUIS, D. N.; CAVENEE, W. K. ; DEPINHO, R. A.: Malignant glioma: genetics and biology of a grave matter. In: *Genes & Development* 15 (2001), Nr. 11, S. 1311–1333

[132] MAHESPARAN, R. ; READ, T.-A. ; LUND-JOHANSEN, M. ; SKAFTNESMO, K. O.; BJERKVIG, R. ; ENGEBRAATEN, O. : Expression of extracellular matrix components in a highly infiltrative in vivo glioma model. In: *Acta Neuropathologica* 105 (2003), Nr. 1, S. 49–57

[133] MAJNO, G. ; JORIS, I. : Apoptosis, oncosis, and necrosis. An overview of cell death. In: *The American Journal of Pathology* 146 (1995), Nr. 1, S. 3–15

[134] MALLET, D. G.; DE PILLIS, L. G.: A cellular automata model of tumor-immune system interactions. In: *Journal of Theoretical Biology* 239 (2006), Nr. 3, S. 334–350

[135] MANG, A. ; BECKER, S. ; TOMA, A. ; BUZUG, T. M.: Coupling tumor growth with brain deformation: a constrained parametric non-rigid registration problem. In: DAWANT, B. M. (Hrsg.); HAYNOR, D. R. (Hrsg.): *SPIE Medical Imaging 2010: Image Processing, San Diego, California, USA* Bd. 7623, 2010, S. 76230C–76230C–12

[136] MANG, A. ; BECKER, S. ; TOMA, A. ; SCHUETZ, T. A.; KUECHLER, J. ; TRONNIER, V.; BONSANTO, M. M. ; BUZUG, T. M.: A model of tumour induced brain deformation as bio-physical prior for non-rigid image registration. In: *IEEE International Symposium on Biomedical Imaging: From Nano to Macro, Chicago, Illinois, USA,* 2011, S. 578–581

[137] MANG, A. ; BECKER, S. ; TOMA, A. ; SCHÜTZ, T. A. ; BUZUG, T. M.: Modellierung tumorinduzierter Gewebedeformation als Optimierungsproblem mit weicher Nebenbedingung. In: *Bildverarbeitung für die Medizin, Lübeck, Deutschland.* Berlin/Heidelberg : Springer-Verlag, 2011, S. 294–298

[138] MANG, A. ; SCHUETZ, T. A.; BECKER, S. ; TOMA, A. ; BUZUG, T. M.: Cyclic numerical time integration in variational non-rigid image registration based on quadratic regularisation. In: *Vision Modeling and Visualization Workshop, Magdeburg, Germany*, 2012, S. 143–150

[139] MANG, A. ; SCHÜTZ, T. A.; TOMA, A. ; BECKER, S. ; BUZUG, T. M.: Ein dämonenartiger Ansatz zur Modellierung tumorinduzierter Gewebedeformation als Prior für die nicht-rigide Bildregistrierung. In: *Bildverarbeitung für die Medizin, Berlin, Deutschland*. Berlin/Heidelberg : Springer-Verlag, 2012, S. 422–427

[140] MANG, A. ; SCHÜTZ, T. A.; TOMA, A. ; BECKER, S. ; BUZUG, T. M.: An efficient non-parametric model of tumour induced brain deformation aid non-diffeomorphic non-rigid image registration based on optimization on the Lie group of diffoemorphisms. In: *IEEE International Symposium on Biomedical Imaging: From Nano to Macro, Barcelona, Spain*, 2012, S. 732–735

[141] MANG, A. ; STRITZEL, J. ; TOMA, A. ; BECKER, S. ; SCHÜTZ, T. A. ; BUZUG, T. M.: Personalisierte Modellierung der Progression primärer Hirntumoren als Optimierungsproblem mit Differentialgleichungsnebenbedingungen. In: *Bildverarbeitung für die Medizin, Heidelberg, Deutschland*. Berlin/Heidelberg : Springer-Verlag, 2013, S. 57–62

[142] MANG, A. ; TOMA, A. ; BECKER, S. ; SCHÜTZ, T. A. ; BUZUG, T. M.: Exploiting analytical derivatives for volume-constrained parametric non-rigid image registration. In: *Biomedical Engineering Journal* 56 (2011), Nr. Suppl. 1. http://dx.doi.org/10.1515/BMT.2011.569. – DOI 10.1515/BMT.2011.569

[143] MANG, A. ; TOMA, A. ; BECKER, S. ; TSCHÜTZ, T. A.; TRONNIER, V. ; BUZUG, T. M.; BONSANTO, M. M.: Computer-basierte Simulation von Tumorprogression bei Gliomen. In: *Jahrestagung der Neuroonkologischen Arbeitsgemeinschaft, Freiburg, Deutschland*, 2010

[144] MANG, A. ; TOMA, A. ; SCHÜTZ, T. A.; BECKER, S. ; BUZUG, T. M.: Eine effiziente Parallel-Implementierung eines stabilen Euler-Cauchy-Verfahrens für die Modellierung von Tumorwachstum. In: *Bildverarbeitung für die Medizin, Berlin, Deutschland*. Berlin/Heidelberg : Springer-Verlag, 2012, S. 63–68

[145] MANG, A. ; TOMA, A. ; SCHÜTZ, T. A.; BECKER, S. ; BUZUG, T. M.: A generic framework for modeling brain deformation as a constrained parametric optimization problem to aid non-diffeomorphic image registration in brain tumor imaging. In: *Methods of Information in Medicine* 51 (2012), S. 429–440

[146] MANG, A. ; TOMA, A. ; BECKER, S. ; SCHÜTZ, T. A. ; BUZUG, T. M.: Fast explicit variational diffusion registration. In: *Biomedical Engineering Journal* 57 (2012), Nr. Suppl. 1. http://dx.doi.org/10.1515/bmt-2012-4235. – DOI 10.1515/bmt-2012-4235

[147] MANG, A. ; TOMA, A. ; SCHÜTZ, T. A.; BECKER, S. ; ECKEY, T. ; MOHR, C. ; PETERSEN, D. ; BUZUG, T. M.: Biophysical modeling of brain tumor progression: from unconditionally stable explicit time integration to an inverse problem with parabolic PDE constraints for model calibration. In: *Medical Physics* 39 (2012), Nr. 7, S. 4444–4460

[148] MANSURY, Y. ; KIMURA, M. ; LOBO, J. ; DEISBOECK, T. S.: Emerging patterns in tumor systems: simulating the dynamics of multicellular clusters with an agent-based spatial agglomeration model. In: *Journal of Theoretical Biology* 219 (2002), Nr. 3, S. 343–370

[149] MANTZARIS, N. V.; WEBB, S. ; OTHMER, H. G.: Mathematical modeling of tumor-induced angiogenesis. In: *Journal of Mathematical Biology* 49 (2004), S. 111–187

[150] MARCU, L. ; DOORN, T. van ; OLVER, I. : Modelling of post-irradiation accelerated repopulation in squamous cell carcinomas. In: *Physics in Medicine and Biology* 49 (2004), Nr. 16. http://dx.doi.org/10.1088/0031-9155/49/16/021. – DOI 10.1088/0031-9155/49/16/021

[151] MARKOVIC, D. S.; VINNAKOTA, K. ; CHIRASANI, S. ; SYNOWITZ, M. ; RAGUET, H. ; STOCK, K. ; SLIWA, M. ; LEHMANN, S. ; KÄLIN, R. ; ROOIJEN, N. van; HOLMBECK, K.; HEPPNER, F. L.; KIWIT, J. ; MATYASH, V. ; LEHNARDT, S. ; KAMINSKA, B. ; GLASS, R. ; KETTENMANN, H. : Gliomas induce and exploit microglial MT1-MMP expression for tumor expansion. In: *Proceedings of the National Academy of Sciences* 106 (2009), Nr. 30, S. 12530–5

[152] MARKOVIĆ, D. : *The role of microglia in glioma invasiveness*. Berlin, Medizinische Fakultät der Charité, Universitätsmedizin Berlin, Diss., 2007

[153] MARTIN, M. D.; MATRISIAN, L. M.: The other side of MMPs: protective roles in tumor progression. In: *Cancer and Metastasis Reviews* 26 (2007), Nr. 3-4, S. 717–724

[154] MINNITI, G. ; MUNI, R. ; LANZETTA, G. ; MARCHETTI, P. ; ENRICI, R. M.: Chemotherapy for glioblastoma: current treatment and future perspectives for cytotoxic and targeted agents. In: *Anticancer Research* 29 (2009), Nr. 12, S. 5171–5184

[155] MÜNCH, M. : *In vitro Effekte auf das Proliferations- und Migrationsverhalten multizellulärer Glioblastomsphäroide durch Strahlensensibilisierung*. Lübeck, Medizinische Fakultät, Universität zu Lübeck, Diss., 2004

[156] MURRAY, J. D.: *Mathematical Biology: I An Introduction*. 3. Auflage. Berlin : Springer-Verlag, 2002 (Interdisciplinary Applied Mathematics)

[157] PENNISI, M. : A mathematical model of immune-system-melanoma competition. In: *Computational and Mathematical Methods in Medicine* 2012 (2012), 2012, Nr. 850754. http://dx.doi.org/10.1155/2012/850754. – DOI 10.1155/2012/850754. – ISSN 1748–670X

[158] PHAM, K. ; CHAUVIÈRE, A. ; HATZIKIROU, H. ; LI, X. ; BYRNE, H. M.; CRISTINI, V.; LOWENGRUB, J. : Density-dependent quiescence in glioma invasion: instability in a simple reaction-diffusion model for the migration/proliferation dichotomy. In: *Journal of Biological Dynamics* 6 (2011), Nr. 1, S. 54–71

[159] PHILLIPS-MASON, P. J.; KAUR, H. ; BURDEN-GULLEY, S. M.; CRAIG, S. E. ; BRADY-KALNAY, S. M.: Identification of phospholipase C gamma1 as a protein tyrosine phosphatase mu substrate that regulates cell migration. In: *Journal of Cellular Biochemistry* 112 (2011), Nr. 1, S. 39–48

[160] PLANK, M. J.; SLEEMAN, B. D.: Lattice and non-lattice models of tumour angiogenesis. In: *Bulletin of Mathematical Biology* 66 (2004), Nr. 6, S. 1785–1819

[161] PLANK, M. J.; SLEEMAN, B. D. ; JONES, P. F.: A mathematical model of tumour angiogenesis, regulated by vascular endothelial growth factor and the angiopoietins. In: *Journal of Theoretical Biology* 229 (2004), Nr. 4, S. 435–454

[162] POLLARD, J. W.: Trophic macrophages in development and disease. In: *Nature Reviews Immunology* 9 (2009), Nr. 4, S. 259–270

[163] POLLARD, T. D.; EARNSHAW, W. C. ; LIPPINCOTT-SCHWARTZ, J. : *Cell Biology*. 2. Auflage. Philadelphia, PA : Elsevier Health Sciences, 2007

[164] PRENZEL, N. ; ZWICK, E. ; LESERER, M. ; ULLRICH, A. : Tyrosine kinase signalling in breast cancer: epidermal growth factor receptor - convergence point for signal integration and diversification. In: *Breast Cancer Research* 2 (2000), Nr. 3, S. 184–190

[165] PUCK, T. T.; MARCUS, P. I.: Action of x-rays on mammalian cells. In: *The Journal of Experimental Medicine* 103 (1956), Nr. 5, S. 653–666

[166] R. D. STOUT, S. K. W.; SUTTLES, J. : Functional plasticity of macrophages: in situ re-programming of tumor-associated macrophages. In: *Journal of Leukocyte Biology* 86 (2009), Nr. 5, S. 1105

[167] RAMIS-CONDE, I. ; CHAPLAIN, M. A. J.; ANDERSON, A. R. A. ; DRASDO, D. : Multi-scale modelling of cancer cell intravasation: the role of cadherins in metastasis. In: *Physical Biology* 6 (2009), Nr. 1. http://dx.doi.org/10.1088/1478-3975/6/1/016008. – DOI 10.1088/1478–3975/6/1/016008

[168] RAPOPORT, D. H.; BECKER, T. ; MADANY MAMLOUK, A. ; SCHICKTANZ, S. ; KRUSE, C. : A novel validation algorithm allows for automated cell tracking and the extraction of biologically meaningful parameters. In: *PLoS ONE* 6 (2011), Nr. 11. http://dx.doi.org/10.1371/journal.pone.0027315. – DOI 10.1371/journal.pone.0027315

[169] REJNIAK, K. A.: A single-cell approach in modeling the dynamics of tumor microregions. In: *Mathematical Biosciences and Engineering* 2 (2005), Nr. 3, S. 643–655

[170] REJNIAK, K. A.; ANDERSON, A. R. A.: Hybrid models of tumor growth. In: *Wiley Interdisciplinary Reviews: Systems Biology and Medicine* 3 (2010), Nr. 1, S. 115–125

[171] REJNIAK, K. A.; MCCAWLEY, L. J.: Current trends in mathematical modeling of tumor-microenvironment interactions: a survey of tools and applications. In: *Experimental Biology and Medicine* 235 (2010), Nr. 4, S. 411–423

[172] ROBERTSON-TESSI, M. ; EL-KAREH, A. ; GORIELY, A. : A mathematical model of tumor-immune interactions. In: *Journal of Theoretical Biology* 294 (2012), S. 56–73

[173] ROCKNE, R. ; E. C. ALVORD, J. ; ROCKHILL, J. K. ; SWANSON, K. R.: A mathematical model for brain tumor response to radiation therapy. In: *Journal of Mathematical Biology* 58 (2009), Nr. 4-5, S. 561–578

[174] ROGGENDORF, W. ; STRUPP, S. ; PAULUS, W. : Distribution and characterization of microglia/macrophages in human brain tumors. In: *Acta Neuropathologica* 92 (1996), Nr. 3, S. 288–293

[175] RÖNTGEN, W. C.: *Eine neue Art von Strahlen.* Würzburg : Verlag und Druck der Stahel'schen K. Hof- und Universitäts-Buch- und Kunsthandlung, 1896

[176] RUBENSTEIN, B. M.; KAUFMAN, L. J.: The role of extracellular matrix in glioma Invasion: a cellular potts model approach. In: *Biophysical Journal* 95 (2008), Nr. 12, S. 5661–5680

[177] SANDER, L. M.; DEISBOECK, T. S.: Growth patterns of microscopic brain tumors. In: *Physical Review E* 66 (2002), Nr. 5, S. 051901

[178] SARIN, H. : Recent progress towards development of effective systemic chemotherapy for the treatment of malignant brain tumors. In: *Journal of Translational Medicine* 7 (2009). http://dx.doi.org/10.1186/1479-5876-7-77. – DOI 10.1186/1479–5876–7–77

[179] SCHALLER, G. ; MEYER-HERMANN, M. : Multicellular tumor spheroid in an off-lattice voronoi/delaunay cell model. In: *Physical Review E* 71 (2005), Nr. 5, S. 051910

[180] SCHALLER, G. ; MEYER-HERMANN, M. : Continuum versus discrete model: a comparison for multicellular tumour spheroids. In: *Philosophical Transactions of the Royal Society A* 364 (2006), Nr. 1843, S. 1443–1464

[181] SCHRÖDER, Y. ; BECKER, S. ; TOMA, A. ; MANG, A. ; SCHÜTZ, T. A. ; BUZUG, T. M.: Ein diskreter Ansatz zur Modellierung von Tumorwachstum und Strahlentherapie. In: *Bildverarbeitung für die Medizin, Lübeck, Deutschland*. Berlin/Heidelberg : Springer-Verlag, 2011, S. 379–383

[182] SCHRÖDER, Y. ; TOMA, A. ; BECKER, S. ; MANG, A. ; SCHÜTZ, T. A. ; BUZUG, T. M.: A cellular model of brain tumour growth and the effects of radiotherapy. In: *Biomedical Engineering Journal* 56 (2011), Nr. Suppl. 1. http://dx.doi.org/10.1515/BMT.2011.628. – DOI 10.1515/BMT.2011.628

[183] SCHUETZ, T. A.; BECKER, S. ; MANG, A. ; TOMA, A. ; BUZUG, T. M.: Modelling of glioblastoma growth by linking a molecular interaction network with an agent-based model. In: *Mathematical and Computer Modelling of Dynamical Systems* (2013). http://dx.doi.org/10.1080/13873954.2013.777748. – DOI 10.1080/13873954.2013.777748

[184] SCHUETZ, T. A.; BECKER, S. ; MANG, A. ; TOMA, A. ; BUZUG, T. M.: A computational multiscale model of glioblastoma growth: regulation of cell migration and proliferation via microRNA-451, LKB1 and AMPK. In: *34th Annual International IEEE EMBS Conference, San Diego, California, USA*. San Diego, California : IEEE Press, 2012, S. 6620–6623

[185] SCHÜTZ, T. A.; TOMA, A. ; BECKER, S. ; MANG, A. ; BUZUG, T. M.: Computational multiscale modeling of brain tumor growth. In: *9th European Conference on Computational Biology, Ghent, Belgium*, 2010

[186] SCHÜTZ, T. A.; TOMA, A. ; BECKER, S. ; MANG, A. ; BUZUG, T. M.: Multiscale modelling of brain tumour growth: the influence of EGFR on the molecular and cellular level. In: *Biomedical Engineering Journal* 56 (2011), Nr. Suppl. 1. http://dx.doi.org/10.1515/BMT.2011.620. – DOI 10.1515/BMT.2011.620

[187] SCHÜTZ, T. A.; MOELLER, S. ; BECKER, S. ; MANG, A. ; TOMA, A. : A cross-scale model of tumor growth: do we need to model molecular interactions in separate artificial compartments within a cell? In: *7th Vienna International Conference on Mathematical Modelling, Vienna, Austria*, IFAC-PapersOnLine, 2012, S. 1294–1299

[188] SCHÜTZ, T. A.; BECKER, S. ; MANG, A. ; TOMA, A. ; BUZUG, T. M.: A mathematical multiscale model of the role of microRNA-451 in glioblastoma growth. In: *Annual Meeting and Conference of the Society for Mathematical Biology, Knoxville, Tennessee, USA*, 2012, S. 259

[189] SIEMANN, D. W.: *Tumor Microenvironment.* West Sussex : John Wiley & Sons, 2011

[190] SPECTOR, R. ; EELLS, J. : Deoxynucleoside and vitamin transport into the central nervous system. In: *Federation Proceedings* 43 (1984), Nr. 2, S. 2

[191] STEIN, A. M.; DEMUTH, T. ; MOBLEY, D. ; BERENS, M. ; SANDER, L. M.: A mathematical model of glioblastoma tumor spheroid invasion in a three-dimensional in vitro experiment. In: *Biophysical Journal* 92 (2007), Nr. 1, S. 356–365

[192] STOICA-KLÜVER, C. ; KLÜVER, J. ; SCHMIDT, J. : *Modellierung komplexer Prozesse durch naturanaloge Verfahren.* Wiesbaden : Vieweg+Teubner-Verlag, 2008

[193] SUN, S. ; WHEELER, M. F.; OBEYESEKERE, M. ; PATRICK, C. : Multiscale angiogenesis modeling. In: SUNDERAM, V. S. (Hrsg.); ALBADA, G. D. (Hrsg.); SLOOT, P. M. A. (Hrsg.); DONGARRA, J. (Hrsg.): *Computational Science - ICCS 2005, 5th International Conference, Atlanta, GA, USA* Bd. 3516, Springer-Verlag, 2005 (Lecture Notes in Computer Science), S. 96–103

[194] SWANSON, K. R.; ALVORD, E. C. ; MURRAY, J. D.: A quantitative model for differential motility of gliomas in grey and white matter. In: *Cell Proliferation* 33 (2000), Nr. 5, S. 317–329

[195] SZYMAŃSKA, Z. ; RODRIGO, C. M.; LACHOWICZ, M. ; CHAPLAIN, M. A. J.: Mathematical modelling of cancer invasion of tissue: the rolle and effect of nonlocal interactions. In: *Mathematical Models and Methods in Applied Sciences* 19 (2009), Nr. 2, S. 257–281

[196] THOMÉE, V. : *Galerkin finite element methods for parabolic problems.* 2. Auflage. Berlin: Springer-Verlag, 2006 (Springer Series in Computational Mathematics 25)

[197] TOMA, A. ; CASTILLO, L. R. C.; SCHUETZ, T. A.; BECKER, S. ; MANG, A. ; RÉGNIER-VIGOUROUX, A. ; BUZUG, T. M.: A validated mathematical model of tumour-immune interactions for glioblastoma. In: *Current Medical Imaging Reviews* 9 (2013), Nr. 2, S. 145–153. http://dx.doi.org/10.2174/1573405611309020008. – DOI 10.2174/1573405611309020008

[198] TOMA, A. ; HOLL-ULRICH, K. ; BECKER, S. ; MANG, A. ; SCHÜTZ, T. A. ; BUZUG, T. M.: Mathematical modeling of tumor dynamics and radiotherapy for early glioma. In: *Annual Meeting and Conference of the Society for Mathematical Biology, Knoxville, Tennessee, USA*, 2012, S. 288

[199] TOMA, A. ; MANG, A. ; BECKER, S. ; SCHÜTZ, T. A. ; BUZUG, T. M.: Ein hybrides Modell zur Beschreibung von avaskulärem Tumorwachstum. In: *Biomedical Engineering Journal* 55 (2010), Nr. Suppl. 1. http://dx.doi.org/BMT.2010.699. – DOI BMT.2010.699

[200] TOMA, A. ; MANG, A. ; BECKER, S. ; SCHÜTZ, T. A. ; BUZUG, T. M.: A microscopic model of avascular tumor growth. In: *11th International Conference on Systems Biology, Edinburgh, Scotland* Bd. P02.572, 2010, S. 201

[201] TOMA, A. ; MANG, A. ; SCHÜTZ, T. A.; BECKER, S. ; BUZUG, T. M.: An efficient regular lattice approach for discrete modelling of tumour growth. In: *International Journal of Computer Assisted Radiology and Surgery, Proceedings of the 25th International Congress and Exhibition, Berlin, Germany* Bd. 6, 2011, S. S360–S361

[202] TOMA, A. ; MANG, A. ; SCHÜTZ, T. A.; BECKER, S. ; BUZUG, T. M.; PFENNING, P.-N. ; WICK, W. : A nutrient-guided chemotaxis-haptotaxis approach for modeling the invasion of tumor cells. In: *Book of Abstracts of the 8-th European Conference on Mathematical and Theoretical Biology, and Annual Meeting of the Society for Mathematical Biology, Cracow, Poland*. Krakow, 2011, S. 971

[203] TOMA, A. ; MANG, A. ; BECKER, S. ; SCHÜTZ, T. A. ; BUZUG, T. M.: Can mathematical modelling help to cure glioblastoma multiforme? In: *Journal of Cancer Research and Clinical Oncology* 138 (2012), Nr. Suppl. 1, S. 391

[204] TOMA, A. ; MANG, A. ; SCHÜTZ, T. A.; BECKER, S. ; BUZUG, T. M.: Is it necessary to model the matrix degrading enzymes for simulating tumour growth? In: EISERT, P. (Hrsg.); HORNEGGER, J. (Hrsg.) ; POLTHIER, K. (Hrsg.): *Vision Modeling and Visualization Workshop, Berlin, Germany*. Berlin : Eurographics Association, 2011, S. 361–368

[205] TOMA, A. ; PFENNING, P.-N. ; MANG, A. ; SCHÜTZ, T. A.; BECKER, S. ; WICK, W. ; BUZUG, T. M.: Concentration driven invasion velocity of tumor cells. In: *12th International Conference on Systems Biology, Heidelberg/Mannheim, Germany* Bd. PS468, 2011, S. 246

[206] TOMA, A. ; PFENNING, P.-N. ; MANG, A. ; SCHÜTZ, T. A.; BECKER, S. ; WICK, W. ; BUZUG, T. M.: In-silico-Modellierung der sauerstoffkonzentrationsabhängigen Invasionsgeschwindigkeit von Tumorzellen. In: *Medizinische Physik, Wien, Österreich*, 2011, S. 85–86

[207] TOMA, A. ; RÉGNIER-VIGOUROUX, A. ; MANG, A. ; SCHÜTZ, T. A.; BECKER, S. ; BUZUG, T. M.: In-silico Modellierung der Immunantwort auf Hirntumorwachstum. In: *Bildverarbeitung für die Medizin, Berlin, Deutschland*. Berlin/Heidelberg : Springer-Verlag, 2012, S. 123–128

[208] TOMA, A. ; RÉGNIER-VIGOUROUX, A. ; MANG, A. ; BECKER, S. ; SCHÜTZ, T. A. ; BUZUG, T. M.: In-silico modelling of tumour-immune system interactions for glioblastomas.

In: *7th Vienna International Conference on Mathematical Modelling, Vienna, Austria*, IFAC-PapersOnLine, 2012, S. 1237–1242

[209] TOMA, A. ; SCHÜTZ, T. A.; MANG, A. ; BECKER, S. ; BUZUG, T. M.: A novel hybrid chemotaxis-haptotaxis model to simulate glioma growth. In: *Biomedical Engineering Journal* 56 (2011), Nr. Suppl. 1. http://dx.doi.org/10.1515/BMT.2011.421. – DOI 10.1515/BMT.2011.421

[210] TOMA, A. ; HOLL-ULRICH, K. ; BECKER, S. ; MANG, A. ; SCHÜTZ, T. A.; BONSANTO, M. M.; TRONNIER, V. ; BUZUG, T. M.: A mathematical model to simulate glioma growth and radiotherapy at the microscopic level. In: *Biomedical Engineering Journal* 57 (2012), Nr. Suppl. 1, S. 218–221. http://dx.doi.org/10.1515/bmt-2012-4081. – DOI 10.1515/bmt-2012-4081

[211] TOMA, A. ; MANG, A. ; SCHUETZ, T. A.; BECKER, S. ; BUZUG, T. M.: A novel method for simulating the extracellular matrix in models of tumour growth. In: *Computational and Mathematical Methods in Medicine* 2012 (2012). http://dx.doi.org/10.1155/2012/109019. – DOI 10.1155/2012/109019

[212] TYSNES, B. B.; MAHESPARAN, R. : Biological mechanisms of glioma invasion and potential therapeutic targets. In: *Journal of Neuro-Oncology* 53 (2001), Nr. 2, S. 129–147

[213] VALK, P. van d.; LINDEMAN, J. ; KAMPHORST, W. : Growth factor profiles of human gliomas. Do non-tumour cells contribute to tumour growth in glioma? In: *Annals of Oncology* 8 (1997), Nr. 10, S. 1023–9

[214] WANG, S. E.; HINOW, P. ; BRYCE, N. ; WEAVER, A. M.; ESTRADA, L. ; ARTEAGA, C. L.; WEBB, G. F.: A mathematical model quantifies proliferation and motility effects of TGF-b on cancer cells. In: *Computational and Mathematical Methods in Medicine* 10 (2009), Nr. 1, S. 71–83

[215] WANG, Z. ; DEISBOECK, T. : Computational modeling of brain tumors: discrete, continuum or hybrid? In: *Scientific Modeling and Simulation* 15 (2008), Nr. 1, S. 381–393

[216] WEINBERG, R. A.: *The Biology Of Cancer*. 2. Auflage. New York : Garland Science, 2007 (The Biology of Cancer 1)

[217] WILSON, R. E.; KENG, P. C. ; SUTHERLAND, R. M.: Drug resistance in Chinese hamster ovary cells during recovery from severe hypoxia. In: *Journal of the National Cancer Institute* 81 (1989), S. 1235–40

[218] ZAMECNIK, J. : The extracellular space and matrix of gliomas. In: *Acta Neuropathologica* 110 (2005), Nr. 5, S. 435–442

[219] ZECCHINI, S. ; CAVALLARO, U. : Neural cell adhesion molecule in cancer: expression and mechanisms. In: *Advances in Experimental Medicine and Biology* 663 (2010), S. 319–33

[220] ZHAI, H. ; HEPPNER, F. L. ; TSIRKA, S. E.: Microglia/macrophages promote glioma progression. In: *Glia* 59 (2011), Nr. 3, S. 472–485

[221] ZHANG, L. ; WANG, Z. ; SAGOTSKY, J. A. ; DEISBOECK, T. S.: Multiscale agent-based cancer modeling. In: *Journal of Mathematical Biology* 58 (2009), Nr. 4-5, S. 545–559

[222] ZHAO, G.-P. ; CHEN, E.-Y. ; WU, J. ; XU, S.-X. ; COLLINS, M. ; LONG, Q. : Two-dimensional discrete mathematical model of tumor-induced angiogenesis. In: *Applied Mathematics and Mechanics* 30 (2009), Nr. 4, S. 455–462

Aktuelle Forschung Medizintechnik

Herausgeber:
Prof. Dr. Thorsten M. Buzug
Institut für Medizintechnik, Universität zu Lübeck

Editorial Board:
Prof. Dr. Olaf Dössel, Karlsruhe Institute for Technology; Prof. Dr. Heinz Handels, Universität zu Lübeck; Prof. Dr.-Ing. Joachim Hornegger, Universität Erlangen-Nürnberg; Prof. Dr. Marc Kachelrieß, Universität Erlangen-Nürnberg; Prof. Dr. Edmund Koch, TU Dresden; Prof. Dr.-Ing. Tim C. Lüth, TU München; Prof. Dr. Dietrich Paulus, Universität Koblenz-Landau; Prof. Dr. Bernhard Preim, Universität Magdeburg; Prof. Dr.-Ing. Georg Schmitz, Universität Bochum.

Themen
Werke aus folgenden Themengebieten werden gerne in die Reihe aufgenommen: Biomedizinische Mikro- und Nanosysteme, Elektromedizin, biomedizinische Mess- und Sensortechnik, Monitoring, Lasertechnik, Robotik, minimalinvasive Chirurgie, integrierte OP-Systeme, bildgebende Verfahren, digitale Bildverarbeitung und Visualisierung, Kommunikations- und Informationssysteme, Telemedizin, eHealth und wissensbasierte Systeme, Biosignalverarbeitung, Modellierung und Simulation, Biomechanik, aktive und passive Implantate, Tissue Engineering, Neuroprothetik, Dosimetrie, Strahlenschutz, Strahlentherapie.

Autorinnen und Autoren
Autoren der Reihe sind in der Regel junge Promovierte und Habilitierte, die exzellente Abschlussarbeiten verfasst haben.

Leserschaft
Die Reihe wendet sich einerseits an Studierende, Promovenden und Habilitanden aus den Bereichen Medizintechnik, Medizinische Ingenieurwissenschaft, Medizinische Physik, Medizinische Informatik oder ähnlicher Richtungen. Andererseits stellt die Reihe aktuelle Arbeiten aus einem sich schnell entwickelnden Feld dar, so dass auch Wissenschaftlerinnen und Wissenschaftler sowie Entwicklerinnen und Entwickler an Universitäten, in außeruniversitären Forschungseinrichtungen und der Industrie von den ausgewählten Arbeiten in innovativen Gebieten der Medizintechnik profitieren werden.

Begutachtungsprozess
Die Qualitätssicherung erfolgt in drei Schritten. Zunächst werden nur Arbeiten angenommen die mindestens magna cum laude bewertet sind. Im zweiten Schritt wird ein Mitglied des Editorial Boards die Annahme oder Ablehnung des Werkes empfehlen. Im letzten Schritt wird der Reihenherausgeber über die Annahme oder Ablehnung entscheiden sowie Änderungen in der Druckfassung empfehlen. Die Koordination übernimmt der Reihenherausgeber.

Kontakt
Prof. Dr. Thorsten M. Buzug
Institut für Medizintechnik   Tel.:   +49 (0) 451 / 500-5400
Universität zu Lübeck   Fax: +49 (0) 451 / 500-5403
Ratzeburger Allee 160   E-Mail: buzug@imt.uni-luebeck.de
23538 Lübeck, Germany   Web: http://www.imt.uni-luebeck.de

Stand: Mai 2012. Änderungen vorbehalten.
Erhältlich im Buchhandel oder beim Verlag.

Abraham-Lincoln-Straße 46
D-65189 Wiesbaden
Tel. +49 (0)6221. 345 - 4301
www.springer-vieweg.de

The manufacturer's authorised representative in the EU is Springer Nature Customer Service Centre GmbH, Europaplatz 3, 69115 Heidelberg, Germany. If you have any concerns regarding our products, please contact ProductSafety@springernature.com

Printed and bound by CPI Group (UK) Ltd, Croydon, CR0 4YY
25/03/2026
02078193-0010